KB237652

인간적인

그리고

인간적인

Original published by Jossey-Bass Inc., Publishers

as *Only Human: Christian Reflections on the Journey Toward Wholeness*

by David Gushee

Copyright @ 2004 David Gushee

Translated and printed by permission of Jossey-Bass Inc., Publishers

111 River Street, Hoboken, NJ 07030, U.S.A

through the arrangement of KCBS Literary Agency, Seoul, Korea

Korean Translation Copyright @ 2008 by Sallim Publishing Co.

이 책의 한국어판 저작권은 KCBS Literary Agency를 통해
Wiley와 독점 계약한 살림출판사가 소유합니다.
신저작권법에 의해 한국 내에서 보호받는 저작물이므로
무단 전재와 복제를 금합니다.

Only Human

인간적인 그리고 인간적인

| 성경은 인간에 대해 무엇이라 말하는가 |

데이비드 거쉬 지음 | 서원교 옮김

살림

이 놀라운 책에서 저자 데이비드 거쉬는 우리에게 '오직 인간'이 된다는 것이 얼마나 어려운 일인지를 깨닫게 해 준다. 우리의 '오직'을 구성하는 인간성은 인간 이상이 되려는 유혹에 사로잡혀 있다. 인간은 인간인 것을 극도로 두려워하기 때문에 인간 이상이 되지 않고서는 배길 수 없다. 그것은 선하신 하나님에 의해 창조된 피조물인 우리가, 그 피조성(creatureliness) 자체를 두려워하고 있기 때문이다.

최근의 어떤 사건도 지난 2001년 9월 11일에 미국인들이 보여 준 반응만큼 인간 이상이기를 바라는 우리의 욕구를 분명하게 보여 주는 것은 없을 것이다. 미국인들은 너무 빨리 그리고 너무도 쉽게 두려움에 굴복해 버렸다. 그들은 이 세상에서 불가능한 완벽한 안전을 확보하는 인간 이상의 존재가 되기를 원했다. 그 결과, 그들은 고통과 죽음으로부터 자신들의 안전을 확보하기 위하여 다른 사람들에게 불법을 강요한다.

거쉬는 인간 이상이 되고자 하는 우리의 시도야말로 우리가 절대적으로 피해야 할 죄임을 깨닫게 한다. 인간이 되기 위해 우리는 자신이 하나님을 바라고 사랑하기 위하여 창조된 선하신 하나님의 피조물임에도 불구하고, 하나님을 배반하고, 서로를 소외시키고, 우리 자신의 삶으로부터 이탈되어 있다는 것을 고백해야 한다. 더욱이 우리는 죄와 상관없이 자신의 길을 정할 수 없고, 모든 것이 오직 하나님에 의해 주어진 선물임을 인정하는 것만이 우리의 인간성을 회복할 수 있는 길이라는 것을 깨닫게 된다.

이것은 신학적인 동시에 인류학적인 책이며 위대한 업적이다. 우리는 곧잘 '사람됨(being human)'에 관한 내용을 다룰 때, 하나님보다 우리 자신에 관한 내용에 더 집중하곤 한다. 그러나 거쉬의 이 책은 우리가 육체를 가진 피조물(embodied creatures)이라는 것이 무엇을 의미하는지를 매우 잘 설명하고 있다. 하나님께서 이스라엘 백성을 부르시고, 예수 그리스도의 삶과 죽으심과 부활을 통하여 인간을 구원한 이야기가 우리의 삶을 어떻게 구성하는지를 알지 못한다면, 우리는 이 책을 이해할 수 없을 것이다. 이 책은 우리가 인간으로서 더 나은 삶을 살도록 성경의 지혜에 의지하여 우리의 존재를 조명하는 지혜서다.

알다시피 인간이 되는 것은 쉽지 않다. 그러나 거쉬는 인간이 된다는 것이 무엇을 의미하는지 적절한 사례와 의견으로 효과적으로 제시한다. 예를 들면, 나는 고양이를 굉장히 좋아한다. 거쉬는 자신도 고양이에 대해 상당한 지식이 있고, 우리가 고양이와 상당히 많은 것을 공유한다는 것을 상기시킨다. 실로, 인간인 우리는 하나님과 공유하는 것보다도 고양이와 공유하는 것이 더 많다. 결국, 인간과 고양이는 모두 하나님을 영화롭게 하기 위하여 창조된 피조물이다. 그러나 거쉬는 고양이를 사랑하는 우리에게, 고양이에 대한 우리의 사랑으로 인하여 우리가 고양이와의 공통점을 깨달을 뿐 아니라 하나님께서 예수 그리스도 안에서 우리 중 하나가 되심으로써 우리에게 보여 주신 그 사랑에까지 이르게 된다는 것을 알려 준다.

이 책의 다른 현저한 특징 중 하나는 거쉬가 많은 전통에 정통하고 있다는 것이다. 특히 그는 로마 가톨릭 전통의 지혜를 빌려서 오직 인간이기 위하여 습관화(habituation)가 얼마나 중요한지를 우리에게 이해시키고 있다. 습관의 축적을 통하여 인간됨을 가능하게 하는 성격이 형성된다. 그 다음 거쉬는 윌버포스와 나이팅게일과 본회퍼의 삶을 통하여 그 인간성을 예시한다. '오직 인간'이 되는 것이 의미하는 바의 실례들을 들어서 인간론에 대한 책을 끝맺는 이러한 방법은 참으로 훌륭한 것이다.

마지막으로, 이것은 우리가 아주 절실히 요구되는 하나의 신학 저술 방식의 좋은 예가 될 만한 책이다. 거쉬는 복잡한 신학적 문제들을 회피하지 않으면서도 재미있게 읽을 수 있는 책을 썼다. 이 책은 흥미로운 책일 뿐만 아니라 일종의 초대장이기도 하다. 이 책을 펼치는 사람이면 누구든지 이 책이 재미있을 뿐만 아니라 심오하다는 것을 알고서 책에서 시선을 뗄 수 없게 될 것이다.

스탠리 하우어워스(Stanley Hauerwas)

인간적인 그리고 인간적인

감사의 글

이러한 종류의 책은 내게 익숙한 것이 아니었기에, 집필과 편집의 방식에 있어서 이전과 다른 새로운 시도가 필요했다. 나는 기독교 윤리학자가 되도록 교육받았으며, 이것은 곧 내가 기독교 도덕의 원리와 적용을 가르친다는 말이다. 따라서 내가 쓴 책은 대부분 윤리 문제를 다루는, 어느 정도 전문적인 수준의 것이다.

이 책은 윤리학이 아닌 신학에 관한 것으로, 우리 모두가 경험하는 인간의 삶과 그것을 이해하는 데에 기독교 사상이 어떻게 기여했는지를 다루고 있다. 특히 내가 주제로 삼은 것은 인간성에 관한 것이며, 인간이 되는 것이 무엇을 의미하는지, 그리고 우리가 전인성(wholeness)이나 선한 삶이라고 이해하는 그 무엇을 향한 여행을 할 때 우리 자신과 우리 주변 사람들을 어떻게 이해할 수 있는지에 관한 것이다.

따라서 이 책은 전문가를 위한 것이 아니라 삶이란 도대체 무엇일까, 살아가는 우리 내부에 어떤 일이 일어나고 있을까를 늘 생각하는 사람 모두를 위한 것이다. 그러므로 집필하는 과정에서 나는 삶 자체에 관한 지혜와 통찰력이 있다고 생각되는 사람들에게 주로 자문을 구하였다.

내가 여기서 감사를 드리고자 하는 분들은 바로 그분들이다. 그러나 혹여 있을지 모르는 어떤 실수들, 특히 신학적 실수는 이분들과는 무관한 일이다.

인간성에 관한 책을 맨 처음 생각하게 된 것은 유니온 대학의 절친한 두 동료인 지미 데이비스와 헬 포와 나눈 대화 때문이었다. 그 생각을 내 마음대로 요리하도록 내버려둔 두 사람에게 감사하는 바이다. 그들 역시 이 분야에서 유익한 연구를 계속하고 있다.

내 누이인 자넷 러플린과 장모님이신 얼린 그랜트, 그리고 친구인 톰 슈와 채드 데이비스에게도 고맙게 생각하는데, 이들은 온 정성을 쏟아서 내 책을 한 글자도 빠뜨리지 않고 꼼꼼히 검토해 주었다. 동료 바바라 페리와 학생 브라이언 웰즈가 원고를 검토해 준 것에 대해서도 감사한다.

Jossey-Bass 출판사의 편집장 쉐릴 풀러턴은 내 삶이 풍성해지도록 해 주었다. 내가 그녀에게 특별히 감사하는 것은 이 책이 좀더 잘 만들어 지도록 통찰력을 가지고 꼼꼼히 편집해 준 것뿐만 아니라 이 책이 포함된 그리스도인의 삶에서 계속되는 질문들 시리즈를 시작한 이래 여러 해 동안 함께 작업하면서 싹튼 우리의 우정 때문이기도 하다. 우리가 함께 한 노력의 결실이 앞으로 더욱더 많이 맺히기를 기대한다. "쉐릴, 내게 있으리라고는 전혀 생각지 못한 것을 보게 해 준 것에 대해 감사하게 생각합니다."

이 책을 버지니아 주 프론트 로열 시에 사시는 나의 부모님께 바친다. 물론 나는 현재 부모님이 계신 프론트 로열 시의 집이 아니라 버지니아 주 비엔나에 자리 잡은 내가 자란 고향집에서의 부모님을 생각한 것이다.

인간적인 그리고 인간적인

부모님과 함께하는 저녁 식탁에서 나는 성장하면서 얻을 수 있는 지혜를 대부분 다 터득하였다. 전인성(wholeness)을 향한 여행으로서 삶의 이미지에 대해 집중적으로 연구할 결심을 하도록 부모님께서 이 원고를 검토하시고 조언해 주신 것은 적절했다는 말로써는 다 표현할 수 없다. 사실 저녁 식탁에 둘러앉아서 풍부한 은유로 삶에 대해 말씀해 주신 두 분이야말로 이 책에 나오는 중요한 은유를 말씀했다고 해도 과언이 아니다. "어머니 아버지, 두 분께 이 책을 바칩니다." 이 책을 두 분께 바치는 것은 너무나도 당연한 것이다. 이 두 분이야말로 진정으로 제대로 된 여행을 해 왔기 때문이다.

데이비드 P. 거쉬

테니시 주, 잭슨 시

2005년 6월

차례

삶의 여정과 인간성,
전인성 추구

의인의 길은 돋는 햇살 같아서 크게 빛나 한낮의 광명에 이르거니와
- 「잠언」 4장 18절

밤 11시 경, 나는 우리 교우가 40알의 진통제를 삼켜 지금 막 자살을 시도했다는 전화를 받았다. 구급차가 현장에 도착하였다.

나는 신디(가명)가 있는 모텔의 번호를 찾아 그녀에게 전화했다. 전화기에서 구급 요원들의 말소리가 들렸고, 나는 신디에게 왜 이런 일을 저질렀는지 물었다. 신디는 흐릿한 목소리로 "왜 모두가 항상 나에게 그런 질문을 하는 거지요? 당신은 이해하지 못해요"하고 말하였다. 그녀는 병원으로 실려 갔고 더 이상 이야기를 나누지 못했다.

그래, 나는 이해할 수 없다. 오랜 세월 동안 교육과 사역, 일상생활을 해 왔지만 나는 여전히 왜 사람들이 약을 먹고 목숨을 끊으려고 하는지를 정말로 이해하지 못한다. 물론 나는 인간 심리학이라는 정교한 학문을 비롯하여 참으로 많은 학문과 철학, 그리고 인간의 건강과 전인성과 행복에 관한 많은 이론이 있지만, 약을 삼키는 행동 등의 풀리지 않은 수수께끼가 여전히 남아 있다는 것을 알고 있다. 화학적인 불균형과 우울 등에 관하여 우리가 알고 있는 모든 것에도 불구하고 이러한 행동은 어떤 학문과 이론으로도 온전히 이해되지 못한다.

괜스레 긁어 부스럼 만들 필요는 없다. 그것은 **나**, 그러니까 **건강한 사람들**인 우리하고는 상관없는 일이다. 나와는 다른 병든 사람들의 문제이다. 그들의 행동은 수수께끼이지만, 내 행동은 그렇지 않다. 나는 정상적이다. 내 행동은 지극히 정상적이다. 정말 그런가?

그러나 그 날 밤 나의 행동과 태도와 감정은 나 자신을 당혹스럽게 하기에 충분한 것이었다. 앞에서 하던 이야기를 마저 끝내야 할 것 같다.

신디는 50대 중반의 여성으로 어린 시절에 성직자였던 그녀의 아버지에게서 받은 학대로 큰 상처를 입었다. 그녀는 완전하게 회복되지 못하였다. 자살을 시도할 무렵 신디는 내가 목회를 하던 교회에 10년 동안 출석한 교인이었다. 신디는 안정된 직업을 갖지 못하였으므로 안정된 거처를 마련하지 못하였다. 사실 그때 그녀는 우리 집에 얹혀살고 있었다. 나는 그녀가 고생하고 있는 것을 알고 있었지만 그녀가 며칠 동안 떠나 있겠다고 했을 때 걱정하기보다는 은근히 안도하였다. 나는 이번에 신디를 측은하게 생각하려고 무진 애썼다. 그녀가 우리와 함께 살 때, 나는 순조롭게 함께 살아갈 수 있을까, 너무 오래 같이 살게 되면 어쩌나, 우리 다섯 가족(나와 아내와 열다섯, 열셋, 열한 살 먹은 세 아이들)의 일상생활이 방해를 받는 것은 아닐까, 예상하는 것보다 더 많은 것을 요구하지 않을까 하는 것 때문에 걱정스러웠다.

심지어 그녀가 약을 먹었다는 소리를 들었을 때조차, 나는 애써 동정심을 불러일으켜야만 했다. 그리스도인으로서, 인간으로서 당연히 측은지심을 느껴야 한다는 것을 알고 있었지만 그 불씨는 거의 다 꺼졌다. 내 영혼은 지쳤다. 직장과 가정에서 계속되는 부담은, 추구하고 있는 꿈이 무엇이든지 그것에 지나치게 몰두하는 나의 성격 때문에 평소에도 무척 버거웠다. 나는 계속 감기에 걸려 있었고, 우리 집에 얹혀살고 있는 한 인간, 교회 양무리 중의 하나, 하나님의 형상으로 만들어진 거룩한 사람을 이 핑계 저 핑계 대며 제대로 돌보지 않았다. 그래서 그녀는 지금 거리의 싸구려 모텔 방에서 사경을 헤매고 있다.

나는 자신이 역겨웠다. 그 날 밤 나는 잠을 잘 이루지 못하였다. 신디에 대한 생각, 나의 무관심에 대한 생각으로 밤새도록 뒤척거렸다. 그러는 사이 나는 하나님께서 내가 가장 중요하게 생각하는 신조에 좀 더 적절한 방식으로 다시 **느끼고 행동하도록** 깨우쳐 주시는 것을 깨달았다. 꺼져 가던 측은지심 – 그리고 하나님께 나아감 – 의 불씨가 다시 불붙기 시작하였다.

이 책은 인간성과 우리의 존재가 인생 여정에 영향을 미치는 방식에 관한 책이다. 인간으로서 우리의 여행은 유년기에 시작하여 죽음에 이르고 더 나아가 죽음을 초월하기까지 한다. 성인으로 성장하면서 우리는 스스로를 더욱 통제하도록 요구받는다. 우리 대부분은 자신의 장점과 약점,

타고난 재능, 선호하는 것에 대해 좀 더 많은 것을 알게 되고, '성공'이나 '전인성'이라는 우리가 추구해야 하는 목적지와 그에 도달하는 방법을 더욱더 깊이 이해하기 위하여 그 지식을 삶에 관하여 우리가 배우고 터득한 것과 종합하게 된다. 그 도중에 우리는 여러 가지 당혹스러운 순간과 질문에 직면하게 되고, 바로 그때 우리가 당위라고 믿는 어떤 행동뿐만 아니라 우리의 존재(그리고 우리가 생각한 다른 사람들의 존재) 자체가 수수께끼가 된다. 자살을 시도했던 내 친구 신디와 나는 왜 다른 방식을 선택하였을까? 그 방식이 나와 내 존재와 내가 터득한 삶의 방식에 관한 전부일까? 아니면 우리가 선택하는 방식과 그 방식을 따라 진행하는 가운데 똑같이 중요한 역할을 하는 선천적이거나 후천적인 다른 요소들이 있는 것일까? 나의 존재에서 가장 중요한 요소는 무엇인가? 내가 변화시킬 수 있는 것은 무엇이고, 내가 변화시킬 수 없는 것은 무엇인가? 이 책은 인간이라는 것이 무엇을 의미하는지에 관하여 비슷한 질문들을 하면서 인생 여정을 위한 좀 더 분명한 방향 감각을 찾고 있는, 그리고 어쩌면 더 확실한 목적지를 찾고 있는 사람들을 위한 책이다.

2천 년 동안에 통합되어 다듬어진 성경의 지혜 전통과 기독교적 전통의 전제는 하나님께서 인간을 창조하셨다는 것과 그렇게 하심으로써 하나님께서 우리에게 주신 유일한 삶을 살 수 있는 길을 은혜롭게 계획하셨다는 것이다. 기독교 신앙에 의하면, 인생의 여로는 하나님께서 계획하신 그 길을 따라 시작하게 될 때 비로소 성공에 이르게 될 것이다. 「잠언」의 다음 구절은 이러한 깨달음을 더욱 잘 나타내고 있다.

내 아들아 나의 법을 잊어버리지 말고

네 마음으로 나의 명령을 지키라

그리하면 그것이 네가 장수하여 많은 해를 누리게 하며

평강을 더하게 하리라

인자와 진리가 네게서 떠나지 말게 하고

그것을 네 목에 매며 네 마음판에 새기라

그리하면 네가 하나님과 사람 앞에서

은총과 귀중히 여김을 받으리라

너는 마음을 다하여 여호와를 신뢰하고

네 명철을 의지하지 말라

너는 범사에 그를 인정하라

그리하면 네 길을 지도하시리라

스스로 지혜롭게 여기지 말지어다

여호와를 경외하며 악을 떠날지어다

이것이 네 몸에 양약이 되어

네 골수를 윤택하게 하리라.

－「잠언」3장 1-8절

대부분 우리는 자신의 진로를 계획해 보려고 하고, 그렇게 함으로써
거의 예외 없이 웅덩이 같은 어딘가에 빠지고 만다(유사(流砂)에 빠지거나
자갈밭으로 들어가게 되거나 절벽으로 떨어지거나 뜨거운 용암 구덩이에 빠지게
된다. 인간의 재난에 대해 어떤 이미지를 연상하더라도 모두 이러한 이탈에 해당

인간적인 그리고 인간적인

되는 것이다). 결국, 다행히 재난에서 벗어나 그 난국을 대처할 기회가 충분히 있다 하더라도, 우리는 '생명(life)', 곧 참되고 즐거운 삶(life)으로 인도하는 길에 있지 못하다는 것은 명백하다. 그리고 어쩌면, 정말 어쩌면, 더 이상 웅덩이에 빠져서 허우적거리지 않고 이번만은 더 좋은 길을 발견하고 싶을 것이다.

이 책은 기독교 전통 속에서 인생 여정을 걸어가는 데 도움이 될 기독교의 지혜 전통에 최소한 관심이 있는 사람을 위한 책이다. 이 시리즈는 바로 그 목적을 달성하는 것이 첫째 목표이다. 즉, 독자들에게 인생 여정에 필요한 역사적인 기독교 사상 속에서 이용할 수 있는 위대한 자산들을 발견하도록 도우려 한다. 어쩌면 당신은 다른 선택을 시도했고 그리고 그 선택이 부적절하다는 것을 깨달았을지도 모른다. 또는 당신은 그리스도인이지만 인생 여정의 방향을 찾음에 있어서 그리스도인이라는 것이 무슨 의미가 있는지를 좀 더 분명하게 알고 싶을지도 모른다.

목적지까지 안전하고 성공적인 여행을 하기 위하여 당신은 당신이 어디로 가고 있는지, 그 목적지에 도달하기 위한 주의사항이 무엇인지를 알아야 하고, 그 길을 가면서 만날지 모르는 위험과 도전을 의식하고 있어야 하고, 자신의 장비가 그 임무를 감당할 수 있는지를 알고 있어야 한다.

인생 여정에 대한 안내라면, 기독교 전통은 이 네 가지 요소를 모두 꿰뚫고 있다. 기독교 전통은 일률적으로 말하는 것이 아니라 전반적으로 수 세기 동안 수많은 사람들의 길을 인도했던 지침을 제시한다. 이 책은 넷째 요소 곧 기독교라는 안경을 통하여 고찰된 인생 여정을 위한 우리의 장비인 우리의 인간성(human nature)을 주로 이야기한다.

네 가지 요소가 모두 중요하지만, 그 중에서도 인생 여정을 시작하려고 하는 인간의 본성(the nature of the human)이 논리적인 출발점인데, 그것은 다소간 인간성을 이해하는 문제가 아주 난해하기 때문이다. 인간으로서 출생에서 영원까지 성공적으로 여행할 수 있는 방법을 이해하는 것은 오늘날 대륙 횡단 여행을 하고자 최첨단 운송 수단의 설명서를 이해하는 것과 비교할 수 없을 정도로 복잡하다. 한 번은 세 살 된 딸이 이런 말을 해서 무척 놀란 적이 있다. "사람은 기적이야, 아빠." 정말 맞는 말이다. 그러나 사람은 또한 수라장이다. 인간성이라는 이 기적적인 수라장에 관하여 매우 심사숙고하지 않고서는 인생의 행로를 항해하는 방법을 제대로 이해할 수 없고 그 여행을 올바로 할 수도 없다. 하나님이라는 문제 외에는, 인간성의 문제가 세상에서 가장 크고 복잡한 문제이다. 나는 인생의 행로에서 길을 찾을 수 있도록 인간이라는 것이 의미하는 것에 관하여, 우리의 구성과 본성에 관하여, 우리에게 옳고 그름이 무엇인지에 관하여, 우리의 기원과 운명에 관하여, 그리고 우리 생명의 원천인 하나님에 관하여 질문하고자 한다.

이러한 질문들은 역사가 시작된 이래로 계속 논의되고 있는 것이다. 우리는 우리 자신, 고무적이고도 가공스러운 우리 행동, 이해할 수 있거나 당황스러운 우리의 동기, 고귀하고도 타락한 우리 본성을 이해할 수 없다. 모든 문명은 이 문제를 두고 고심해 왔는데, 바로 그것이 개개인으로서의 우리의 존재, 우리가 만들어 내는 어떤 공동체들, 우리가 계속 직면하는 어떤 문제들, 우리가 꿈꾸는 어떤 가능성, 우리를 몹시 괴롭히는 어떤 두려움의 핵심이 되기 때문이다.

인간적인 그리고 인간적인

이 책에서 나는 인간성의 신비와 인생 여정에 미치는 그 영향력과 씨름할 때 묻지 않고는 배길 수 없는 다음의 여덟 가지 질문들을 다룰 것이다.

모든 인간이 공유하는 인간성 같은 것이 있는가?

우리가 만들어졌다는 것을 우리는 어떻게 이해하는가?

관계가 우리에게 왜 그렇게 중요한 문제인가?

인간이 본질적으로 죄가 있다는 것이 사실인가?

인간은 참으로 자유롭게 자신의 길을 계획하고 의미 있는 선택을 할 수 있는가?

우리는 어떻게 도덕적으로 선한 사람이 되는가? 또는 어떻게 도덕적으로 악한 사람이 되는가?

도덕적으로 위대한 삶은 어떤 것인가?

우리는 인생 여정의 궁극적인 목표로 무엇을 소망해야 하는가?

나는 한 인간으로서 다른 사람들에게 이 책을 쓴다. 나 역시 독자인 당신으로 하여금 이 책에 흥미를 느끼게 하고 다른 사람들로 하여금 이 책을 좋아하게 하는 바로 그 당황스러운 고민에서 벗어나기 위하여 이 책을 쓴다. 나는 나 자신의 자아의 신비를 통찰하고 이 여행을 하는 법을 통찰하는 일에 진보가 있기를 바라고 그렇게 함으로써 여러분 스스로가 그 신비를 통찰하는 일에도 진보가 있도록 도움이 되었으면 한다. 이 책을 쓸 수 있는 중요한 자격은 나 역시 우리 모두가 직면하는 그 문제들에 관하여 좀 더 많이 생각하는 같은 인간 여행자라는 것이다. 나는 이 책을 인간의 조건 위에서가 아니라 바로 그 조건 안에서 쓰고 있다.

이와 같은 문제들과 씨름할 때, 나는 지금 우리가 생각하고 있는 문제들에 관하여 진실을 이야기하는 사람이면 누구에게든지 배우기를 주저하지 않았다. 그러나 이미 말했듯이, 내가 여기서 취하고 있는 접근 방법은 기독교적 방법이다. 그것은 내가 기독교 학자이자 목사이고 고전적인 기독교 방식으로 사고하는 훈련을 받았기 때문에 어느 정도 불가피한 일이다. 내 사고는 2천 년 동안의 고전적인 정통 기독교 전통으로 해석된 성경적 가르침에 의해 통제를 받고 훈련을 받았다. 그러나 내가 이 전통을 견지하는 것은 의무를 게을리하는 것이 아니라 이 전통이 참되고 지혜롭다고 믿기 때문이다. 최고의 기독교의 지적 전통 안에서 제시된 통찰력은 보화와 같다고 생각한다. 이 통찰력은 소중하고 영구적인 것이며, 시간 속에서 증명된 것으로 계속 빛을 발한다. 이제 나와 함께 인생 여정과 그것을 실천하는 인간 피조물의 본성을 탐구해 보자.

인간적인 그리고 인간적인

제 1 장

'인간성' 이
존재하기는 하는가?

인간은 전혀 본성이 없다. 인간이 가지고 있는 것은 역사이다.
— 호세 오르테가 이 가세트(Jose Ortega y Gasset, 1935)

밀워키 시의 제프리 다머라는 남자는 젊은 남자들을 자기 아파트로 불러들여서 고문하여 죽인 다음 그들을 요리하여 먹는 것을 아주 즐겼다. 마더 테레사로 불리는 알바니아 출신의 한 수녀는 일생을 가난하고 병들고 죽어가는 사람들을 위해 헌신하였다. 그녀는 불쌍한 사람들에게 예수의 사랑을 나타내는 것을 자신의 가장 큰 기쁨으로 여겼다. 그녀는 가난한 사람들을 섬길 때 병들고 지친 초라한 그들에게서 예수를 본다고 말한다.

윌리엄 윌버포스는 그의 삶의 대부분을 영국의 노예무역을 철폐하는 일에 헌신하였다. 그는 노예제도란 반드시 없어져야 할 악한 제도라고 믿었고, 임종하는 자리에서 자신이 45년 동안 수고한 결실이 맺은 소식을 들었다.

윌버포스가 의회에서 가장 감동적인 연설을 하고 있던 바로 그 순간에도 서반구 도처에서 노예 주인들은 고통당하는 노예들에게 낙인을 찍고, 채찍질하고, 고문하고, 죽이고 있었고, 몇몇은 그렇게 하는 것에서 쾌감을 느꼈다.

아돌프 히틀러는 그가 지시했던 유럽의 유대인 대량 학살에 관해 밀담을 나누는 자리에서 요란한 소리로 크게 웃었다.

바로 그 순간에 오스카 쉰들러와 같은 수천의 유럽인들은 자기 생명의 위협을 무릅쓰고, 쫓기고 있던 유대인들에게 안식처와 음식을 제공하고 그들을 보살펴 주었다.

오늘밤, 지구상의 수많은 가정에서 어머니들과 아버지들은 아기들을 재우기 위해 자장가를 부를 것이고, 아이들이 잠들 때에 아이들의 작은 얼굴에 입맞춤을 해 줄 것이다.

오늘밤, 지구상의 수많은 가정에서 어머니들과 아버지들과 애인들과 낯선 사람들이 아기들을 구박하고 괴롭히고 때릴 것이다. 그리고 그 아기들은 (그 밤을 무사히 넘긴다면) 울다가 잠들 것이며, 잠든 그 작은 얼굴은 눈물로 범벅이 되어 있을 것이다.

우리 아이들이 '세서미 스트리트(Sesame Street)'를 시청할 나이가 되었을 무렵, 우리 집에서는 다음과 같은 말이 종종 노래의 후렴처럼 반복되었다. "이것은 저것과 같지 않다. 이것은 저것과 같은 부류가 아니다." 아동 학대와 무한한 부모의 애정, 대량 학살과 구출, 노예제도 폐지론과 가학적인 노예 소유, 자비로운 봉사와 만행, 즉 이것과 저것은 같지 않다.

인간적인 그리고 인간적인

이것은 저것과 같은 부류가 아니다. 그러나 둘은 존재한다. 둘은 인간성의 표현이다. 둘은 되풀이하여 발생하는 인간의 가능성이다.

제프리 다머와 테레사 수녀는 틀림없이 추운 밤에 따뜻한 담요를 덮는 것을 좋아하였고, 고통의 경감을 바랐고, 친구들과 함께 웃으며 즐겁게 지냈고, 폭풍우를 막아 주는 피난처를 원하였다. 그들은 모든 인간에게 있는 기본적인 욕구를 공유하였다. 그럼에도 그들의 행동 또는 히틀러와 쉰들러의 행동의 놀랄 만한 차이점을 생각할 때 우리는 이렇게 말하지 않을 수 없다. 여기에 정말로 공유된 '인간성'이 있는 것일까? 이러한 다양한 개개인들은 일반적으로 같은 인간의 가지각색의 실례들일까? 아니면 그들은 너무 달라서 그들을 '똑같은' 것으로 설명하는 어떤 노력도 우리 앞에 실재하는 증거를 압도하는 가공된 기만일까? 존재하기로 되어 있는 이 인간성은 정확히 어떤 것일까? 인간의 삶이라는 여정이 이렇게 판이하다면, 어떤 일반적인 의미로 인생 여정에 관하여 이야기하는 것이 과연 가능한 것일까?

인간성의 이러한 놀랄 만한 가소성(plasticity), 곧 똑같은 본성을 공유하기로 되어 있는 피조물의 성격과 행동에 이렇게 큰 차이가 있다는 것은 확실히 당혹스럽다. 그러나 역사적인 기독교 신앙에서 공통적이고 공유된 인간성이 실제로 존재한다는 주장은 흔들린 적이 없었다. 그리스도인들은 인간성의 어떤 면들을 설명하는 방식에서는 의견이 달랐을지 모르지만 설명할 것이 있다는 기본적인 생각은 다르지 않았다.

인간성과 관련된 가장 당혹스러운 문제들에 관하여 지금까지 그리스도인들이 믿고 있는 것으로 되돌아올 때, 우리는 그리스도인의 믿음이 인간성에 대한 세속적, 종교적 시각들과 논쟁하게 되는 것을 볼 수 있을 것이다. 우리는 이 주제가 인생 여정을 걸어가는 그리스도인으로서의 경험뿐만 아니라 좀 더 큰 사회와 세상에서 그들과 함께 하게 되는 여행에서도 매우 중요하다는 것을 알게 될 것이다.

그러나 먼저 오늘날 어떤 이들이 주장하는 것처럼 인간성과 같은 것은 절대로 없다는 주장을 다루지 않고서는 그리스도인들이 인간성에 관하여 믿고 있는 것에 대해 어떤 의미 있는 설명도 하지 못할 것이다. 만일 인간성이 존재하느냐는 질문에 존재한다고 대답할 수 없다면, 우리는 다른 장들에서 제기된 질문들을 대답하기가 힘들어질 것이다. 그러므로 우리는 인간성과 같은 것이 도대체 존재하느냐 아니면 존재하지 않느냐 하는 문제 또는 각 인간이 오직 홀로 인생 여정을 시작하는 것인지 그렇지 않은지 하는 문제를 먼저 다루어야 한다.

실재하는 어떤 것: 역사적 기독교 신앙

역사적 기독교(와 유대교) 사상과 신앙을 이해하려면, 「창세기」의 첫 장, 그 중에서도 1장 1절로 되돌아가야 한다. "태초에 하나님이 천지를 창조하시니라." 「창세기」 해석에서는 어떤 사소한 이의도 제기되지 않는다. 왜냐하면 「창세기」의 첫 장을 어떻게 해석하느냐 하는 문제로 학자들은 지난 수세기 동안, 특히 근대과학이 출현한 이후 계속 고민해 왔기 때문이다. 그러나 창조론자와 진화론자가 벌이는 논쟁보다 우울하고 무익

인간적인 그리고 인간적인

한 것은 없다. 그들이 「창세기」 1,2장을 가지고 논쟁을 벌일 때는 특히 그러하다. 참으로, 성경 첫 장의 핵심은 하나님에 대한, 그리고 인간을 포함하여 하나님께서 만드신 만물에 대한 설명이다. 우리의 기원에 관한 이 아름답고 장엄한 말씀은 창조의 장엄함과 신비에 대한 경이로움을 느끼게 한다. 미국인 랍비 솔로몬 골드만이 표현한 것처럼, 「창세기」는 "하나님을 묵상하는 유대교의 진수이다. 「창세기」는 그 시대에 보편적으로 주장된 창조주와 피조물에 대한 관점을 검토하고 폐기하고 했던 유대인의 원본(progenitors)이다. …… 「창세기」의 하나님은 초월적이면서도 지극히 인간적이고, 「창세기」의 인간은 아주 세속적이면서도 신처럼 행동한다. 「창세기」의 호소력은 만인에게 미치지만, 그럼에도 우리만을 위하여 계획된 것처럼 보인다. 「창세기」의 공기는 평범한 것이지만 그 공기에는 불멸의 신선함이 감돈다."[1]

이 장엄한 이야기를 읽으면서 우리는 생명이 넘치는 질서 정연한 세상이 창조된 뒤인 창조의 여섯째 날에 인간이 성경에서 처음으로 하나님의 마음속에 있는 생각으로 등장하는 것을 보게 된다. 즉, 그의 계획을 듣고 있는 어떤 사람에게든 시도해 보려는 생각이다. "우리의 형상을 따라 우리의 모양대로 우리가 사람을 만들고"(창 1:26). 그리고 하나님은 바로 그렇게 하신다. "하나님이 자기 형상 곧 하나님의 형상대로 사람을 창조하시되 남자와 여자를 창조하시고"(창 1:27).

「창세기」 2장 4-25절에서 인류의 창조는 하나님의 '손으로 하시는' 행동을 포함하여 두 단계의 과정으로 묘사된다. 이 이야기에서 하나님은 강림하셔서 "땅의 흙"으로 사람을 지으신 다음 사람에게 생기를 불어넣

제1장_ '인간성'이 존재하기는 하는가?

으시는데, 그 순간 사람은 "생령이 되었다"(2:7). 그 다음 하나님께서는 남자의 본체(substance)로 여자를 지으신다(2:22-23). 그때에 두 사람은 최초의 인간으로서 하나님 앞에 선다. 그들은 즉시 부끄러워하지 않은 연합으로 그들의 삶을 함께한다.

두 이야기 모두, 특히 첫째 이야기는 그 속에 **하나님께서 최초의 극적인 행동으로 특별하고 독특한 본질을 가진 자로 인간을 계획하시고 창조하셨다**는 핵심적인 성경적 확신이 있다. 맨 처음부터 마지막까지, 성경은 우리의 신적 기원에 대한 이 이야기의 연장선상에서 인간을 이야기한다. 그것은 우주의 하나님께서 우리의 조성자라는 것이다. 그분은 지금까지 살고 있는 모든 인간에게 (최초의 인간과 그 이후의 모든 사람을 통하여) 우리에게 유전된 본성을 주셨다. 우리는 어떤 유형의 피조물이며, 그 유형은 처음부터 우리를 설계하신 분에 의해 확정되었다. 이 믿음이 오랜 세월 동안 내내 유대인들에게, 그 다음에는 그리스도인이라고 알려진 예수를 따르는 자들에게 나타나게 되었다.

그러나 이야기의 분위기는 어두운 내용으로 바뀐다. 원시의 인간성은 하나님께서 계획하신 대로 되지 않았다. 그 유명한 최초의 범죄 이야기가 우리에게 상기시키고 있는 것처럼(창 3장), 처음부터 우리는 유혹에 약했고 죄를 범하기도 쉬운 존재였다. 그 이야기 자체는 비현실적일 수 있다. 말하는 뱀이 최초의 여성을 유혹하여 금단의 열매를 먹게 하고, 그녀와 그녀의 남편이 그것을 먹고, 붉은 발광 사이렌이 인간 역사에 울린 뒤로 두 번 다시 사라지지 않는다. 그 이야기를 시로 이해하든 역사로 이해하든 당신 좋을 대로 하라. 그러나 당신이 무엇으로 이해한다 하더라도, 천

치이든지 아니면 의도적으로 외면하든지 하기 전에는 유혹, 거짓, 불순종, 반역, 기만, 회피, 양심의 가책, 형벌과 같은 아주 강력한 죄의 실재를 부인할 수는 없다. 이것이 바로 인간의 상태이다.

이처럼 불가사의하고 다루기 힘들고 무서운 인간의 삶에 관하여 중요한 질문들이 많이 제기될 수 있다. 하나님께서는 우리를 창조하셨을 때 우리가 죄에 빠질 여지가 있게 된 것은 고의적인 '설계(design) 결함'인가, 아니면 다른 것인가? 만일 우리가 완전한 상태로 출발하였고, 하나님께서 피조물을 비롯한 만사에 대한 지식이 완전하시다면, 어떻게 하나님께서 우리처럼 이렇게 망가질 수 있는 피조물을 만드실 수 있었을까? 달리 대안이 있어서 하나님께서 우리를 시험하거나, 우리로 하여금 하나님을 의지하도록 하거나, 그 다음에 우리를 구원하기 위하여 우리가 죄에 빠지도록 의도한 것인가? 죄는 인생 여정에서 필연적인 측면인가? 또는 우리는 기본적인 성경적 기준을 포기하고 금방 타락해 버린 태초의 순결한 상태에 대한 생각을 거부해야 하는가? 이 최초의 이야기의 의미를 달리 해석할 방법은 없을까?

나는 책 후반에서 죄의 문제에 대해 한 장 전체를 할애할 것이다. 죄는 인생 여정의 중요한 위험 요소로 반드시 생각해야 할 것이기 때문에, 그때 집중적으로 다루고자 한다. 지금 중요한 문제는 하나님께 고의로 불순종한 아담과 하와의 결정이 그들 자신뿐만 아니라 이후의 우리 모두에게 영향을 미쳤다는 성경의 가르침이다. 실제로, 사도 바울은 인간의 죄로 말미암아 **전체 피조계**가 "탄식하며 고통하고" "썩어짐의 종 노릇"을 한다고 말한다(롬 8:21-22). 모든 인간은 아담의 영광스러운 창조에 포함된 것과 마찬가지로, 그의 파국적인 반역과 그로 인한 형벌 역시 감수해야 한다(5:12-14). 여기서 결론은 모든 사람이 하나님의 형상으로 만들어졌기 때문에 공유된 인간성이 **창조**에서 존재하고, "모든 사람이 죄를 범하였으매 하나님의 영광에 이르지 못하였기" 때문에(3:23) 공유된 인간성이 **죄**에 존재하고, "그 앞에 의롭다 하심을 얻을 육체가 없기" 때문에 **하나님의 심판** 아래 있으며, "하나님이 세상을 이처럼 사랑하사 독생자를 주셨으니 이는 저를 믿는 자마다 멸망치 않고 영생을 얻게 하려 하심"(요 3:16) 때문에 공유된 인간성이 **구속**의 가능성에 존재한다는 기독교 신앙이다. 성경 전체의 사상적 준거는 창조에서 시작하여 죄를 거쳐 예수 그리스도로 말미암아 가능한 구속까지 공동의, 공유된 인간 여정에 근거를 둔 공동의, 공유된 인간성을 가정한다. 출생한 모든 인간은 공유된 인간 여행에 참여하고, 그 맥락 안에서 자신의 여행을 공들여 만들어 간다.

이것은 기독교 사상에서 우리가 제프리 다머와 테레사 수녀 모두 실제로 하나님의 계획(design)에 따라 창조되어, 죄로 오염된 인간이면서 예수 그리스도 안에서 하나님께서 구속하시는 사랑의 대상들이라는 것을 확고부동하게 믿는다는 뜻이다. 그들은 모두 살아온 삶의 족적이 다를지라도 그것을 뛰어넘는 공유된 정체성을 가지고 있을 수밖에 없는 인간이다. 만일 우리가 우리의 여행을 등산에 비유한다면, 테레사와 윌버포스와 같은 사람들은 인간성에서 가능한 최고봉에 오른 반면에 다머와 히틀러와 같은 살인자들은 인간이 얼마나 깊이 죄악에 빠질 수 있는지를 보여 준다고 할 수 있다. 그러나 두 종류의 사람들은 여전히 인간이다. 그리고 두 종류의 여행도 성경적 사상 세계의 준거 안에서 이해될 수 있는 것이다.

하나님의 형상으로 만들어짐

기독교 전통에서 인간성은 존재하며, 그것은 인간의 죄뿐만 아니라 신적인 계획의 영구적인 증거인 동시에, 모든 인간이 공유하고 있는 본질이다. 이 일련의 핵심적인 성경적 확신에는 우리가 놓쳐서는 안 될 또 다른 중요한 차원이 있다. 그것은 「창세기」의 주장대로 모든 인간이 하나님의 형상으로 만들어졌다는 것이다. 이 주장은 성경의 처음부터 9장까지 실제로 세 번 나온다(창 1:28; 5:1-2; 9:6). 이것은 널리 알려져 있는 것이지만, 오늘날 우리에게는 이와 비슷한 경험이 전혀 없기 때문에 그 의미가 마치 수수께끼처럼 느껴진다. 우리가 하나님의 형상(*imago dei*)으로 만들어졌다는 것은 무슨 뜻일까?

이 말이 담고 있는 의미는 많지만, 그 중에서 두 가지에만 초점을 맞추어 보도록 하자. 한 가지 의미는 이 말이 인간이 육체적으로가 아니라(이는 하나님께서 영이시고 육체가 없기 때문에) 영적으로 하나님과 독특하게 **닮음**(resemblance)을 나타낸다는 것이다. 하나님의 형상으로 만들어졌다는 것은 인간이라는 거울을 들여다보면 우리를 계획하신 신적인 존재의 흔적을 볼 수 있다는 생각과 같은 것이다. 우리는 사랑하고 사유하고 느끼고 다른 피조물과 관계하고 상상하고 계획하고 창작하고 생각하는 우리의 능력에서 그리고 다른 많은 점들에서 하나님과 닮았다. 죄로 인하여 심하게 손상되고 많이 희석되었지만 우리가 우리의 가능성을 최고로 발휘할 때 하나님의 본성과 속성의 증거가 우리 안에 있는 하나님의 형상으로 드러난다. 영국의 신학자 알리스터 맥그라스(Alister McGrath)가 말한 것처럼, "우리 각자 속에는 비록 지금은 죄로 손상되고 오염되었지만 하나님의 형상이 존재한다."[2]

하나님의 형상의 또 다른 중요한 면은 하나님 앞에서 그리고 다른 피조물과 관련하여 독특한 인간의 **책임**과 관계가 있다. 이것은 역사적으로 「창세기」 1장 26절에 근거하여 '지배 명령(dominion mandate)'이라 불렸다. "그로 바다의 고기와 공중의 새와 육축과 온 땅과 …… 모든 것을 다스리게 하자." 이 개념은 정복과 지배와 착취의 뜻으로 쉽게 오해되었다. 실제로 어떤 사람들은(옹호론자와 비판론자 모두) 이 개념을 이 뜻 그대로 이해해야 한다고 생각한다. 그러나 「창세기」의 문맥은 더 많은 것을 알려 준다. 「창세기」가 기록된 고대 근동에서는 왕들이 때때로 자신이 직접 가지 않고서도 어떤 지역에 대한 자신의 통치권을 나타내기를 원하여 대표자를 보내곤 하였는데, 그 대표자는 왕을 상징하는(image) 깃발이나 휘장을 가지고 갔다. 그 메시지는 다음과 같다. "내가 직접 여기에 올 수는 없지만 이 형상(image)과 이 형상을 들고 간 사람이 나를 대표한다." 이것이 바로 「창세기」에서 '하나님의 형상'이란 구절이 의미하는 것이다. 그것은 마치 우리에게 하나님께서 이렇게 말씀하고 계시는 것과 같다. "나는 이 세상과 이 세상에 살고 있는 모든 것에게 나를 대표하도록 너를 택한다. 너는 책임이 있다. 너는 나의 형상을 지니고서 내 이름으로 행동한다. 너는 나를 잘 대표할 책임이 있다." 이것은 하나님의 형상을 풍부하게 이해하게 해 준다. 이것은 인간이 모든 피조물과 세상 자체와 관련하여 갖는 독특하고 비상한 책임을 고양시킨다. 그러나 만일 우리가 하나님을 바르게 이해한다면, 특히 예수 그리스도를 통하여 바르게 이해한다면,

인간적인 그리고 인간적인

우리는 그리스도 안에서 우리가 뵙는 바로 그 하나님을 대표하는 것은 지배가 아니라 봉사임을 알게 될 것이다. "〔예수께서〕 온 것은 섬김을 받으려 함이 아니라 도리어 섬기려고 자기 목숨을 많은 사람의 대속물로 주려 함이라"(마 20:28).

우리가 신적인 유사성이나 신적으로 부여된 책임을 강조할 때, imago dei의 개념은 인간성에 대한 놀랄 만한 의미를 함축하고 있다. 예컨대, 인간 평등의 개념을 생각해 보자. 인류가 하나님의 형상으로 만들어졌다는 것은 모든 인간이, 하나도 예외 없이, 어떻게 태어났고 어떤 인생을 살아가든 상관없이 이 특성(character)과 지위(status)를 공유한다는 것을 말한다. 이것은 우리 각자에게 비판적으로 중요한 도덕적 책임을 일으킨다. 모든 사람이 하나님의 형상으로 만들어졌다면, 모든 인간은 집단으로나 개인으로나 그러한 자격을 가진 사람으로 간주되어야 하며 존중받아야 한다(다머나 히틀러를 포함하여). 내가 만나는 온갖 사람들은 하나님의 형상으로 만들어졌다. 그녀가 누구이든지, 그녀는 하나님의 형상으로 만들어진 자로서 존엄하게 대우를 받아야 한다. 그녀가 자신의 인생을 추구할 때, 그녀의 인생은 나의 인생과 충분히 동등할 만한 가치가 있다.

마찬가지로, 성경은 하나님의 형상을 훼손하는 것(즉, 신적인 형상으로 만들어진 인간을 훼손하는 것)은 형벌을 받는다고 한다. "무릇 사람의 피를 흘리면 사람이 그 피를 흘릴 것이니 이는 하나님이 자기 형상대로 사람을 지었음이라"(창 9:6). 사람을 죽이는 것은 하나님의 형상을 공격하는 것이므로 이것은 가능한 한 금해야 하고 처벌해야 한다(롬 13:1-7). 반드시 보호되고 지켜져야 할 인간 생활과 관련된 일종의 신성함, 이른바 경외지

대란 것(a zone of reverence)이 있다. 이것은 하나님의 형상으로 지어진 모든 인간에게 예외 없이 적용된다.

*imago dei*의 의미는 수천 년 동안 계급적이고, 계층적이고, 인종차별적인 온갖 신념들을 약화시키고 모든 사람에게 자비와 공의를 베풀도록 강조하는 일에 중추가 되어 왔다. 이러한 이상을 실현하기란 어려운 일이다. 그러나 성경적 전통의 규범들은 노예제도, 미성년 노동, 강제 매춘, 전쟁, 대량학살, 고문, 영아살해, 전체주의 등등 온갖 것들과 씨름하면서 정기적으로 도덕적 쇄신과 개혁이라는 근원지로 되돌아왔다. 이는 정경과 전통에 깊이 간직되어 있는 하나님의 형상이 우리가 그것을 훼손할 때 우리의 죄를 심판하기 때문이다. 하나님의 형상을 훼손하는 죄 중 하나는 인종이나 집단, 또는 구역에 따라 어떤 기본적인 차별을 하는 것이다. 온갖 개인과 집단 사이에 매우 실제적인 차이가 있다 하더라도, 모든 사람이 하나님의 형상으로 만들어졌다는 확신은 우리 모두가 어떻게 대우받아야 하는지를 똑똑히 보여 주고, 인간의 공유된 본성에 대한 믿음을 확고히 한다.

성경적 사상은 *imago dei*의 개념과 관련하여 하나님의 형상을 **오직** 인간에게 귀속시킴으로써 인류를 다른 피조물과 구별하고 하나님 앞에서 좀 더 높은 지위에 둔다고 확신했다. 이것은 나머지 창조계 곧 식물로부터 동물, 지구, 공기까지도 하나님 앞에서 아무 가치가 없다는 것을 말하는 것이 아니다. 그와는 정반대이다. 즉, 창조 이야기는 창조계의 신적인 발생(origination)을 심혈을 기울여 상세히 묘사한다. 창조된 모든 것은 그것이 모두 하나님의 마음에서 비롯된 것이었고 하나님의 명령으로 창

인간적인 그리고 인간적인

조된 것이기 때문에 가치가 있다. 모든 피조물은 창조와 함께 "좋다"(참조 창 1:23,25)라고 선언되었고, 성경은 피조물에 대한 하나님의 독자적인 관계를 묘사한다(시편 104편을 참조하라). 모든 피조물은 하나님께서 홍수 이후에 노아를 통하여 전체 창조계와 맺으신 언약에 포함되어 있다(창 9:10 이하). 동물은 인간과 매우 유사한 몸과 혼이 혼합된 존재이다(이것에 대한 더 많은 논의는 제2장을 참조하라). 그들도 우리와 마찬가지로 혈액이 순환하고 그것을 통해 "생기"(창 2:7)가 흐름으로써 생존하다가, 그 기적이 중단되는 순간 죽게 된다. 도덕 사상가요 신학자인 래리 라스무센(Larry Rasmussen)이 지적한 것처럼, 인간은 '지구촌(earth community)'인 이 행성을 다른 모든 피조물과 공유하고 있다.[3]

그런데 모든 창조의 신성함에도 불구하고 오직 인간만이 그 지위가 "하나님보다 조금 못한" 존재, "영화와 존귀로 관을"(시 8:5) 쓴 하나님의 형상으로 만들어진 존재로 묘사된다. 인간에게는 어떤 동물에게도 부여되지 않은 영적인 본질과 능력이 있다. 다른 피조물이 아닌 인간이 세상의 모든 피조물에 대해 청지기의 일을 행하고 지도해야 할 책임이 있는 것으로 묘사된다(창 1:28-31; 시 8:6-8). 따라서 참된 인간성에 대한 기독교의 역사에서 드러난 개념의 한 측면은, 다른 피조물에 대해 인간에게 부여된 좀 더 높은 책임뿐만 아니라 피조물이라는 공유된 지위와 지상의 거주자로서의 공유된 장소에도 불구하고 인간과 다른 피조물 사이의 뚜렷한 구별에서 분명히 드러난다.

하나님의 형상 개념은 인간성과 관련된 확신을 가리키기도 한다. 인간성이 적어도 본질적으로는 고정적 또는 정적(fixed or static)이라는 것은 성경에 근거를 둔 믿음이다. 이것은 사람들이 절대로 변하지 않는다거나 문화 간에 극적인 차이가 없다는 말이 아니다. 이러한 큰 차이를 인정할지라도 그리스도인들은 언제나 '사람(man)' 또는 '인류(humanity)'의 본질에 대해 모든 문화와 민족과 시대에 걸쳐 어느 정도 결정적이고, 고정적인 것이며, 변하지 않고, 변할 수 없는 실체라고 믿었다. 기본적으로 이것은 창조에서 시작하여 인류의 타락과 많은 시련을 거쳐서 마침내 예수 그리스도 안에서 이루어지는 구속까지 도도히 흐르는 성경의 기본적인 과정에 뿌리박혀 있다.

시간과 문화를 가로질러 지속되는 공유된 인간성을 통찰함으로써 우리는 그 인간성의 요소들을 좀 더 상세히 검토할 수 있다. 기독교 윤리학자 손드라 휠러(Sondra Wheeler)에 따르면, 인간은 **창조되었고**(우리는 하나님으로부터 나온 것이지, 우리가 스스로를 만들어 낼 수 없다), **육체가 있고**(embodied, 우리에게 몸이 있다), **사회적이고**(우리는 공동체 속에서 산다), **죄가 있고**(우리는 잘못을 행하고 선보다 악을 선택한다), **죽어야 할 운명이며**(우리는 죽는다), **구속을 받게 된다**(우리는 하나님의 은혜, 곧 그에게 용서받은 사랑의 수혜자이다)는 것이야말로 기독교 신앙 전통의 내용이 된다.[4] 인류학자 도널드 브라운(Donald E. Brown)은 인류 문화에 대한 관찰에 근거를 둔 과학적인 관점에서 수백 개의 '인간의 보편성'의 목록을 작성하고, 그것이 모든 문화에 걸쳐 공유된 것이라고 주장한다. 이 보편성은 친족 분류라는 추상적인 개념부터 상속 규정까지 그 범위가 다양할 뿐 아니라,[5] 실제로 엄청나게 길다.

이와 같이 본질적으로 일정하고, 고정되고, 공유된 인간성에 관하여

인간적인 그리고 인간적인

갖가지 주장이 있을 수 있고 늘 그래왔다. 그러나 모든 환경에서 여전히 불변하는 어떤 공통적인 속성들이 있다는 것을 전제하지 않고서는 '사람'이나 '인류'나 '인간의 인격'이나 '인간의 상태'에 관하여 아무것도 이야기할 수 없다. 확실히 보다 신중한 기독교 사상가들은 인간의 삶의 방식은 상이한 환경에서 여러 가지 선택으로 구성되기 때문에 다양할 수밖에 없다는 것을 인정하였다. 그럼에도 그 전통은 이러한 다양성들조차 인간성 자체의 정해진 어떤 일정한 테두리 안에 있다는 것을 늘 주장하였다. 이 인간성은 피할 수 없고 바꿀 수 없는 기본적인 구조를 가지고 있다. 18세기 사회 평론가 메리 워틀리 몬테규(Lady Mary Wortley Montague) 부인은 다음과 같이 썼다. "나는 많은 여행을 하는 중에 두 종류의 사람 외에는 본 적이 없다. …… 두 종류의 사람이란 남녀를 말한다. 그들은 항상 똑같았고 늘 그러할 것이다. 비록 때때로 다른 이름으로 숨어 있었지만, 동일한 악과 동일한 어리석음은 모든 세대의 결과였다."[6]

하나님의 형상에 대한 도전들

인간성에 대한 기독교적 이해가 우리의 존재에 대한 유일한 설명이 아니라는 것은 전혀 놀라운 일이 아니다. 지난 수세기 동안 인간성에 대한 기독교적 관점에 대해 수많은 도전들이 있어왔고, 이러한 도전들 중 더러는 기독교 신앙의 일부분에 대한 궤변에 지나지 않았다. 가장 영향력이 큰 도전은 도대체 인간성이라는 것이 있느냐 또는 역사적인 성경적 전통이 인간성을 사실 그대로 이야기하느냐 하는 것에 관한 질문이었다.

자기가 이해하는 것이 성경이나 기독교 전통에서 제시된 인간성의 표현이라고 믿는 행복한 독자들은 왜 자신들이 여러 비정통적인 사상가들이나 논쟁적인 학파들에 의해 제기된 도전에 주목해야 하는지 그 이유가 궁금할지 모르겠다. 이것에 대해 나는 지적이든 그렇지 않든 간에 모래에 머리를 파묻는 것은 삶의 도전에 대한 적절한 대응이 되지 못한다는 것을 말하고 싶다. 오늘날 기독교 신앙이 서방 세계에서 쇠퇴하고 있는 한 가지 이유는 우리가 현대 사회에서 제기되는 날카로운 질문들에 맞설 마음이 없거나 능력이 없다는 것이다.

또한 비판을 무시하기보다는 오히려 적극적으로 참여함으로써 우리는 우리의 전통과 신앙에 대한 자신의 이해를 더욱 깊이 다듬게 되는 기회도 얻게 된다. 우리는 시험을 위해 이론화하고 정리하는 과정에서 비판자들의 논리적인 요점을 우리의 신앙에 추가할 수 있을지도 모른다. 또는 예기치 않은 장소에서 동맹자들, 이른바 우리와 신앙을 공유하지는 않지만 우리의 가장 소중한 확신들 중의 어떤 것들에 대한 중요한 통찰력이나 증거를 제공하는 사람들을 발견할지도 모른다. 물론, 타협할 수 없는 신념의 차이는 근본적인 세계관의 충돌을 야기하기 때문에 어떤 방식으로든지 통합될 수 없는 기독교의 인간성 개념에 대한 비판들도 있다. 그러한 비판에 적극적으로 참여하는 것은 참으로 양보할 수 없는 우리의 믿음을 확인할 수 있게 해 줄 것이다.

인간적인 그리고 인간적인

인간성 또는 남성

인간성이 존재한다는 생각에 대한 도전들을 살펴보기 위해, 먼저 서방(기독교) 전통에서 다루는 인간성(human nature)은 사실상 절반의 인종을 외면하고 고려하지 않은 남성(male nature) 중심적인 것이라는 페미니스트의 비판에서부터 출발하고자 한다.

로즈마리 류터(Rosemary Ruether)와 메리 데일리(Mary Daly)와 같은 페미니스트 사상가들과 엘리자베스 캐디 스탠턴(Elizabeth Cady Stanton)과 프랜시스 윌러드(Frances Willard)와 같은 비교적 초기 세대의 사람들은 대부분 성경적 전통(유대교와 기독교를 말하며, 정경화 이후 이슬람 전통을 말하는 것이 아니다)이 남성 우월주의적인 신앙이었다는 명백한 사실을 언급하였다. 그 전통의 중심인물들은 남자였고(아브라함, 이삭, 야곱, 모세, 예수, 베드로, 바울), 하나님은 남성 대명사로 불렸으며 예술과 관습에서 남성으로 묘사되었다. 성경의 저자들은 남성들이었고, 그들의 관점에서 기록되었다. 물론 이것은 어떤 측면에서는 맞다. 성경의 종교 지도자는 남자였고, 신학적 전통은 '교부'로부터 오늘날까지 오랫동안 남자들이 해석을 주도해 왔다. 뿐만 아니라, 저명한 유대교와 기독교와 이슬람교의 종교 사상가들이 여자를 모독하는 수많은 글을 찾아내는 것은 전혀 어려운 일이 아니며, 그것은 일세기 유대 저술가인 요세푸스의 글에 가장 잘 압축되어 있다고 하겠다. 그는 이렇게 말하였다. "여자는 모든 점에서 남자보다 열등하다."[7]

서구 세계를 휩쓴 페미니스트 운동은, 특히 1960년대에 시작된 제2의

물결에서 시작된 유대교와 기독교에 대한 철저한 재평가에 오랫동안 적극적으로 참여하였다. 처음에는 유대교와 기독교의 신앙 전통이 남성 중심적이라는 것을 인식하는 정도에 지나지 않았다. 몇몇 페미니스트 사상가들은 다소 균형을 맞추고자 성경에 등장하는 인물로서 종교적 지도력을 발휘하였고 오늘날에도 중요한 역할을 하고 있는 여성들을 고찰하기 위하여 성경 전통을 내적으로 연구한다. 좀 더 급진적인 페미니스트들은 서구 종교적 전통은 여성들에게 맞게 개조될 수 없고, 철저하게 남성 지배 중심적이라고 확신한다.

바로 이 성경적 신앙에 대한 대단히 중요한 재고의 맥락에서 인간성의 개념에 대한 페미니스트의 도전들이 나타났다. 예컨대, 남성들이 기독교 전통을 지배했다는 관찰은 남성의 경험만 이야기함으로써 왜곡된 전통에서 나온 이야기가 인간성을 나타낸 것인지 아닌지 하는 문제를 자연스럽게 도출해 낸다. 만일 전통적인 신학이 실제로 (남자와 여자를 의미하는) **인간성**보다 **남성**(male nature)에 대한 이야기라면 어떻게 될까?

물론, 이 질문에 대한 대답은 남성과 여성(male and female natures)은 어떤 기본적인 점들에서 실제로 다르다는 믿음을 전제로 하고 있다. 이것은 좀 더 광범위한 문화에서는 말할 것도 없고 페미니스트 사상에서 가장 논쟁적인 문제 중 하나이다. 남자와 여자가 공유하는 하나의 인간성이 있는가? (만일 그렇다면, 왜 우리는 서로 이해하고 적응하기가 그렇게 어려운가?) 일치하는 것이 거의 없는 전혀 다른 남성과 여성이 있는가? (만일 그렇다면, 우리가 어떻게 하나님의 형상으로 만들어진 단 하나의 종[species]일 수 있는가?) 또는 생각하건대 성경과 경험이 시사하는 대로, 이것은 공유

인간적인 그리고 인간적인

된 특징과 구별된 특징에 영향을 미치는 문화의 양식들과 더불어 남자와 여자의 특징적인 차이와 함께 공유성의 핵심이 있는 '둘 다(both/and)'의 상황인가?

지금까지 내가 이야기한 인간성에 대한 기본적인 기독교의 설명은 페미니스트의 반대를 충분히 수용할 수 있을 만큼 일반적인 것이며, 적어도 남자와 여자가 공유하는 어떤 핵심적인 인간성에 대한 믿음을 포기하지 않는 자들이라면 수용할 만한 것이다. 일반적으로 인간성이 존재하고, 그것이 하나님에 의해 부여되었으며, 모두가 하나님의 형상으로 만들어진 동시에 죄의 영향을 받았고, 그 본질적인 특징에서는 거의 변하지 않는다고 말할 때, 그러한 주장들은 남자와 여자에게 똑같이 적용된다. 그러나 우리가 인간의 책임과 죄와 자유와 공동체와 다른 문제들에 관하여 좀 더 깊이 생각할 때 우리는 페미니스트가 외치는 것에 대해 유념해야 한다. 그렇지 않으면 우리는 참으로 남자와 여자 **양쪽**이 경험하는 인간성을 근본적으로 오해하게 될 것이다. 예컨대, 인간의 죄의 문제에 대한 대부분의 설명들은 자신을 너무 높이 생각하고 스스로 우주의 중심이 되려고 하는 교만을 강조한다. 그러나 그 설명들은 자기혐오, 즉 자신을 지나치게 비하하는 것에 관해서는 거의 이야기하지 않는다. 죄에 관한 여성들의 글을 보면, 그들의 죄의 문제는 교만보다 자기혐오에 더 집중하고 있음을 알 수 있다. 이와 같은 문제들에 대한 여성의 목소리에 귀를 기울이면 남성의 이야기에 불과한 인간성의 이야기를 피할 수 있다.

땅과 그 땅에 속한 피조물을 개척할 권리?

인간성에 대한 고전적인 기독교 개념을 비판하는 두 번째 비판은 **생태적 동물권**(ecological-animal rights) 관점이라 불릴 수 있다. 이 비판은 실제로 둘로 나누어진 비판으로 시작되었지만, 그 관점들은 하나로 다루어도 충분하다.

역사가 린 화이트 주니어(Lynn White Jr.)가 1967년 어느 유명 과학 잡지에서 신학이 궁극적으로 생태 위기에 책임이 있다는 주장을 한 이래로 그리스도인들(과 유대인들)은 자신들이 생각하는 인간성에 대해 환경 운동 진영의 중요한 도전에 직면하고 있다.[8]

성경적 관점에서 보면, 첫째로 그 도전은 다른 피조물에 대한 인간의 고귀한 지위를 겨냥한 것이며, 둘째로 인간에게 부여된 소위 지배 명령을 겨냥한 것이다. 화이트와 같은 몇몇 사상가들은 서구 문명이 지구를 함부로 개발하고 오염시켜 온 과정을 자세히 살펴보면서, 그 문제의 근거가 몇몇 핵심적인 성경 본문들이라고 규명하였다. 그들의 주장대로, 사람을 모든 피조물보다 고귀하고 다른 피조물을 지배하도록 성경을 해석하고, 세계를 신성한 것이 아닌 개척해야 할 자원으로 보도록 한 문명이 고통스러운 환경 문제의 원인이 될 수 있다.

물론, 대부분 그리스도인들은 이와 같은 주장을 깊이 생각하지 않고 간단히 처리해 버렸다. 그들은 자기들이 진짜 범죄자로 간주하는 것들 곧 자본주의와 산업주의의 부흥, 과학과 현대 테크놀로지 발전과 같은 최근의 역사적 발전들, 그리고 합리주의와 경험주의를 선호하는 서구 세계에서 기독교의 몰락까지도 지적하였다.

그러나 사려 깊고 보다 개방적인 그리스도인들은 성경을 새롭게 읽음으로써 화이트의 비판을 진지하게 생각하였다. 어떤 기독교 사상가들은 인간의 독특한 지위나 땅을 지배하는 인간의 주권에 대한 역사적 기독교의 주장을 포기하는 것으로써 환경주의자들의 비판에 대응하였지만, 좀 더 온건한 목소리를 내는 사람들은 성경에서 해답을 찾았다. 나도 인간이 동물을 학대하는 것뿐만 아니라 지구 생태계를 파괴한 것에 대해 마땅히 사위스러운 사람들 중의 하나라고 생각한다. 그러나 나는 바르게 해석된 성경이 땅과 그 땅에 속한 피조물에 대해 책임 있는 관리자로서 청지기 직분을 행하면서 창조계와 조화롭게 살아가는 인간의 모습을 제시한다고 믿는다. 오늘날 과학과 테크놀로지의 엄청난 힘과 자연에 미치는 그 영향력의 실체를 볼 때, 지도력과 '지배'를 바르게 행사하는 것 외에 다른 선택의 여지가 전혀 없다는 것은 자명하다. 우리가 산업화 이전의 낙원으로 돌아가는 것은 불가능한 일이다. 인간은 땅과 다른 피조물들과 함께 지속 가능한 공동체 속에서 살아가는 법을 배우든가 아니면 모두 파멸하든가 해야 한다.

또한 성경에서 인간과 동물 사이의 공통점을 부인하거나 동물을 포함한 모든 생명에 대한 외경과 경이로움을 망각하게 하는 것이 있을 리 없다. 인간으로서 우리의 독특한 지위는 지배할 권리가 아니라, 오히려 예수께서 최후의 만찬에서 제자들의 발을 씻기시면서 말씀하실 때(요 13:1-20; 참조 빌 2:1-11) 그의 독특한 지위가 섬기는 권한이었던 것처럼, 섬기는 것으로 이해되어야 한다. 성경의 증거를 여전히 신실히 믿고 있는 그리스도인들은 인간이 하나님 앞에서 독특한 지위를 가지고 있다는 주장을 포기할 수 없다. 그러나 우리는 우리와 함께 이 지구를 공유하고 있고 또 하나님께서 우리에게 책임을 지게 하신 피조물의 충만한 공동체를 반드시 재발견해야 한다. 기독교 철학자 로버트 웬버그(Robert Wennberg)가 쓴 것처럼, 이것은 사실상 동물을 대하는 우리의 태도가 극적으로 개혁되어야 할 필요가 있다는 것을 의미하는데, '공장식 사육' 과 의학 연구에서 특히 그럴 필요가 있다.[9]

하나님도, 하나님이 주신 인간성도 없다?

하나님이 주신 인간성을 믿는 기독교 신앙에 대한 가장 근본적인 반대는 인간에 대해 지구상에서 일어난 우주적 우연의 결과로 보는 것이 최선이라는 관점과 기독교 신앙은 이런 사실을 받아들이지 못하는 불안정한 피조물에 의해 조작된 편리한 신화라는 주장일 것이다. 하나님, 곧 인격적인 하나님 또는 인간과 교류하는 하나님은 절대 있을 수 없다. 인간은 어떤 전능하신 계획자에 의해 지구에 뿌리를 내리게 된 것이 아니라 우연과 신비로 덮여 있는 기원으로부터 출발한 진화 과정을 통하여 지구상에 생겨난 것이었다. 그 원료는 우주 수프(a cosmic soup)이며, 거기에서 우연히 인간(과 다른 피조물들)이 발생했다. 공교롭게도 인간은 자신의 존재와 천체의 이유를 설명하고야 마는 지성과 자의식을 발전시키는 피조물이었다. 인간은 전 역사를 통틀어 이것을 설명하고자 했지만, 그것들은 모두

인간적인 그리고 인간적인

(적어도 초자연적인 구성 요소를 포함하는 이 모든 설명들) 신화적인 것이다.

종종 **자연주의적** 또는 **물질주의적** 관점(유일한 실재는 물질세계이며 초자연적인 실재나 그와 관련된 존재를 부정하는)으로 불리는 이 견해는 신적 존재에 의해 우리에게 각인된 의도적으로 계획된 일련의 특징으로서의 인간성을 믿지 않는다. 인간은 어떤 누구에 의해 계획되거나 만들어졌거나 창조된 것이 아니었다. 인간은 단지 우연히 발생했고, 상상할 수 없을 정도로 오랜 기간을 거쳐 현존의 피조물로 발전하였을 뿐이다.

물질관과 밀접한 관련이 있는 진화론적 관점은 인간성에 관한 고전적인 기독교 신앙에 강력히 도전한다. 비록 인간성에 관한 기독교 신앙을 부정하지 않는 진화론적인 관점을 생각할 수 있을지라도, 오늘날 가장 일반적으로 밝혀진 진화관은 이러한 확신을 정면으로 공격한다.

진화론자들은 현생인류가 그 조상인 호모 사피엔스(*Homo sapiens*)라는 종이 될 때까지 주변 세계의 도전에 대응하여 계속 진화하면서 수천 년에 걸쳐 동물계로부터 서서히 벗어났다고 믿는다. 이는 고전적 기독교의 이야기와는 다른 것이다. 천 년 전이나 지금이나 대부분 그대로인 똑같은 일련의 특징을 가지고 있는 인간은 단 한 번의 극적인 행동으로 창조된 것이 아니다. 오히려 인간과 우리가 인간성이라고 이해하는 것은 역동적인 것이어서 다양한 자연환경과 역사적 도전, 현실에 대응하면서 항상 변하는 것이다. 우리는 가만히 있는 것이 아니라 실제로는 끊임없이 변화하는 종이다. 변화를 수용하는 우리의 능력은 우리의 존재와 생존과 번영에 결정적인 것이었다.

인간성에 대한 본격적인 진화론적 관점은 인간이 경험하는 모든 현상을 진화론의 관점에서 설명함으로써 역사적, 종교적 또는 도덕적 신앙에 대한 언급을 하지 않는다. 예를 들어, 이 관점은 죄에 대해서 하나님의 뜻과 성경에 계시되고 사람의 마음에 새겨진 뜻, 즉 하나님을 불신하고 불복종하는 시험이라고 생각하지 않는다. 대신 그들은 상반되는 인간의 충동과 그로 인해 발생한 불편한 감정에 적응하고 자연스럽게 선택한 결과로서 인간성을 제시하고, 이를 설명하기 위해 오랜 진화 과정의 다른 요소들까지 소급 적용한다. 진화론적 관점의 전형적인 표현은 하버드 대학의 인지과학 연구자인 스티븐 핑커(Steven Pinker)의 다음과 같은 말에서 드러난다. "모든 생물과 같이, 인간은 자연스러운 선택의 산물이다. 우리는 조상들로 하여금 생존하고 배필을 찾아서 번식시키는 장점을 물려받았기 때문에 여기에 이르렀다. 이 중대한 사실이야말로 인간의 가장 근원적인 투쟁을 설명한다."[10] 지난 수십 년에 걸쳐 출현한 가내 공업(cottage industry) 전체가 다양한 측면에서 인간성에 대한 진화론적인('사회생물학상의') 설명을 하였다. 현대에 이르러 사회생물학은 정신분석 이론을 대신하여 인간 행동에 대한 기독교적 주장의 주요 경쟁자로 부상하고 있다.

인간성에 관한 세속 문학을 조금만 살펴봐도 이내 인간성의 존재 자체를 거부하는 사람들과 그렇지 않은 사람들 사이에 격심한 논쟁이 있음을 알게 된다. 특별히 20세기 중반 사회과학에서 제기하여 지금까지 빈번히 주장되는 '빈 서판(blank slate)' 관점은 인간에게 본성이란 전혀 없고 각 개인은 문화와 환경과 경험에 의해 **완전히 길들여진다**는 생각이다. 다시 말해, **우리는 우리의 여행에 지나지 않는다**라는 생각이다. 따라서

인간적인 그리고 인간적인

이 장의 서두를 장식했던 스페인의 철학자요 혁명론자인 호세 오르테가 E. 가세트(Jose Ortega y Gasset)의 1935년 논평은 이러하다. "인간은 전혀 본성이 없다. 인간이 가지고 있는 것은 역사이다."[11] 우리 각자는 우리가 경험한 것이고 그 이상은 아니다.

빈 서판 관점은 인간성을 공유되거나 결정되어 있거나 고정적 또는 정적으로 보는 것과 반대로 오히려 무한히 가변적이고 유연하고 역동적이며 개별적이라고 생각하다. 이를 두고 영국의 작가인 오스카 와일드(Oscar Wilde)는 다음과 같이 잘 표현하였다. "인간성에 관하여 실제로 알고 있는 유일한 것은 그것이 변한다는 것이다. …… 실패하는 시스템들은 인간성의 항구 불변을 믿고 인간성의 성장과 발전을 믿지 않는 것들이다."[12] 오늘날 널리 받아들여지고 있는 이 같은 관점은 인간 자신의 인생 여정을 지배하는 인간의 자유와 가변성, 그리고 피할 수 없는 필연성을 강조한다. 이 관점은 **인간**(human being)을 보지 않고 오직 개개의, 다양하고 더 이상 축소할 수 없는 독특한 **인간들**(humana beings)을 본다고 해야 할 것이다. 즉, 인간은 예측가능한 특징을 가진 일관된 형태의 피조물의 전형이 아니라, 그들 자신의 선택(그리고, 다른 자들의 선택)의 결과다.

앞에서 인용한 스티븐 핑커는 다른 측면에서 그 논쟁에 활발히 참여했던 사람이었다. 핑커는 인간성이 실재한다는 것과 최첨단의 현대 과학이 그것을 명확히 증명한다는 것에 열중하고 있다. 두뇌(인지 신경과학)와 유전학과 진화 심리학, 그리고 인류학을 연구하는 과정에서 핑커는 보편적으로 공유된 인간성의 존재를 강하게 주장하는 한편 놀라울 정도로 기독교 신앙을 지지하게 된다. 핑커는 개인들과 문화들이 그 본질적인 능력을 이용하고 표현하고 발전시키는 방법에 있어서 극적으로 바뀐다는 사실을 하등 부정하지 않는다. 그러나 이 모든 가능한 발전들의 근저에는 우리 모두가 공유하는 일종의 '프로그래밍(programming)'이 있다.[13] 그는 우리가 선천적인 '프로그래밍'을 공유하고, 그리고 우리 각자는 '무한한 일련의 생각과 행동'을 일으키기 위하여 다양한 방식으로 이것을 사용한다고 주장함으로써 인간성의 공통성과 다양성을 설명한다.[14]

핑커의 주장에 환영하기에 앞서 그가 기독교의 인간성 설명을 명백히 거부한다는 것을 유념하는 것이 중요하다. 그는 인지 신경과학에서 도출한 인간 의식(human conciousness)에 대한 설명을 선호하고 영혼이나 자아의 개념을 거부한다. 또한 그는 '인간 생명(human life)을 포함한, 생명을 이해하는 핵심'으로 진화론적 관점을 받아들인다.[15]

인간에 대한 물질적 진화론적 관점은 성경적 주장으로 신앙을 고수하는 기독교적 관점과 유익하게 통합될 수 없다. 우리는 실재나 인간 생명에 대한 자연주의적 해석을 받아들일 수 없다. 일부는 인간이 오랜 진화의 순례에서 많은 변화를 겪어왔다는 것을 받아들이지만 우리는 창조주이신 하나님에 대한 고백이나, 인간성에 신적인 계획이 있다는 것, 죄와 구속의 개념이 중요하다는 믿음을 포기할 수 없고 포기하고 싶지도 않다. 우리는 인간성을 부정하고 단지 무한한 다양성과 제한되지 않는 선택, 경계가 없는 선택의 역겨움만 있다는 생각을 받아들일 수 없다. 또 우리는 핑커가 말한 것처럼 자아와 영혼과 양심과 인간성의 궁극적 기원과 운명이 제거된 인간성의 개념을 받아들일 수 없다.

인간적인 그리고 인간적인

인간성의 기독교적 설명에 대한 도전이 한 가지 더 남았다. 이 도전은 인간과 다른 피조물과 지구 전체의 미래에 암울함을 던지는 암시를 하고 있다. 인류학과 유전자학(종간〔interspecies〕 유전자의 혼합)과 인공 지능과 인공두뇌학(테크놀로지와 인간의 혼합과 통합)과 나노테크놀로지(분자와 아원자 수준의 공학)의 발달로 예상치 못했던 많은 가능성을 보게 된다. 인간은 자신의 몸을 무수한 방법들로 개조하고, 자녀들을 주문에 의해 설계하고, 사랑하는 사람이 죽으면 복제 인간으로 대신하거나, 자신을 동물이나 기계와 혼합하거나, 테크놀로지를 인간의 두뇌나 다른 신체 부위에 이식하거나 우리가 원하는 어떤 종류의 잡종 동물을 만드는 능력을 가지거나 조만간 가질 것이다. 우리 중 더러는, 특히 신앙인들은 이러한 발달에 신중하게 대응하지만, 세계 변환인간론자 협회(the World Transhumanist Association)의 다음 선언에서처럼 이것이 인간 진화의 바로 다음 단계라고 목소리가 높일 수 있다. "인간은 미래에 테크놀로지에 의해 급진적으로 변할 것이다. 우리는 노화의 필연성, 인간의 인공 지능의 한계, 원치 않는 심리적 문제, 고통, 지구라는 행성의 제한성과 같은 한정 요인을 비롯한 인간의 조건을 재설계할 수 있을 것으로 내다본다."[16]

만일 인간 생명이 우주적이고 우연적인 사건이고 우리의 현재의 본성이 (만일 존재한다면) 지금 진화의 과정에서 우연히 존재하게 되는 것일 뿐이라면, 만일 미래에 인간이 좀 더 '적응할 수 있는' 자신(이나 다른 생물 또는 무생물)을 개조하는 방법들을 상상할 수 있다면, 만일 우리가 하고 싶은 것을 마음대로 할 수 있게 된다면, 그런 변화가 왜 일어나지 않겠는가? **탈인간**(posthuman)이나 **변환인간**(transhuman), 즉 미래를 창조하고 더 좋은 모델을 위하여 이 보잘것없는 피조물 호모 사피엔스를 고수할 이유가 있겠는가? C. S. 루이스(Lewis)의 인상적인 말처럼, "인간성은 사람에게 넘겨주는 자연의 마지막 부분일 것이다."[17] 최근의 견해들보다 그 연원이 인간역사 속에서 더 오래 전으로 소급되는 인간성에 대한 어떤 이해를 고수하는 자들만이 인식의 범위를 넘어서 인간을 개조하거나 심지어 최악의 경우 인류를 몰살시킬지도 모르는 여행을 집단적으로 진행하는 것을 막기 위해 필요한 지혜를 말해 줄 것이다.

확실한 것은 아무것도 없지만 나는 기독교 관점이 우리 앞에 급증하는 선택 사항에 대한 최선의 판단 유예, 최선의 판단 수단을 제공한다고 믿는다. 분명히 우리와 이 세상의 만물을 창조하신 하나님을 믿는 믿음은 우리로 하여금 인간이 완전하게 된다는 의미를 달리 이해하게 해 준다. 다음 장에서 우리는 인간의 자아를 들여다보고 우리가 거기서 발견하게 될지 모르는 어떤 신비를 보고 인간 자아의 구성이 우리에게 인생 여정에 관하여 이야기하는 것을 곰곰이 생각할 것이다.

제 2 장

나는 무엇으로
만들어졌는가?

사람은 시체를 가지고 다니는 작은 영혼이다.
- 2세기 로마 황제이자 철학자, 마르쿠스 아우렐리우스

인간에 관한 가장 놀라운 사실 중 하나는 60억 인구가 온종일 하나님에 의해 창조된 단 하나의 종(species)으로 돌아다니면서도 자신이 무엇으로 만들어졌는지, 자신을 둘러싼 것들이 어떤 것들인지, 즉 **자신이 누구인지**에 관해 그들의 생각이 일치된 적이 없다는 것이다.

잠시 당신 자신을 생각해 보라. 팔다리와 손발, 그리고 손가락과 발가락까지 살펴보라. 이 장을 읽으면서 당신 내면의 소리를 들어보라. 책을 읽는 동안 당신의 뇌 속에서 일어나는 활동과 떠오르는 생각을 느껴 보라. 당신이 생각하고 있는 것에 관하여 생각하라.

이제 다음의 질문들에 대답하라. 당신은 몸인가 아니면 몸을 **가지고**

있는가? 만일 당신이 몸을 가지고 있지만 몸이 아니라면, 당신은 그 밖에 다른 무엇인가? 어쩌면 당신은 한 '혼(soul)'과 한 '몸(body)'일까? 그 '당신' 또는 그 '진짜' 당신이 혼의 중심에 있는가? 그렇다면 당신의 몸의 지위는 무엇인가? 당신이 가지고 있는 또는 당신인 영혼과 몸 사이에는 어떤 관계가 있는가?

어쩌면 영의 언어가 더 이해하기 쉬울지 모른다. 당신은 영(spirit)인가? 아니면 당신은 몸과 영을 모두 가지고 있는 **사람**(person)인가? 그렇다면 혼은 어찌되는가? 당신은 몸과 혼과 영으로 이루어진 사람일 가능성이 있을까? 그렇다면 혼과 영은 어떻게 구분될까? 이 세 요소 사이에 있는 인과 관계는 무엇일까?

어쩌면 당신은 **지금** 몸과 영 또는 몸과 영과 혼이 있는 인간일지도 모른다. 그것은 항구적인가? 당신이 태어나기 전 당신은 무엇이었는가? 어떤 것이었나? 당신은 죽은 뒤에 무엇일까? 어떻게 될까? 이제 당신은 지금 몸과 혼을 가진 사람이지만 태어나기 전과 죽은 뒤에 당신은 몸이 없는 혼이었고 다시 혼일 것인가? 그런 존재는 무엇과 같을까?

모든 사람들이, 심지어 이러한 질문들에 관하여 아주 깊이 생각하는 사람들조차 이처럼 마음을 어지럽히는 질문들에 대해 대답할 말이 거의 없다. 우리는 인간이라는 것이 무엇을 의미하는지에 대해 가장 근본적일 수 있는 문제들에 관하여 당황해한다. 다음 문장을 생각해 보라. **"우리는 우리가 누구인지조차 모른다."** 놀랍지 않은가? 아마 우리는 자신에 관하여 또는 자신을 구성하는 것에 관하여 깊이 사색하는 것 이상 할 수 있는 것이 결코 없을 것이다. 그렇지만 만일 우리가 인간성을 이해하기를 원한다면 이와 같은 것들에 관하여 반드시 질문해야 한다. 그리고 전인성을 추구함에 있어서 우리가 자아의 내적 영역들을 통일하지 않는다면, 그 전인성을 발견한다는 것은 상상하기 어렵다.

우리 속에 무엇이 있는가?

인간이 육체적 존재라는 것을 우리가 알고 있다고 가정하고 출발해 보자. 비록 어떤 철학자들은 그것을 절대 확신하지 않지만 그럼에도 불구하고 우리는 그들이 밤마다 저녁을 먹고 잠자리에 들고 눈을 감고 잘 것이라는 것은 짐작할 수 있다. 만일 어떤 사람들이 인간의 육체성의 여부를 논쟁하려고 한다면, 간섭하지 않을 것이지만 인간이 몸으로 생활한다는 것은 누구나 알고 있다. 우리는 몸을 가꾸고, 목욕시키고, 쉬게 하고, 훈련시키고, 다른 여러 가지 방법으로 사용한다. 우리는 죽을 때 몸의 기능이 멈출 것이라는 것을 알고 있다. 몸은 전혀 움직이지 못하고 가만히 누워 있을 것이다. 몸은 곧 썩기 시작할 것이므로 친구들과 가족은 그것을 묻거나 태워 없애야 할 것이다.

그러나 인간이 육체일 뿐(only a body)이라고 믿으려는 사람은 별로 없다. 첫째로 우리는 생각, 그것도 때로는 아주 깊이 있는 (때로는 아주 피상적인) 생각을 한다. 이러한 생각은 역사적으로 우리의 마음(mind)이라고 생각했던 것의 중심에 있다. 오늘날 우리는 마음의 행위라고 여기는 활동이 뇌의 중심부에 있다는 것을 알고 있다. 어떤 사람들은 그것이 뇌의 활동일 뿐이라고 생각한다. 지극히 정교한 과학 연구는 어떤 마음의 작용이 뇌의 독특한 영역에서 일어난다는 것을 자세히 설명하였다. 그러나 그렇다고 하더라도 우리 대부분은 인간에게는 신경 충동과 파이어링 시냅스(firing synapses) 이상의 무엇이 있고, 인간이 불가사의하게 정교한 회로망의 슈퍼컴퓨터 이상이라는 믿음을 단호하게 고집한다. 어떤 다른 것, 곧 우리의 혼, 영, **어떤 것**이 있다. 그렇지 않은가?

이 장에서 모든 구도자가 만족할 만큼 "우리가 무엇으로 구성되어 있는가?"에 대해 설명하기란 불가능하다. 인간의 자아에 대한 이해의 큰 차이를 극복하기란 쉽지 않다. 그보다는 성경이 말하는 것과 우리가 우리 속에 있는 것을 알아내기 위하여 우리 자신의 내면을 깊이 관찰할 때 우리가 경험하는 것을 가장 잘 알고 있다고 생각하는 기독교 관점을 비롯하여, 인간의 다양한 부분들을 설명하는 다른 중요한 방법들을 검토할 것이다.

몸과 혼

인간의 창조에 대한 서구 문화의 가장 일반적인 믿음은 그 각각이 몸과 혼을 담고 있는 두 부분의 실재라는 것이다. 몸은 인간의 물리 구조와 물질이며, 영혼은 사람 내부의 영적인 부분이다. 이 두 부분이 한 사람 속에 공존하는 방법은 다양하게 상상되고 설명되었다. 가장 간단한 설명은 그림 2.1에서 보여 주는 것처럼 자아를 두 부분 또는 두 본질로 나누는

것이다. 이 극히 단순한 선화(line drawing)의 미묘한 암시는 비록 우리
가 두 개의 이질적인 구성 요소들로 만들어졌지만, 둘은 반드시 필요하고
동등한 가치를 가지고 있고, 이 둘은 인간이라는 존재를 구성하는 기본적
요소라는 것이다.

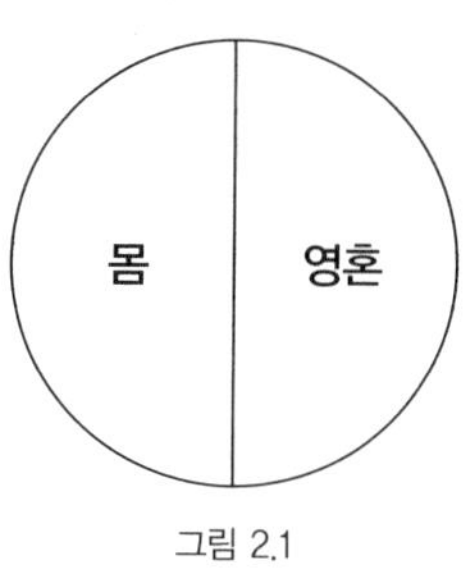

그림 2.1

    그러나 이것은 서구 사상사에서 그리고 때로는 기독교 사상사에서, 몸
과 영혼의 관계를 설명하는 주된 방식은 아니었다. 플라톤으로부터 시작
하여 몸은 곧잘 영혼보다 열등하고 종속되며, 보다 실제적이지 못하고 덜
중요한 것으로 다루어졌고, 심지어 영혼의 감옥으로 간주되기까지 하였
다. 다음과 같은 익명의 인용문은 그 점을 아주 뚜렷이 보여 준다. "몸은
진짜 인간(the real person)을 위한 껍질에 불과하다."[1] 또는 이 장 앞에
서 인용한 로마 황제요 철학자인 마르쿠스 아우렐리우스는 "사람은 시체
를 가지고 다니는 작은 영혼이다"라고 말했다.

    이 관점에서 참 자아는 영혼이며, 영혼은 몸 안에 간직되어 있다. 왜냐
하면 적어도 이 행성 위에서 그리고 이 종(species) 안에서 영혼은 자유
롭게 돌아다니는 것이 아니라 반드시 어딘가에 포함되어야 하기 때문이

다. 그것은 영혼에게 몸의 제약과 방해만 없다면, 자유로운 영적 존재를 누릴 수 있다면, 실로 훨씬 나을 수 있다는 것이다. 이것은 바울 사도가 「고린도후서」 5장에서 말하고 있는 것과 유사하다. 여기서 그는 분명히 엄청난 고통의 순간에 이렇게 쓰고 있다. "과연 우리가 여기(몸) 있어 탄식하며 하늘로부터 오는 우리 처소로 덧입기를 간절히 사모하노니 ……차라리 우리가 몸을 떠나 주와 함께 거하는 그것이라"(고후 5:2,8).

이 관점은 실재관(a vision of reality)을 생각하고 강화하는 경향이 있다. 여기서는 보이지 않는 것이 보이는 것보다 더 실재적이고 더 소중하다. 몸과 오감을 가지고 살아온 우리의 경험은 어떤 철학자나 설교가나 신학자가 우리에게 초자연적인 영역 안에서 보이지 않는 것이 가장 실제적이고 가장 소중한 것이라는 것을 믿도록 가르치기 전까지는 충분히 실제적인 것이었다. 마침내 이 관점은 우리에게 물질계를 제대로 보지 않도록 하거나 물질계에 지나친 관심을 갖지 않도록 만든다. 왜냐하면 우리는 우리가 볼 수 없는 것을 보는 훈련을 받느라 너무 바쁘기 때문이다. 이제 우리가 볼 수 없는 하늘이 우리가 눈을 떠서 바라보기만 하면 볼 수 있는 고통당하는 우리 이웃보다 더 실제적인 것이 된다.

(보이는) 육체보다 (보이지 않는) 영혼의 가치를 높이는 습관이 깊어진 또 한 가지 이유는 몸 자체에 대한 평가절하였다. 몸은 온갖 이유로 폄하를 겪게 되었는데, (실제적이든 상상에 의한 것이든) 그 자체의 고유성과 특성에 의해 그리고 (실제적이든 상상에 의한 것이든) 영혼과 비교함으로써 그렇게 되었다.

첫째, 인간의 몸은 끊임없이 변한다. 잉태하여 출산해서 죽기까지 인

인간적인 그리고 인간적인

간의 몸의 발전 과정은 끝없는 변화의 연속이다. 잠시도 정지하지 못하는 몸의 변화는 오랫동안 관찰되었으나 뇌의 본질과 태아 단계의 발달 같은 것과 관련된 당대의 과학적 발견들을 통해 그 어느 때보다 명확해지고 있다. 대부분의 그리스 철학의 전통처럼 불변함을 좋은 것으로 간주하는 사람들에게 변화는 몸을 실로 의심스러운 실재로 만든다. 반대로 영혼은 불변하는 것, 인간의 일생을 넘어서서 출생 전과 사망 이후까지 불변하는 것으로 간주되었다.

또한 몸은 고통을 겪는다. 몸은 그 상태가 약간만 불안정해도 쉽게 고통을 느낀다. 즉, 몸은 굶주리고, 목말라하고, 추위를 느끼고, 더위를 느끼고, 병이 든다. 결핍 때문에 고통당하는 몸의 성향은 그러한 압박과 필요로부터 자유로운 영혼의 자유와 대조되었다. 우리는 모든 육체적인 고통으로부터 자유롭기를 참으로 갈망한다. 마침 이 책을 끝내고 있었을 무렵에 나는 오른손의 엄지손가락과 집게손가락 사이를 부엌칼에 찔리는 사고를 당했다. 어처구니없는 사건이었고 육체적인 고통은 극심했다. 나는 힘이 빠져서 칼을 떨어뜨렸다. 40분 동안 아주 정신이 없었다. 내게 있는 다른 모든 능력은 마음의 평정을 되찾아 고통을 견디는 일에 완전히 집중하였다. 사람들이 고통을 전혀 느끼지 못하는 영혼을 더 좋아하는 것은 당연하다.

또한 몸은 더러워지고 악취가 나고 배설한다. 인간 몸의 비천한 육체적 기능들과 이것들의 피할 수 없는 육욕과 세속성에 역겨움을 느끼는 사상가들과 철학자들은 몸을 경멸하고 깨끗하고 순결하고 더럽혀지지 않은 것으로 간주된 영혼을 더 좋아한다.

몸은 성 관계를 갖는다. 그뿐 아니라 성욕의 중심이기도 하다. 성적으로 굶주린 사람은 종종 욱신거리는 통증처럼 성적인 해소의 욕구를 몸 자체로 느낄 수 있다. 확실히 성에 대한 갈망, 그리고 노골적인 욕정 때문에 때때로 무성으로 생각되는 영혼과는 대조적으로 몸은 천시되었다. 4세기 교회 교부 락탄티우스(Lactantius)는 이렇게 말하였다. "쾌락에 탐닉하고 정욕에 빠지는 자들은 그들의 영혼을 그들의 몸에 넘겨서 그 영혼을 죽인다. 그들은 자신을 몸의 노예로 만들고, 그 몸은 죽음의 지배를 받는다."[2]

락탄티우스는 정욕이 영혼에 대한 몸의 승리이며, 그 자체가 문제가 아니라 **몸이 죽기 때문에 나쁜 것**이라고 말하고 있다. 죽는 것은 어떤 것이든지 죽지 않는 것보다 열등하다. 이것은 몸이 영혼보다 덜 중요한 것으로 생각되었던 중요한 이유일 것이다. 사도 야고보는 서신에서 이렇게 말한다. "영혼 없는 몸이 죽은 것같이 ……"(약 2:26). 최선을 다해 건강을 유지하고 우리가 자신과 사랑하는 사람들을 보호할지라도 몸은 전혀 협력하지 않을 것이다. 몸은 죽을 것이고, 죽음은 반드시 장수하고 행복한 삶으로 끝나는 것은 아니다. 세 살배기가 목욕통에서 익사하거나, 사람들이 번개에 맞거나 자동차에 치이면 몸은 죽는다. 몸은 **극적으로** 쇠약해질 뿐 아니라 매순간 쉽게 부서지고 죽을 수 있게 되어 있다. 몸의 취약성은 항상 영혼의 가정된 불멸성과 몸의 연약함으로 인해 영혼의 자유로운 상태와 대조되었다. "육신을 경멸하라"고 4세기 헬라 교부 가이사랴의 바실(Basil of Caesarea)은 말하였다. "이는 육신이 사라져 없어지기 때문이다. 네 영혼의 행복에 주의하라. 이는 영혼은 결코 죽지 않기 때문이다."[3]

사람을 몸-영혼의 이원론으로 볼 때 곤혹스럽게 하는 두 가지 중요한 문제가 남아 있다. 그 중 한 가지는 알렉산드리아의 키릴루스(Cyril of Alexandria)의 다음과 같은 말에서 알 수 있듯이, 영혼을 위하여 몸을 비하하지 않고는 몸-영혼을 구별 짓는 것이 거의 불가능하다는 점이다. "영혼은 신체보다 더 고결하다."[4] 이것은 궁극적으로 형태가 부여된 인간의 경험으로 떨어지게 된다. 또한 이는 성경에서 몸을 가진 존재에 부여한 긍정적인 가치와도 일치하지 않는다. 성경에서는 하나님을 물질적인 모든 것의 창조자로 그리고 있고, 물질적인 존재를 선한 것으로 묘사하고 있다. 둘째 문제는 이원론 그 자체다. 이원론에서 몸을 영혼과 대립적으로 대등한 위치에 놓는 것은 우리 인간의 경험에 진짜처럼 들리지 않는 바, 자아라는 집의 분열을 암시한다. 우리는 몸이 고통을 느낄 때 그것이 몸이 느끼는 것 이상이라는 것을 알고 있다. 영혼이 상처를 입으면 몸은 그것을 느낀다. 섹스를 원할 때 우리는 단지 우리 몸만이 아니라 영혼으로 그것을 느낀다. 그리고 그 필요가 채워지지 않을 때도 역시 그러하다. 우리의 삶은 이원론의 전통이 일반적으로 암시하는 것보다 더 많은 몸과 영혼의 상호 접속으로 채워져 있다.

몸 · 혼 · 영

몸과 영혼의 실재를 인정하면서 '영'이라 부르는 또 하나의 다른 실재를 추가하는 이론을 생각함으로써 한층 더 복잡한 것을 다루어 보도록 하

자. 이 관점에서 인간은 몸이 있지만 또한 혼과 영으로 구분된 자아의 비육체적인 면이 있다. 혼은 "경험된 자아 곧 개성, 이성, 감정, 의지로 정의된다." 반면 영은 더 깊이 들어간다. 영은 "우리 존재의 중심, 우리가 기본적으로 하나님께 개방되어 있거나 폐쇄되어 있는 것을 결정하는 자아의 근원이다."[5]

얼른 보기에 이것은 몸-영혼의 관점만큼 직관적으로 느끼지 못할 수 있다. 우리는 몸을 관찰할 수 있고, 대부분 우리 속에 몸과 다른 어떤 것이 있다는 것을 느낀다. 비록 그것을 영이라 불러도 큰 문제는 없겠지만, 우리는 그것을 보통 혼(영혼)이라 부른다. 그러나 이 새로운 관점은 우리에게 사람의 '혼에 속하는' 또는 육체가 아닌 차원을 두 개의 구별된 부분 혼과 영으로 세분하기를 요구하고 있다. 왜?

이 질문에 답하는 한 가지 흥미로운 방식은 인간을 고양이와 비교하는 것이다. 나와 내 고양이 플라피는 몸을 가지고 있고, 육체의 본질적인 특징과 기능은 많은 면에서 비슷하다. 즉, 먹는 것, 배설하는 것, 성교하는 것, 피를 흘리는 것, 숨을 쉬는 것, 출산하는 것, 죽는 것 등등이 비슷하다. (그런데 인간과 동물의 육체적 공통성은 흔히 서구 사상의 역사에서 혼이 몸보다 고귀한 것으로 여겨졌던 또 하나의 이유이다. 인간은 다른 피조물들과 관련이 있다고 생각되는 것은 어떤 것이든지 폄하하는 경향이 있었다.)

고양이 플라피는 혼이 있는가? 만일 혼을 피조물의 개성과 이성과 감정이라고 한다면, 플라피가 혼이 있다는 것을 완전히 부인하기는 어렵다. 고양이를 한 마리 이상 키우는 사람은 누구든지 고양이에게 그 나름의 개성과 기질이 있다고 말할 것이기 때문이다. 이것은 개에게도 해당된다.

인간적인 그리고 인간적인

개도 품종이 다르고 기질과 개성에서 각각 다르다. 동물들도 감정이 있고 그것을 나타낸다는 점에서 이 감정이 단순한 본능이 아니라는 것을 알 수 있다. 동물의 기질은 시간이 흐르면서 발전하며 또한 인간과 마찬가지로 어떤 일관성을 보여 준다.

그럼에도 고양이와 사람 사이에는 여전히 다른 점이 있다. 플라피나 어떤 다른 동물에게서 볼 수 있는 것을 능가하는 인간의 **영적** 차원이 있다. 혼과 현저히 다르게, 영은 **우리를 창조하신 초월적 존재에 반응하는 차원**이다. 이 영은 우리를 인간으로 만드는 요소이며 적어도 하나님의 형상으로 만들어졌다는 것을 의미하는 부분이다. 동물들은 이런 의미에서 영이 없다. 우리는 동물들이 기도하거나 예배하거나 반성하거나 초월적인 하나님께 반응할 수 없다고 생각한다. 한편, 우리가 성경에 나오는 천사들을 믿는다면, 천사들은 영이 있다. 사실 그들은 필요할 경우에만 몸에 거하는 순수한 영일지 모른다. 따라서 영이 있다는 것은 우리를 천사들과 같게 만드는 것인 반면, 몸(과 여기서 정의된 대로 혼)이 있다는 것은 우리를 다른 세상 피조물과 같게 만든다. 참으로 우리는 하늘의 피조물이요 땅의 피조물이며, 이상하고 놀라운 혼합물이다.

만일 영이 자아의 근원이라면, 이것은 우리의 어떤 내적인 역학 관계를 설명하는 데 도움이 된다. 우리는 분명히 우리의 혼으로 흘러들어가고 혼으로부터 흘러나온다. 또한 개성이나 성격의 바탕인 감정과 생각과 욕구가 혼에 자리 잡고 있다고 알고 있다. 동시에 우리에게는 자아의 이런 차원을 검토하고 이해하고 평가하고 바꾸는 능력이 있는 더 깊은 영적 차원(또는 정말로 영)이 있다. 우리 존재의 바로 그 핵심에 자아를 형성하고

제2장_ 나는 무엇으로 만들어졌는가?

자 하는 영이 있다. 생각하고 느끼고 바라고 반응하는 등등의 자아의 경험은 독특한 패턴을 취한다. 우리는 분노하고 욕망하면서도, 평화를 추구하고 베풀기를 원한다. 우리는 탐욕스럽고 게으르면서도, 절제하고 근면하기를 원한다.

기독교 전통에서 영적인 수준에서 우리가 항상 지향해야 하는 바가 있다면, 우리 속에서 바르지 않은 것들을 제거하고 우리의 혼이 더욱 예수 그리스도를 닮아가고자 노력하는 것이다. 또한 기독교 신앙은 하나님의 영이 우리 안에서 역사하여 우리 혼의 패턴을 재형성하고 그리하여 우리의 몸의 실재도 재형성한다는 것을 약속한다.

영과 혼이 다르다는 것은 성경의 여러 구절에서 확인된다. 「데살로니가전서」 5장 23절에서 사도 바울은 데살로니가에 있는 그리스도인 공동체에게 그들의 '영(프뉴마)과 혼(프쉬케)와 몸(소마)'이 예수 그리스도 강림하실 때에 흠없게 보전되기를 기도하면서 편지를 끝맺고 있다. 「고린도전서」 15장 45절에서 바울은 아담과 예수를 대조한다. 「창세기」 2장 7절을 인용하여, 아담은 '산 영(프쉬케 = 혼)'이 된 반면에 '마지막 아담' 그리스도는 '살려 주는 영(프뉴마)'이 되었다고 묘사된다. 그리고 「히브리서」 4장 12절은 하나님의 말씀이 '혼(프쉬케)'과 '영(프뉴마)'을 찔러 쪼개기까지 하여 마음(카르디아 – 이것은 사람의 영적 중심에 대한 또 하나의 성경 단어로 이해될 수 있는데, 이것은 성경에서 흔히 이런 식으로 사용된다)의 생각과 뜻을 감찰하는 방식을 말한다.

반대방향으로 가서 동일한 지점에 도달할 수도 있다. 만일 악마적이거나 가증스러운 영이 우리의 영이 된다면, 그 영은 위쪽으로 흘러서 생각

인간적인 그리고 인간적인

과 느낌과 소원과 반응에 스며들고, 우리의 몸에까지 영향을 끼친다. 사실상, 무한히 타락하기 쉬운 영적 중심의 실재를 전제함이 없이 최악의 상태의 인간의 악을 이해하기란 어려운 일이다. 아돌프 히틀러와 연쇄 살인범 제프리 다머 같은 인간에게는 그들의 육체적 활동이 그들의 혼의 상태를 나타낸다. 그들의 혼은 그들의 영이 얼마나 깊이 타락했는지를 드러낸다.

작용하는 부분들을 어느 정도 인식하기 위하여 인간 자아의 측면들을 분석하는 것이 유익하지만, 이 분석이 인간의 본질적인 통일성을 상실하거나 엉뚱하게 해석할 수 있지 않을까? 우리가 다음 장에서 살펴볼 다른 사상가들이 바로 이 문제를 다루었다.

당신에게 필요한 단 한가지

단 하나의, 통일된 인간에 대한 강조를 회복하는 가장 간단하고 가장 급진적인 방법은 어떤 영적 차원의 실재든지 부정하는 것이다. 1장에서 우리가 본 스티븐 핑커는 영혼의 개념을 근대 과학 시대 이후로는 말이 안 되는 전근대적인 '기계 속의 유령'이라고 비웃는다. 그는 인지과학이 경험과 교육을 결합하여 정신 활동을 두뇌에서 일어나는 컴퓨터 과정으로 바꿈으로써 마음의 수수께끼를 해결할 수 있다고 확신한다. 더 이상 정신 과정의 사용자로서 역할을 하는 자아나 혼 또는 자아가 이것저것을 생각하도록 지시한다고 생각할 필요가 없다. 핑커는 이렇게 말한다. "두

제2장_ 나는 무엇으로 만들어졌는가?

뇌의 정보 과정 활동이 생각을 **일으키거나** 그 활동이 생각이다. 우리의 정신적 삶의 모든 면들은 전적으로 두뇌 조직의 생리적 사건에 의존한다."[6] 또 다른 확신은 착각으로, 두뇌 자체의 착각임에도 불구하고 "오직 '내가' 관리하고 있다"는 느낌을 들게 하는 "조언자"의 역할을 하지만, 핑커에 의하면 이는 뇌연구 결과 거짓으로 판명된 착각이다.

핑커는 또한 행동 유전학으로부터 큰 영향을 받았다. 비록 DNA가 인간의 전부라는 순수한 유전자 결정론을 주장하지는 않지만, 핑커와 그에 동조하는 많은 사람들은 인간의 특성과 행동의 대부분을 유전자의 결과로 본다. 예를 들면, 개성의 차이를 고찰하면서 핑커는 "다섯 가지의 중요한 개성의 차원들은 모두, 유전자의 차이점과 관련된 전형적인 개체군에서 대략 40-50퍼센트의 변수와 함께, 물려 줄 수 있는 것"[7]이라고 주장한다. 이는 기질뿐만 아니라 실제 행동에도 그대로 적용된다. '연로한 사람들을 인명 구조에서 제외하는 것'에서부터 '강도질을 하는 동안 바닥에 엎드려 있는 편의점 점원을 총으로 쏘는 것'에 이르는 정신병적인 행동은 '유전자의 성질'에 의해 가장 잘 설명된다. 핑커의 말대로라면 우리의 선택들은 대부분 "수십 년 전에 당신의 어머니의 나팔관에서 일어난 사건들에 근거하여"[8] 미리 결정될 수 있고 예상할 수 있는 것이다.

핑커에 따르면, 진화론적인 심리학은 혼에 대한 믿음에 결정타를 날렸다. 다윈의 자연도태설을 이용하여, 핑커는 종종 혼이나 자아에 속한 것으로 보는 기본적인 인간의 장점과 행동 이를테면 폭력과 사랑, 의지와 양심을 진화의 환경에서 적응한 덕분이라고 주장한다. 그는 이렇게 결론을 내린다. "사랑과 의지와 양심은 전통적으로 혼을 설명하는 내용에 속하고

인간적인 그리고 인간적인

항상 단순한 '생물학적' 기능들과 반대에 위치하였다. 동시에 그러한 기능들을 '생물학적' 적응, 즉 두뇌의 회로에 이식된 진화적인 적응이라고 한다면, 그 유령은 무용하게 되고 영원히 사라진 것이나 다름없다."[9]

1장에서 핑커의 접근 방법을 언급하면서 말했던 것처럼 그의 관점에는 기독교 관점과 통합될 만한 것이 아주 드물다. 현대 과학에 의해 알려진 방법으로 인간을 인식하는 것이 가능하다. 그러나 그럼에도 불구하고 기독교는 신학적 확신을 포기하지도 않고 인간을 몸으로만 축소시키지도 않는다.

이 대안적인 관점은 경험에서 출발한다. 예를 들어, 20년 이상 함께 살아온 나의 아내 지니를 생각할 때, 그녀를 몸과 혼 또는 몸과 혼과 영으로 분리하여 떠올리는 것은 즉각적이거나 자연스러운 것이 아니다. 나는 아내를 보면서 이렇게 생각하지 않는다. "여기에 아내의 몸이 있다. 아내의 혼이 있다. 바로 저기에 아내의 영이 있다." 그녀는 하나의 실재요 하나의 자아, 하나의 정체성을 가진 한 사람이다. 그녀가 내게 말을 걸 때에, 그녀는 그녀의 전 자아로써 이야기한다. 즉, 손을 움직이고, 눈을 반짝거리고, 머리를 갸웃거리며, 입에 웃음을 머금고, 두뇌는 정보를 정리하여 그녀가 원하는 대로 전달한다. 그녀의 혼이나 영은 이 모든 활동에서 분명히 나타난다.

아내의 행동을 지켜보면 몸을 수반하지 않는 정신적인 활동은 전혀 없다. 동시에 그녀의 영을 수반하지 않는 어떤 육체적 활동도 없다. 만일 내가 지니를 '분해된' 상태, 즉 그녀의 몸과 혼이 불가분의 관계로 있는 것이 아니라 분열되어 있다고 느낀다면 나는 절망할 것이다. 그것은 공포영화에나 나올 법한 일이다. 만일 내가 그녀를 육체와 영혼이 분리된 사람으로 취급하였다면 그녀 역시 크게 낙담하였을 것이다. 그것은 착취일 것이기 때문이다. 내가 그녀의 몸에 행하는 것은 그녀의 혼에 행하는 것이다. 내가 그녀의 혼에 행하는 것은 그녀의 몸에 행하는 것이다. 내가 지금까지 말한 것은 대부분의 사람들에게 해당되는 아주 일반적인 경험이 아니겠는가?

나 스스로를 살펴보더라도 동일한 결론에 도달하게 된다. 하나의 내가 있지만 하나는 그 차원들을 설명하는 것이다. 나에게 몸이 있다는 말은 아주 정확한 표현은 아니다. 아주 진정한 의미에서 나는 철저히 몸이다. 육체가 없는 인간은, 적어도 이 지구상에서는 없다.

아무리 내가 영적인 면의 다른 요소들이나 차원들을 설명할 수 있다 하더라도, 그것은 필연적으로 몸과 관련된 것이다. 사실 내가 필요 이상으로 몸과 혼과 영의 관계를 보다 결합된 것으로 비교하는 것은 당연한 일이다. 예컨대, 탐욕이나 무절제한 성욕에 대해서는 육체적인 문제로 돌리는 것은 앞서 살펴본 대로 종종 몸에게 부당한 처사였다. 몸을 미워하는 것은 해답이 될 수 없다. 이는 그릇된 행동에 대해 책임을 지는 것은 입이나 생식기가 아니라, 바로 자아이기 때문이다. 예수님께서 말씀하시는 것처럼, "속에서 곧 사람의 마음에서 나오는 것은 악한 생각"(막 7:21)이다. 자아에 대한 일원론적 이해는 몸과 혼을 맞붙이는 것을 거부하고 대신 단 하나의 육체가 있는 자아(embodied self)가 모든 행동에 대한 책임을 진다고 본다.

성경의 이야기의 많은 요소들은 단 하나의 통일된 자아를 강조한다.

인간적인 그리고 인간적인

예를 들면, 창조 이야기에서 "여호와 하나님이 흙으로 사람을 지으시고 생기를 그 코에 불어 넣으시니 사람이 생령이 된지라"(창 2:7)고 말하였다. 사람(히브리어로 아담)은 흙(히브리어 아다마)으로 지어졌으므로, 인간과 흙이라는 재료 사이에 긴밀한 관계가 성립된다. 우리는 육신이다. 인간은 육신으로부터 나와, 육신으로 살다가, 죽어서 흙으로 돌아간다. 하나님께서 우리 속에 생기를 넣으심으로써 우리에게 생명을 주신다. 즉, 흙으로 만들어진 피조물이 하나님의 기운에 의해 생기가 있게 되었다. 그래서 우리는 생기가 사라질 때까지 살다가 흙으로 돌아간다. 그러나 이러한 것 때문에 인간이 이중적 자아가 되는 것은 아니다. 살아 있는 인간은 단 하나의 자아를 가진 육체적이고도 영적인 피조물이다. 즉, 정신과 신체(혼-몸)의 통일성을 가지고 있다.

그러나 만일 그렇다면, 우리가 죽을 때에 무슨 일이 일어나는가? 자아가 하늘로 사라지는 동안에 몸이 썩는다는 그리스의 개념과 달리 성경적(특히 유대교적) 이해는 몸과 혼 또는 영의 분리를 전면 부정한다. 우리가 죽을 때, 우리의 모든 것이 죽는다. 만일 사후에도 어떤 지속적인 실재가 있다면, 하나님께서 다시 살리기를 원하시는 그 실재는 다시 생기를 불어 넣은 또는 재창조된 몸이어야 할 것이다. 이것이 「데살로니가전서」 4장 14-16절에서 바울이 말하고 있는 것이다. "우리가 예수의 죽었다가 다시 사심을 믿을진대 이와 같이 예수 안에서 자는 자들(헬라어로 코이메덴타스이며, '죽은 자들'을 가리킨다)도 하나님이 저와 함께 데리고 오시리라 우리가 주의 말씀으로 너희에게 이것을 말하노니 주 강림하실 때까지 우리 살아남은 자도 자는 자보다 결단코 앞서지 못하리라 주께서 호령과 천사장의 소리와 하나님의 나팔로 친히 하늘로 좇아 강림하시리니 그리스도 안에서 죽은 자들이 먼저 일어나고."

이 부활의 몸의 본질을 이해하거나 설명하기란 아주 어렵다. 바울은 이 몸을 영적인 몸, 다시는 죽음을 맛보지 않을 불멸의 몸으로 묘사한다(고전 15:35-53). 그렇지만 그것은 어디까지나 몸이다. 이는 그리스도께서 다시 오실 때 성도의 부활 이후 만물의 궁극적인 변화 속에서 변하게 될 것이며, 땅에 속한 몸과 연속성을 유지한다(15:52-54). 역사적 기독교 신앙고백은 모두 '몸의 부활과 영생'을 생각한다. 그러나 이 고백이 과거 수세기 동안에 시나브로 점차 불멸의 혼은 하늘로 가고 몸은 완전히 그대로 남아 있다고 생각하는 몸–영혼의 이원론 쪽으로 바뀌었다.

이것으로 인하여 성경적인 관점에서 자아를 하나로 보는 견해에 대한 마지막 의문이 남게 된다. 성경에서 자아의 영적 측면을 여러 가지로 나타내는 것에 대해 우리는 어떻게 생각해야 할까? 다른 견해들의 개요에서 살펴보았던 대로, 분명히 혼이나 영에 대하여 생각과 마음과 감정과 의지 등등을 언급하지 않는 성경 구절들이 있다. 이러한 참조 구절들은 간단히 처리해 버리고 말 것이 아니다.

영이나 혼에 해당하는 성경 어휘들은 복수의 자아 내부의 기본적인 구별보다는 오히려 한 자아의 **양상들**이나 **차원들**이나 **국면들**을 나타낸다. 성경은 인간에게 영적 차원이 있다는 것을 알고 있고 그렇게 전한다. 그리고 다양한 상황에서 다양한 방법으로 이러한 차원들을 표현한다. 예를 들면, 예수님은 그의 말씀을 듣는 자들에게 마음을 다하고 목숨을 다하고 뜻을 다하고 힘을 다하여 하나님을 사랑하라고 요구하신다(막 12:30). 자

인간적인 그리고 인간적인

아가 이 네 가지 요소로 나뉘었다고 말하는 사람이 아무도 없듯이, 우리는 인간의 자아를 어떤 다른 도식(심지어 여러 성경의 이야기들로부터 생각한 것들)으로도 세분해서는 안 된다. 우리는 한 자아이며, 너무 신비로워서 이름을 붙이는 것조차 힘든 여러 면들이 있고 이 한 자아를 온전히 드려 한 분 하나님께 예배하고 섬기게 되어 있다.

셋 속에 하나, 하나 속에 셋

기독교 전통은 그 핵심에 하나이면서 동시에 복수인 자아의 모델을 가지고 있다. 그것은 곧 삼위일체이다. 오늘날까지 전 세계의 많은 교회들에서 암송되는 역사적인 니케아 신경은 이렇게 시작하고 있다. "우리는 한 분 하나님을 믿는다." 그러나 바로 이어서 신경은 이 하나님을 전능하신 성부와 유일하신 독생자 예수 그리스도와 생명을 주시는 성령이라고 말하고 있다. 성경에서 선언하고 있듯이 하나님은 한 분이시다. "이스라엘아 들으라 우리 하나님 여호와는 오직 하나인 여호와시니"(신 6:4). 고대 근동의 다른 문화들을 지배한 많은 신들의 세계를 형성하는 모든 것과 대조적으로 심원한 하나님의 하나이심(oneness)에 대한 주장은 성경적 신앙의 핵심이다. 오직 하나의 하나님만 계시며, 그 하나님만이 예배를 받으실 수 있다.

그럼에도 불구하고 기독교 신앙은 이 한 분 하나님께서 삼위 곧 성부와 성자와 성령이심을 주장한다. 기독교 전통은 한 분 하나님이 어떻게 삼위가 될 수 있는지 그리고 삼위가 어떻게 한 분 하나님이 될 수 있는지를 깨닫기 위하여 전력을 기울였다. 성경의 기록, 특히 신약 성경이 교회로 하여금 삼위로 계시는 하나의 하나님을 설명하는 방법을 찾도록 요구하였다. 왜냐하면 그 위(the person)와 삼위 모두의 사역이 성경 자체에서 서술되고 있기 때문이다. 우리는 이 문제에 관하여 3장에서 좀 더 많은 것을 이야기할 것이다. 지금으로서는 최종 결과가 창조의 신비와 엄위를 통하여 우주에 생명을 불어넣으신 영원히 존재하시는 하나님에 대한 매우 풍부하고, 철저히 역설적인 믿음이었다고 말하는 것으로 충분하다.

그리스도인들은 자신의 믿음 속에 하나의 인격적인 실재가 동시에 **하나와 셋, 셋과 하나**일 수 있다는 것을 믿는 원천(the resources)을 갖고 있다. 좀 더 정확히 말하면, 교회는 하나님께서 셋 속의 하나이며 동시에 하나 속의 셋이심을 가르쳤다. 만일 이것이 하나님에 관한 진실이라면, 인간에게도 진실일까? 삼위일체의 하나님께서 그 창조적인 업적의 절정으로서 삼위일체의 피조물들을 만들었다고 할 수 있을까?

4세기 히포의 어거스틴의 생각을 좇아서 나는 우리가 인간을 하나 속의 셋, 셋 속의 하나인 실재로 생각해도 좋다고 본다. 어거스틴은 자아의 이 세 요소를 **기억**과 **이해**와 **의지**로 설명하였지만, 나는 자아가 **몸**과 **혼**과 **영**으로 구성된다고 말하고 싶다. 하나님께서 우리를 계획하신 대로 우리는 참으로 한 자아, 한 사람(one person), 한 실재이다. 우리 속에서 일어나는 기본적인 내부 갈등에 대한 우리의 느낌이 어떤 것이든, 다시 말하면 우리가 느끼는 중요한 내부 분열이 어떤 것이든 그것은 인생에 미친 죄의 파국적인 결과와 인간 회복의 절실한 필요를 나타내는 증거이다. 스

인간적인 그리고 인간적인

스로 '분열되어 있는' 것을 느끼거나 '자신과 싸우고 있다' 고 느낄 때, 사람은 고통스럽다. (나중에 이것을 좀 더 깊이 다룰 것이다.) 그러나 하나님께서 계획하신 대로, 우리는 단 하나의 완전하고 통일된 사람으로 계획되었다. 비록 우리가 이 전인성을 우리의 유산으로 가지고 있을지라도 우리는 끊임없이 그 완전한 실현을 향하여 여행하고 있다. 따라서 자아의 여러 양상들을 통합하는 것이 인생의 중요한 부분이라고 말하는 것은 참으로 적절하다. 그래서 우리는 하나이고 하나이어야 한다. 그런데도 우리는 또한 셋이다. 몸, 혼, 영. 이것을 더 잘 이해하기 위하여 어떻게 이 신비를 이해할 수 있을까? 그것은 먼저 인간의 가장 깊은 핵이자 중심인 **영**에서부터 시작할 수 있다. 앞에서 살펴본 대로 영은 우리를 창조하신 초월적인 존재에 반응하는 자아의 초월적인 차원이다. 혼은 인간의 합리적, 감정적, 심리적, 기질적, 그리고 다른 독특한 내적 특징들로 구성되어 있다. 그리고 몸은 계속해서 인간의 육체적 구조와 물질로서 정의될 수 있다.

이러한 구별을 합리적으로 묘사할 수 있지만, 그것을 독특하고 개별적인 세 부분으로 묘사하는 것은 적절하지 않다. 만일 사람이 하나 속의 셋이라면, 몸과 혼과 영은 항상 결합되어 있다. 우리는 육체가 있는 혼이고 혼이 있는 몸이다. 우리는 육체가 있는 영이고 영이 있는 몸이다. 마찬가지로, 우리는 혼이 있는 영이고 영이 있는 혼이다. 우리는 적어도 우리가 우리의 셋(threeness)을 강조하는 만큼 (어쩌면 더 많이) 우리의 하나(oneness)를 강조해야 한다.

이제 우리는 신비의 영역으로 들어간다. 그리스도인들은 항상 하나님의 위격의 정체성(the personal identity)이 깊은 신비라고 확신하였다.

여기서 우리는 하나님께서 만드신 인간의 정체성 역시 아주 신비롭다는 것을 살펴보았다. (당연히 놀라야 하지 않을까?) 우리는 결국 하나님의 형상으로 만들어졌다. 우리의 생각은 그 한계에 부딪쳐서 말이 나오지 않는다. 옳다고 말하기보다는 틀렸다고 말하는 것, 우리가 반드시 단언해야만 하는 것보다는 오히려 우리가 반드시 단언해서는 **안 되는 것**을 아는 것이 훨씬 더 쉬워진다.

우리가 한 자아의 세 차원들이 각각 더욱 세분화될 수 있다는 것을 깨달을 때, 그 신비는 더욱 깊어질 뿐이다. 이러한 생각은, 적어도 여섯 개의 다른 계통들(순환기 계통, 호흡기 계통, 비뇨생식기 계통, 근골격 계통, 소화기 계통, 신경 계통)로 구성되고 유전 형질과 그 구성 요소에 이르기까지 좀 더 세세한 검사 수준으로 분석될 수 있는 우리의 몸을 생각할 때 쉽게 떠올릴 수 있다.

이는 내가 혼이라고 부르고 있는 것의 요소들에 대한 신중한 검토에서도 동일한 결과를 초래한다. 우리는 개인의 생각 또는 지성과 감정, 개성과 기질과 상상력, 관심과 기능, 재능과 활력 또는 힘을 이야기할 수 있다. 이러한 양상들은 상호 긴밀하게 관련되어 있다. 그리고 이 요소들 각각이 구성하는 부분들로 분류될 수 있다. 예를 들면, 재능과 훈련과 기능이 상당히 다른 개인들을 상대로 광범위한 개개의 지적 능력과 과정(경험적인 관찰과 설명, 합리적인 추론과 도입, 논리, 상상력, 문제 해결, 평가 등등)을 확인할 수 있다.

내가 말하고 있는 것처럼 만일 우리가 혼과 영 사이에 모호한 경계선을 그린다면, 영은 하나님과 이웃과 자아에 대한 근본적인 지향

(fundamental orientation)의 자리가 된다. 나는 유대교의 율법에서 가장 큰 계명이 무엇인지 물었을 때 말씀하신 예수님의 답변에서 이 범주를 끌어낸다. 예수님은 이렇게 말씀하셨다. "네 마음을 다하고 목숨을 다하고 뜻을 다하여 주 너의 하나님을 사랑하라 하셨으니 …… 네 이웃을 네 몸과 같이 사랑하라"(마 22:37, 39). 각 인간의 핵심적인 문제들이 여기에 모두 들어있다. 나를 만드시고 나를 보존하시고 그리고 내가 돌아갈 하나님께 대한 나의 태도는 어떠한가? 주변 이웃에 대한 나의 태도는 어떠한가? 자신에 대한 나의 태도는 어떠한가? 하나님과 이웃과 자아에 관한 이러한 질문들에 대한 대답이 내 **의지**(will, 내가 선택하는 것, 내가 애쓰는 것, 내가 하려고 하는 것, 내가 내 혼과 내 몸을 내적으로 조절하는 방법)와 내 **성격**(character, 내 생각과 감정과 자발성과 행동의 특징을 부여하는 '혼에 속하는' 특징과 형질의 집합체)과 내 **마음**(heart, 나의 전체 개성과 자아의 중심으로, "여기서 사람은 하나님께 순종하거나 거역하는 것을 결정한다")의 형태를 결정할 것이다. 예수님은 말씀을 듣는 자들에게 하나님과 이웃과 자기(자아)를 사랑하라 하셨고, 사랑이 의지의 방향과 성격의 형성과 마음의 성향이 되도록 하라고 하신다. 그것이 사랑이든 미움이든 무관심이든, 어떤 기본적인 지향은 자아의 삼위일체의 자리인 인간의 영의 특징을 나타낼 것이다. 우리는 그것을 지혜롭게 선택하는 것이 좋다.

그러므로 인간 정체성에 대한 나의 개념은 그림 2.2에서 묘사된 것처럼 하나로 통일된 같은 중심을 갖는 세 영역들 곧 몸과 혼과 영의 영역들로 구성되어 있다.

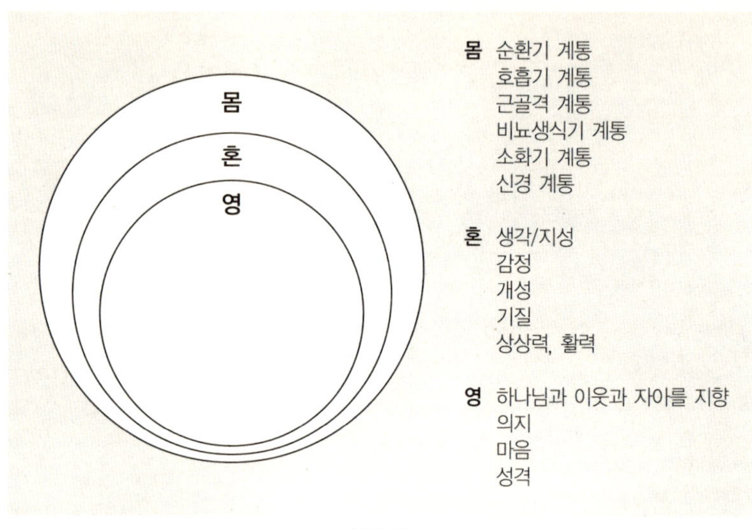

그림 2.2

인간의 자아가 하나인 동시에 하나 이상이 될 수 있는 방법이 아직 남아있다. 내가 사랑에 빠질 때 나는 나이고 그녀는 그녀이지만 동시에 우리는 어떤 새로운 것이다. 우리는 동시에 둘이면서 하나이다. 우리가 결혼을 하여 아이를 가지면, 나는 나이고 그녀는 그녀이고 아기를 보태어 셋이 되지만 그럼에도 모두는 하나이다. 인간 정체성의 삼위일체의 신비는 우리가 맺고 있는 관계와 우리에게 베풀어지는 사랑을 생각할 때 더욱 더 깊어진다. 이 주제 곧 자아의 사회적 성격은 3장의 주제가 될 것이다. 전인성을 향한 우리의 여정에서 이것은 우리에게 나타나는 인간성의 기본적인 양상이다.

인간적인 그리고 인간적인

제 3 장

관계가
왜 그렇게 중요한가?

자기 자신에 갇혀서 완전히 고립된 삶을 살지 말라. …… 그보다는 함께 모여 공익을 추구하라.
- 2세기 교사와 저술가였던 바나바의 서신

이 장을 시작하기 바로 직전에 얼마 동안 나와 내 아내 지니를 괴롭혔던 까다로운 쟁점 때문에 우리는 이틀 동안 다투었다. 그 동안 나는 이 말다툼이 내게 어떤 영향이 미치는지를 주목하게 되었다. 나는 잠을 잘 이룰 수 없었고, 두통에 시달리고, 마음이 심란했고, 배도 아팠다.

또한 나는 그것이 자녀들과의 관계에까지 영향을 미치는 것을 주목하게 되었다. 나는 아이들과 잘 지내기 어려웠고 아이들의 말에 집중할 수 없었다. 가족이 함께하는 시간이 심심하고 재미가 없었으며, 평소에 내가 아이들과 함께할 때 느끼던 기쁨은 전혀 없었다. 또한 나는 어떤 일에도 의욕이 좀처럼 생기지 않았다.

내가 갈 수 있는 곳은 아무 데도 없었고, 해결되지 않는 말다툼의 고통을 잊기 위하여 할 수 있는 것이 아무것도 없었다. 유일한 방책은 결국 사과하고 화해하는 것이었다. 지니와 내가 이틀 만에 포옹했을 때, 나는 깊은 안도의 숨을 쉬었고 잔뜩 쌓인 긴장은 눈 녹듯이 사라졌다. 온 몸의 긴장이 풀렸고, 두통이 이내 사라졌다. 배도 아프지 않았다. 그리고 나는 금방 아이들을 돌볼 수 있게 되었고 다시 일할 수 있었다.

부부의 갈등에서 아마 나는 겁쟁이일 것이다. 다행히도 우리의 결혼은 매우 순탄해서 내가 알고 있는 다른 사람들과 달리 나는 아내와 단절한 채로 사는 것에 익숙하지 않았다. 일이 잘못 될 때 내가 온갖 병으로 고생하는 것은 그 때문일지 모른다.

하지만 나는 그것만이 아니라고 생각한다. 우리의 혼이 상처를 입을 때 우리 몸도 상처를 입는다는 이야기에서 몸과 혼 사이에 관련이 있는 것과 마찬가지로, 나의 나머지 것, 몸과 혼에 상처를 입히고 있는 중요한 관계 사이에도 관련이 있다. 실제로 관계로 인하여 고통을 겪게 되면 일시적으로 가족이나 사랑하는 사람들과 원만하게 지내는 능력이 일시적으로 저하된다.

인간의 자아를 형성하는 몸과 혼과 영이 서로 얽혀 있지만 보이지 않는 요소들로 구성되어 있는 것과 마찬가지로, 인간도 다른 사람들과 보이지 않게 서로 연결되어 있을 수 있을까? 우리는 인간의 혼이나 영을 '보지' 못하지만, 혼이나 영이 실재한다는 것을 알고 있다. 마찬가지로, 우리는 우리가 생명의 행로를 홀로 그리고 함께 진행해 갈 때 서로를 결속시키는 그 유대를 눈으로 볼 수 없다. 그러나 우리는 우리가 볼 수 있는 몸

인간적인 그리고 인간적인

이상인 것처럼, 각각이 개별적인 자아 이상이다. 우리를 서로 결속하는 연결선은 그 '이상의 것'이다.

이 장에서는 인간으로서 우리가 본질적으로 사회적이라는 생각과 우리의 여정이 공동체 안에서 시작된다는 생각을 탐구한다. 우리는 우리 인생의 시초부터 관계 속에서 존재하고, 이러한 관계가 없는 인생은 인간으로 인식될 수 없을 것이다. 관계가 왜 그렇게 중요한가 하는 문제는, 다른 사람들 그리고 하나님과의 사회적인 유대가 인간이란 무엇인지를 정의하는 데 어떻게 도움이 되는지를 살펴봄으로써 최선의 답을 얻게 될 것이다. 우리는 산소 없이 살 수 없듯이, 관계를 떠나 생존할 수 없다. 몸만 있고 혼이 전혀 없는 인간을 상상할 수 없듯이 우리는 관계를 맺지 않고 홀로 존재하는 인간을 상상할 수 없다. 이것은 직관에 의해 인식된 사실일 뿐만 아니라 기독교 전통의 중요한 부분이다.

우리는 우리의 관계다

우리는 개인주의를 찬양하는 문화 속에서 살고 있다. 건국초부터 우리는 각 개인이 정의하기 어려운 목표인 개인의 사생활과 자유, 양심의 자유와 '행복 추구' 등에 대한 정의를 내릴 때마다 개인주의를 강조해 왔다. 자립적이고, 대중에 편승하지 않고, 말뚝을 뽑아 좀 더 푸른 목초지나 새로운 개척지로 나아가는 영웅은 미국 건국신화의 한 부분이다. 특정 세대의 독자들은 「백주의 결투」(High Noon)에서 보안관 케인 역을 맡은

턱이 네모진 게리 쿠퍼나, 제임스 본드, 람보, 브루스 윌리스의 역을 생각할 것이다.

이 위대한 옛 미국의 전통은 훨씬 더 광범위한 서구 세계의 지적 사조에 근거한 전통과 관련하여 생각해야 한다. 이 전통은 개인의 사생활이나 자유, 이동성이나 양심의 자유에 대한 인식이 부족한 유럽의 과도한 공동체주의에 대한 일종의 반동이었다. 오늘날 우리들은 미국의 초기 정착자들이 떠나온 그런 사회에서 살고 싶은 마음이 별로 없을 것이다.

그러나 오늘날 우리는 미국 정신과 문화에 침잠한 개인주의로 인하여 상호관계성의 본질적인 필요를 느끼지 못하게 되었다. 개인주의적 가정에 상관없이, 우리는 대부분 인간이 다양한 공동체 속에서 다양한 관계를 통하여 서로 결속되어 있는 사회적 피조물이라는 것을 인정한다. 최근 수십 년 동안 유대인 대학살과 스탈린이 수용소에서 자행한 것 같은 인간이 인간에게 저지른 엄청난 죄악으로 말미암아, 지각 있는 사상가들은 우리가 서로에게 얼마나 속박되어 있고, 서로를 얼마나 필요로 하고 있는지, 또한 우리가 이러한 관계와 욕구와 취약성을 망각하는 것이 얼마나 큰 재난인지를 다시 한 번 주목하게 되었다.

심지어 하나님의 본질과 하나님과 인간의 관계의 본질에 대한 기독교의 어떤 개념들조차 개인주의에 대한 지속적인 문화적 강조에 의해 윤색되었다. 일반적으로 그리스도인들에게 하나님은 오로지 혼자서, 스스로 우주를 주재하시는 신이시다. 이 하나님은 종종 모든 것을 혼자 알아서 결정하고 판단하고 지시하시는 냉담하고 엄격한 재판관 또는 통치자로 표현된다. 이 하나님은 자기 충족적이시고, 전지하시고 전능하시고 홀로

인간적인 그리고 인간적인

왕이시다. 이것은 우리의 문화적 상상력에 깊이 각인된 하나님에 대한 매우 중요한 하나의 상이다.

이 유아독존하는 하나님 상과 미묘하게 관련된 것이 바로 홀로 존재하는 인간상이다. 홀로 계시는 하나님께서 세상을 굽어보시고 **나**와 60억의 **또 다른 나**를 보시는데, 이 모든 것에 대해 하나님은 독자적인 관계를 가지신다. 이 하나님은 두렵고 분노하는 심판관 또는 자애로운 아버지 또는 인정 많으신 할아버지 등등 60억의 개인적인 관계 속의 하나님이다. 그러나 어떤 경우이든 이 하나님은 우리가 공동체와 관련이 있는 것이 아니라 오직 혼자만의 자아와 관련이 있는 하나님으로 생각하는 하나님이다.

이러한 독존하는 신의 관점은 특히 개신교에서 하나님을 표현하는 방식으로, 서구 개인주의뿐만 아니라 구약 성경을 해석하는 어떤 전통의 영향을 깊이 받았다. 나는 지난 25년 동안 개신교인의 한 사람으로서 이런 하나님관(觀)에 근거한 설교와 기도와 대화를 수없이 들었기 때문에 하나님에 대한 이런 묘사를 매우 쉽게 설명할 수 있다. 그러나 가톨릭 교인으로 보낸 어린 시절을 회상해 보면, 나는 신적 영역에 대해 아주 다른 상을 떠올리게 된다. 로마 가톨릭적인 관점으로 생각하면, 하늘에 많은 무리가 있는데, 하나님 우편에는 예수님이 계시고, '하나님의 어머니' 마리아가 모성적인 눈길로 바라보고 있으며, 보좌 둘레에 있는 무리들 가운데 수많은 성도들이 있고 영광스러운 천군들이 있다. 하나님에 대한 이 로마 가톨릭적인 생각은 조심스럽게 말하면 실용적인 개신교보다 훨씬 더 사회적이다. 이 생각은 하늘 보좌 주변에 참으로 시끌벅적한 관계들을 떠올리게 한다. 이 글의 목적은 하나님에 대한 그리고 세상과 인간과의 하나님의 관계에 대한 생각들 중 어느 것이 정확한지를 결정하려는 것이 아니다. 다만 개인주의적인 문화 속에서도 관계가 중요하다는 것을 지적하려는 것뿐이다.

사실상, 우리는 우리가 태어나기 전부터 다른 사람들을 필요로 한다. 자신의 선택으로 인생을 시작하는 인간은 아무도 없다. 인간은 지구상에 존재하는 가장 긴밀한 형태의 공동체 곧 남녀의 성 관계를 통하여 잉태된다. 아이의 잉태는 최상의 상태에서 두 사람 사이에 존재하는 사랑의 결실이다. 이 사랑은 두 사람을 고독으로부터 긴밀한 유대로 이끌어냈다. 부부가 '사랑을 하여' 아기를 잉태하게 될 때, 그들은 동시에 그들이 공유하는 사랑을 표현하고, 친밀한 성 관계를 통하여 그것을 더욱 깊게 하고, 새 생명의 창조에 적절한 사람이 된다. **사랑을 하여 생명을 만드는,** (시험관 아기 붐이 일기 전까지는) 이 관계의 교통이라는 행위 없이 이 세상에 태어난 인간은 아무도 없었다. 인간은 실제로 성 관계라는 매우 솔직한 행위로써 태어나고, 그것은 세상의 도덕적인 전통들이 매우 조심스럽게 그 한계를 고수하고자 항상 노력해왔던 이유이기도 하다.

비록 아이를 임신한 사람들이 자신들의 책임을 포기할지라도 신생아들은 여전히 성 관계로 자기들을 이 세상에 태어나게 한 남녀에게 근본적으로 의존하게 된다. 누군가 의지할 데 없는 아기들을 돌보아야 하고 이러한 돌봄으로 인하여 좋든 나쁘든 모든 관계가 맺어지기 마련이다. 어떤 아이도 생물학적 부모든, 대리인이나 보조자와 같은 다른 공동체든, 관계없이는 성인이 되기까지 생존하지 못한다. 유아의 완전한 무력함, 아동의 상대적인 무력함, 심지어 청소년의 복합적인 의존성에 대해

인간적인 그리고 인간적인

서 그들은 돌보는 공동체는 장기적인 투자를 해야 할 필요가 있다.

심지어 청소년들의 관심이 가족에서 친구로 바뀌기 시작할 때조차, 그것은 실로 공동체 자체를 포기하는 것이라기보다는 한 사회에 대한 헌신에서 또 다른 사회에 대한 헌신으로 바뀌고 있는 것이다. 이것은 위험한 전환으로, 소중하고 건설적인 또래 집단 공동체와 연결되지 못하는 청소년들에게는 재난이 될 수 있다. 청소년들은 사회적 고립으로 인한 절망에 빠질 수 있고, 심지어 완전히 파괴적인 또래 집단과 관련될 수도 있다. 이것이 다름 아닌 컬럼바인 고등학교의 살인자들인 딜런 클레보울드와 에릭 해리스가 택한 무서운 길이었다. 학교 친구들에게서 사회적 따돌림을 받았던 그들은 자신들 두 사람이 복수에 불타는 살인자로서 한 공동체라는 의식을 갖게 되었다.

청소년기에서 시작되어 청년기(그리고 훨씬 더 이후)까지, 대부분의 사람들은 낭만적인 인생의 반려자를 찾는다. 이것은 또 하나의 (즐거우면서도 도전적인) 공동체에 대한 요구이다. 이 경우에 그 공동체는 한 세대로부터 다음 세대로 바뀌는 것이 특징이며 다시 한 번 새로운 인생을 위한 길을 준비한다. 결과가 좋을 때에는 성적 결합의 과정을 통하여 새로운 공동체가 생겨난다. 가족이 형성되고 아이들이 태어나고 새로운 대가족 관계가 발전한다.

물론 성인들은 그들 가족 이외의 다른 공동체와 관계를 창출한다. 우리는 가장 친밀한 우정에서부터 독서회, 브릿지 동호회, 모터사이클 동호회, 사회봉사와 자원 봉사 단체, 스포츠 모임들, 기업들, 레스토랑과 바, 각종 동창회, 전우회, 종교 단체, 인종 집단, 국가들, 사회들, 정부들과 같은 공동 관심의 단체들에 이르기까지 아주 다양한 공동체들을 만들었다가 해체하고 다시 만든다. 이 모든 종류의 공동체를 생각할 때, 우리는 가장 궁벽한 지역에서조차도 일상생활에서 일어나는 수많은 관계에 연루되지 않는 사람이 있다는 것을 상상하기 어렵다. 친밀성과 근접성은 이 공동체들과 관계들에 따라 다르지만, 이 모든 것은 우리로 하여금 서로 교제를 하게 해 준다.

당대의 사상 동향은 인간이 '철저히 사회적이고 상호 의존적'이라는 것과 사회적으로 구성되지 않은 어떤 '개인'도 없다는 결론을 내렸다.[1] 그것은 개인들이 공동체의 일원이 되려고 할 뿐만 아니라 실제로 이러한 공동체와 무관한 개인은 없다는 것이다. 우리는 사실상 다른 사람과 아무 상관없는 **우리의 존재를 알지 못한다**. 그리고 자아는 평생 다른 사람들과 관계함으로써 정체성의 일관성과 안정성과 영속성을 획득하면서 힘들게 형성된다(어느 정도는 항상 형성되고 있다).

우리를 형성한 공동체 환경은 지도를 제공하여 우리가 일관성을 갖게 해 준다. 나는 보스턴과 앨투나 출신인 데이비드 거쉬와 제이 거쉬의 외아들이다. 그리고 우리 가계는 대서양 너머 특정한 지역으로 이어진다. 나는 세 명의 여동생 앨리스와 자넷과 케이티가 있다. 나는 1960년대와 1970년대에 버지니아 주 비엔나 시에서 성장하였으며, 16세 때 기독교인이 되었고, 프로비던스 침례교회에 등록하였다. 나는 페어팩스 카운티 공립학교와 윌리엄 앤 메리 대학을 다녔고 그 후에 켄터키와 뉴욕에서 학교를 졸업하였다. 나는 버지니아 주 펠스 교회 출신의 귀여운 지니 그랜트를 만나 결혼하였다. 지니의 부모는 조지아와 플로리다 출신이며 그 가

인간적인 그리고 인간적인

계는 한 특정 지역으로 이어진다. 내게는 세 명의 친자녀와 한 명의 입양아가 있다. 나는 보수적인 남부 침례교회의 교인이며 테네시 침례교 대학에서 교수로 봉직하고 있다. 나는 헌신의 정도가 각각인 여섯 개의 전문기관에 소속되어 있으며, 몇몇 잡지를 구독하고 몇몇 라디오 방송을 청취한다. 이처럼 우리는 다양한 정체성을 가진 공동체의 사람들에 의해 형성된 축을 가지고, 이 다차원적 지도의 눈금 위에 자신의 정체성을 정확히 표시함으로써 자신이 누구인지 알 수 있다. 우리 모두는 공동체가 우리 인생의 여정에서 우리가 유지하는 그 정체성을 얼마나 심오하게 형성하는지를 보여 주는 개인의 지도를 제공할 수 있었다.

관계가 엄청나게 중요하다는 것은 그 관계가 붕괴되었을 때 가장 명확하게 드러난다. 따라서 이 붕괴를 막거나 붕괴의 결과를 완화시키기 위하여 우리는 무슨 짓이든지 한다. 고의든 고의가 아니든 간에 가장 가까운 사람들과 헤어질 때 우리는 고통스러워한다.

사랑하는 사람들과 지리적으로 떨어져 있게 될 때 우리는 종종 그로 인한 고통을 육체의 고통처럼 느낀다. 내가 이 장의 초안을 썼을 때, 11살 된 어린 딸 매리는 약 6시간 거리에 있는, 1주일간 개최되는 스포츠 캠프장으로 가고 없었다. 딸이 처음으로 캠프장에 간 것이었다. 그리고 우리와 처음으로 떨어진 것이었다. 딸과 연락을 취할 방법이 전혀 없었다. 우리의 최선은 딸이 떨어져 있는 일주일 동안 이따금 읽을 수 있도록 미리 두 개의 메모를 쓰는 것이었다. 나는 딸의 부재를 느꼈고 아이의 엄마도 그러하였다. 나는 딸을 볼 때까지 계속 그런 느낌이 들었다.

또한 우리는 우리의 삶에서 사랑하는 사람이 떠날 때 큰 고통을 느낀다. 자녀들이 집을 떠나 대학에 갈 때 대부분 부모들이 무척 고통스러워하는 것을 보고 나는 종종 깜짝 놀란다. 나는 아직 인생에서 그 단계에 이르지는 않았지만 그 일은 아주 빠르게 다가오고 있다. 흥분된 18세 소녀는 자신의 미래의 큰 모험을 쫓아 떠나는 그 날이 자기 부모에게는 무척 슬픈 날이라는 것을 도무지 눈치 채지 못할 것이다. 세 사람 모두 그들의 관계에서 변화를 경험하고 있고 그 경험은 두 번 다시 똑같지 않을 것이다. 유동적인 문화로 인하여 우리가 치르게 되는 대가 중 하나는 우리가 관계를 끊고 어쩔 수 없이 몇 번이고 새로운 관계를 맺어야 할 때 우리가 입는 손실이다. 미국 인구의 15내지 20퍼센트 정도가 매년 이동을 한다.

일시적으로 헤어지는 것이 힘들다면 사람의 죽음으로 말미암은 관계의 손실은 궁극적인 슬픔이다. 다른 사람의 죽음을 애도하는 것은 문화적으로 나타나는 슬픔의 형태에 상관없이 인간이 보편적으로 취하는 행동이다. 그리고 유대인 대학살이나 2004년 인도양의 쓰나미로 인하여 가족을 잃은 사람들처럼 죽은 자들을 위하여 적절히 애도할 기회조차 빼앗긴 사람들에게 해당되는 말할 수 없는 슬픔도 있다. 애도가 적절히 진행될 때, 우리는 시신을 조심스럽게 다루고, 추억과 슬픔이 깃든 정교한 의식과, 사후 언젠가 재결합하리라는 믿음과 유기적으로 연관된 소망을 언급한다. 모든 것은 관계에 대한 우리의 의존과 이 의존의 **독특성**을 가리킨다. 우리는 일반적인 관계만 필요한 것이 아니다. 우리는 특별하고 궁극적으로 대치할 수 없는 인간들에게서 나타나는 독특한 관계들을 소중히 한다. 그리고 우리가 우리 삶에서 어떤 중요한 사람을 떠나 보낼 때, 우리는 그가 우리 주위에 더 이상 없는 지금 우리의 존재를 이해하려고 노력한다. 50년 이상의 결혼 생활 이후에 배우자를 잃고 오랫동안, 어쩌면 그들의 여생 동안 전혀 갈피를 못 잡는 많은 과부들을 생각해 보자. 어떤 과부들은 살 의욕을 상실하고 상심한 채 죽는다.

이러한 큰 슬픔은 오직 우리가 공동체에 속한 사람이라는 주장과 철학자 존 맥머리(John Macmurray)가 (「사도행전」 17장 28절을 의역하여) 썼듯이 "우리가 살고 기동하며 우리 존재는 자기 안이 아니라 서로 가운데 있다"[2]라는 주장을 강화할 뿐이다. 심지어 우리가 유난히 절친한 친구들에 관하여 "하나가 그치고 또 하나가 시작되는 곳을 확실히 알 수 없다"고 말할 때 자아의 이 뒤얽힘을 암시한다.

독일의 목사이자 신학자인 디트리히 본회퍼는 나치에 의해 갇혀 있었을 때 똑같은 것을 느꼈다. 그는 가족과 친구들의 운명을 매일 걱정하였다. 베를린에 연합군의 폭격이 맹렬히 가해진 직후 부모님에게 보낸 1943년 9월의 편지에서 그는 다음과 같이 썼다.

이러한 때에 사람들에 관해 우리가 함께하지 않는 삶을 살아서는 안 되며, 우리 자신들을 거의 또는 완전히 잊어서는 안 된다고 생각하는 것은 주목할 만합니다. 그런 다음에 비로소 우리는 우리 자신의 삶이 다른 사람들의 삶과 아주 긴밀하게 결속되어 있다는 것을, 그리고 사실상 우리의 삶의 중심이 우리 바깥에 있다는 것을, 참으로 우리가 개별적인 존재가 아니라는 것을 느낍니다. 나의 동료이자 학생 중 한 사람이 죽임을 당했다는 소리를 들은 후 제가 종종 느꼈던 것처럼 "그것은 나의 일부 같았다"는 것은 더할 나위 없이 참됩니다. 인생이 우리의 육체적 존재를

훨씬 뛰어넘어 계속된다는 것은 당연히 문자 그대로 사실이라고 생각합
니다.[3]

성경은 결혼을 '한 몸의 관계'로 아름답게 묘사하고 있다(창 2:18-25;
마 19:1-12). 예수님은 혼인한 부부에 관해 "둘이 아니요 한 몸"이라고 말
씀하신다(마 19:6). 당신은 밀접한 두 사람을 물리적으로 관찰할 수 없고
그들의 몸과 자아가 하나임을 볼 수 없지만, 그럼에도 불구하고 다른 점
에서는 당신 자신의 관계가 어떻게 이루어지고 있는가에 따라 감탄과 선
망을 불러일으키는 그 하나된 정도를 볼 수 있다.

오늘날은 '한 몸'의 결혼 관계에 대한 어떤 언급을 하든지 그것에 대
해 깨어진 관계로 인한 고통을 떠올리게 된다. 관계란 부서지기 쉬운 것
인데, 우리는 종종 의도적으로 그것을 망쳐 버리기도 한다. 우리 삶 속에
단단히 얽혀 있는 관계에 대한 스트레스는 어떤 것이라도 바로 자아에 대
한 스트레스가 된다. 그러므로 중요한 관계의 붕괴는 반드시 자아의 위기
를 초래한다. 실제로 이것은 (이혼의 경우처럼) 우리 자아가 죽어서 재구
성되어야 할 필요를 느끼는 경우가 되곤 한다.

이혼하는 사람들, 특히 '한 몸'의 관계가 꽤 길었던 사람들은 결혼생
활의 문제에도 불구하고 장시간 함께 있었기 때문에, 마치 쇠톱으로 두
개의 얽혀 있는 자아를 강제로 잘라내는 것과 같은 육체적인 고통을 느끼
게 된다. 이혼에 말려든 자녀들은 특히 상처 입기 쉽다. 왜냐하면 그들은
일반적으로 자신에 대해 사랑으로 결혼하여 특정 장소에서 함께 사는 엄
마 아빠의 자녀로 알고 있기 때문이다. 이혼으로 인하여 그들의 정체성은

인간적인 그리고 인간적인

파괴되곤 한다. 이혼 후에도 자녀는 여전히 엄마 아빠의 작품이지만 엄마 아빠는 이제 더 이상 서로 사랑하지 않고 결혼 생활을 유지하지 않는다. 그들은 더 이상 함께 살지 않고 자녀들과 함께 하지 않고 더 이상 '한 몸'이 아니다. 부모의 사랑이 육화된 존재인 자녀들은 부모의 이혼으로 인하여 자아분열을 일으킬 수 있다.[4] 성인과 아이들이 이혼에 대해 분노와 증오와 절망과 같은 극히 비이성적인 감정으로 반응하는 것은 당연하다.

우리는 관계를 동경함에도 불구하고 많은 이유 때문에 관계를 맺지 못한다. 우리 중 더러는 고립되어 있고, 더러는 혼자는 아니지만 여전히 고독하며, 심지어 군중 가운데서도 그러하다. 우리의 공간 속에 다른 사람들의 육체적인 존재가 있다고 해서 우리가 그들 중 누구와도 감정적으로 관계가 있다는 것을 의미하는 것은 아니다. 일시적으로 또는 장기적으로 소원해진 친밀한 관계 속에서 고독해지거나 고립된 느낌을 가질 수도 있다. 고독하고 혼자인 것보다 더 나쁜 것은 단 하나, 고독하면서 혼자가 아닌 것이다.

그러나 세상에서 정말로 오로지 혼자인 사람에 관해 잠시 생각해 보라. 어떤 중년 부인이 있었는데, 그녀의 부모는 돌아가셨고, 형제들은 먼 곳에 살면서 그녀를 싫어했다. 여러 가지 이유로 인하여 그녀는 취직과 실직을 반복하였다. 그녀가 우리 교회에서 기독교 공동체를 찾으려는 노력을 하기 전까지 그녀의 삶은 거의 완전히 고립된 상태였다. 그녀는 때때로 휴일을 혼자서 보냈다. 그녀는 자기 생일을 혼자서 '축하했다.' 얼마나 많은 사람들이 고독하고 고립된 비참한 삶을 살고 있는 것일까? 이런 식으로 사는 것은 관계에 대한 우리의 본능적인 인간적 욕구와 정반대이다. 성탄절 아침에 인적이 끊어진 간이식당에서 혼자 식사하는 고독한 사람은 인간의 비참함을 궁극적으로 상징하는 것 중 하나이다.

그러한 사회적 고독은 막다른 골목과 같다. 이러한 고독은 아무 도움도 없이 혼자 힘으로 감당하느라 지친 개인을 칭송하는 것을 포함하여 우리 문화의 잘못된 개인주의 경향들의 논리적인 결말이다. 그러나 이러한 인생관은 우리가 관찰할 수 있는 것과 어울리지 않을 뿐더러 인간성과도 맞지 않다. 우리의 관계가 원활할 때와 그렇지 못할 때 드러나는 것처럼, 우리는 사회적 피조물이다. 기독교 전통의 방법들은 이러한 확신을 심화하고 재강화하기 위한 것이다.

창조 · 언약 · 사랑

처음부터 성경은 인간을 하나님의 계획을 성취하기 위하여 인생 여정 내내 다양한 형태의 공동체가 필요한 사회적 피조물로 묘사한다. 참으로, 하나님과 인간의 관계가 어그러지게 될 때조차도 하나님은 공동체를 사용하셔서 그 관계를 회복하신다.

성경의 이야기에서, 지구상에 존재하는 최초의 관계는 하나님과 맨 처음 사람 아담의 것이다. 「창세기」 2장의 이 구절은 주목할 만하다. "사람의 독처하는 것이 좋지 못하니 내가 그를 위하여 돕는 배필을 지으리라"(창 2:18). 창조 이야기에서 이 시점까지 모든 것이 "좋았더라" 또는 "심히 좋았더라"라고 묘사되었지만 지금 여기서 좋지 않은 것이 나온다. 곧

인간적인 그리고 인간적인

독처하는 사람이다. 비록 이 사람이 아무런 제한 없이 하나님께 나아갔지만 그는 여전히 '혼자' 다. 그리고 그것이 **좋지 못하다**. 이것은 우리 삶속에서 인간관계의 불가피성을 분명히 인정하는 것이다. 심지어 하나님과 사람의 관계도 그것을 대신할 수 없다. 우리는 고독한 사람들에게 그들이 필요로 하는, 또는 있어야 할 모든 것은 하나님이라고 말하고 싶어질 때마다 이것을 기억해야 한다. 하나님 자신이 이것이 사실이 아니라는 것을 인정하셨다. 그리고 (우리가 늘 생각하는 것처럼) 궁극적으로 자족하신 하나님께서 사람들을 창조하시고 태초부터 각 사람과 관계를 맺으시기를 원하셨던 것을 보라.

그래서 하나님은 「창세기」 2장의 결론에 도달하기 전에 최초의 아내가 되는 하와를 만드셨다. 그러므로 남편과 아내인 남자와 여자로 이루어진 부부는 성경에서 인간 공동체의 기본 형태로 묘사된다. 하나님에 의해 성 관계로 완성된 결합으로 가인과 아벨이 태어나고, 비록 오래지 않아 이들 중 하나(가인)가 다른 하나(아벨)를 죽이지만, 이 자녀들로 인하여 최초의 부부는 최초의 가정을 이루게 된다(창 4:1-2). 세대가 계속되고 인간들이 온 땅에 서서히 퍼져 나간다. 마침내 인간의 죄로 인하여 진노하신 하나님께서는 노아와 그의 가족만 남기시고 홍수(6-8장)로 다 쓸어버리신다. 그러나 다시 한 번 이 새로운 최초의 가족으로부터 자손들이 나와서 온 땅으로 퍼져 나간다. 「창세기」 10장은 일종의 태고의 지리학 강의인데, 여기에서 노아의 여러 후손들이 알려진 세상 곳곳에 정착하는 것을 보게 된다. 그것이 지리적 장소와 문화, 그리고 결국에는 언어에서 영구히 다양해짐에도 불구하고, 인간 가족의 근본은 한 쌍의 공통의 조상이다. 최초의 사람들을 만드셔서 최초의 결혼을 하게 하신 그 하나님께서는 여전히 전 인류의 공동체와 관계를 가지려 하시고 모두에게 주권자이신 창조주 하나님으로서 인정 받으려고 하신다.

「창세기」12장에서 노아의 가족은 그들이 땅 위에서 연명할 때에 다양한 신들을 섬기면서 지리적으로 많은 종족과 국가로 흩어졌다. 오늘날까지 초기의 인간 공동체는 부부, 가족, 종족 또는 민족, 공동체, 때로는 원시 국가로 조직된 사회 같은 형태로 남아 있다.

또한 우리는 하나님께서 전 인류 공동체와 관계를 가지려고 하신다는 것과 인간이 하나님이나 인간에 대한 하나님의 뜻 또는 의도를 적절히 이해하기 어렵다는 것을 충분히 알고 있다. 그러므로 「창세기」12장은 메소포타미아 사람 (나중에 아브라함으로 불리는) 아브람을 소개하고 그와 그의 가족에게 고향을 떠나 새로운 국가를 건설하라는 하나님의 부르심을 기록하고 있다.

신인(divine-human)의 역사의 이 중요한 분기점에서 하나님은 아브라함과 언약(본질적으로 신성하고 구속력 있는 약속과 책무의 교환)을 맺으시겠다고 약속하신다. 하나님은 많은 것을 아브람과 그의 가계에게 약속하신다. 그에게 특별한 땅을 보여 주시고 그것을 주겠다고 약속하시고(창 12:1), 그에게 큰 나라가 될 많은 후손을 주시고, 그의 (가족) 이름이 창대하게 해 주시며, 그를 축복하는 자들에게 복을 내리시고 그를 저주하는 자들에게 저주하고(12:2-3), 그를 복의 근원이 되게 하겠다(12:2)고 약속하신다. 실제로, 치명적이라 할 정도로 중요한 약속에서, 하나님은 이렇게 말씀하신다. "땅의 모든 족속이 너를 인하여 복을 얻을 것이라"(12:3).

인간적인 그리고 인간적인

아브람이 지켜야 할 구속력 있는 책무는 하나님의 약속을 믿고 그의 지시를 따르는 것이다.

이 이야기에서 인간의 구원의 여정이 시작된다. 하나님께서는 한 사람과 그의 가족을 훗날 이스라엘로 불리게 되는 선민과 맺으시는 특별한 관계를 위한 출발점으로 선택하신다. 이 관계는 언약으로 구성될 것이며, 이 언약 속에서 하나님은 하나님과 하나님의 뜻의 구체적인 규정에 대한 절대적인 충성과 복종으로 보답하는 그의 언약 백성에 대한 특별한 규정과 지침을 약속하신다.

그래서 거의 초기부터 성경은 두 개의 핵심 개념 곧 창조와 언약을 강조하였다. 하나님은 사람을 지으시고 그들이 (다시) 하나님과 관계를 맺고 하나님의 뜻을 준수하도록 하기 위하여 그들과 언약을 맺으신다. 하나님께서 창조하신 목적은 자유로이 하나님께 예배하고 섬기고 복종하고 서로와 나머지 창조계에 관한 하나님의 뜻을 행하는 피조물을 만드는 것이다. 죄로 말미암아 인간의 경험이 오염되고 모든 수준에서 인간의 관계가 붕괴된 뒤에 하나님은 포기하는 대신 그의 세상을 개선하신다.

그러나 하나님께서 개선하시는 방식은 언약 공동체를 통한 것이다. 하나님은 아브라함만 부르지 않으시고 그의 가족과 결국에는 온 이스라엘 백성을 부르신다. 그리하여 하나님은 자신이 집중적으로 관계를 맺고 지시할 한 백성을 택하심으로써 공동체를 통하여 세상을 개선하신다. 그리고 그들은 다른 사람들에게 증인 노릇을 할 것이다.

하나님과 히브리 사람들이 맺은 관계 속에서, 하나님은 공동체 경험의 모든 면을 치밀하게 살피신다. 모든 영적 도덕적 책임의 요약 선언인 십

계명은 하나님에 관한 네 가지 기본적인 책임과 이웃에 관한 여섯 가지 기본적인 책임을 언급한다. 토라 또는 모세 율법에는 가정생활과 사업과 정치 조직과 갈등 해소와 형법에 대한 자세한 규정이 들어 있고, 또 예배와 종교 절기와 관련된 규례들도 들어 있다. 토라는 이스라엘을 공동체로 그리고 있는데, 이 공동체는 애굽의 불의한 노예제도로부터 이스라엘을 구속하신 공의로우신 하나님께 대한 그들의 헌신의 반영으로서 사회 정의를 제시하는 것이 특징이다.

토라 또는 모세 오경(히브리어 성경 또는 그리스도인들의 구약 성경의 처음 다섯 권)에 나오는 세세한 수백 개의 율법에 당황할 수 있다. 그러나 모든 율법은 하나님의 선민이 어떻게 하나님을 기쁘게 하는 방식으로 살 수 있는지에 관한 것이라는 것을 기억하면 이해가 된다. 물론 여기에는 공동체 생활도 포함된다. 그 큰 그림은 하나님께서 이스라엘을 위한 생활 방식을 궁극적으로 나머지 세상의 백성에게까지 그들의 창조주와 '바른 관계'를 회복하도록 하는 방식으로 규정하신다는 것이다.

신약 성경은 예수 그리스도께서 세상을 구속하시는 하나님의 계획의 완성이라고 선언한다. 예수님은 유대교의 도덕적 전통에 대한 매력적이고 권위 있는 해석으로 모든 청중에게 하나님의 뜻을 따라 살도록 초청하실 뿐만 아니라, 자신의 참혹한 죽음으로 하나님과 맺은 이스라엘의 언약을 온 세상 사람들에게 개방하는 인간의 죄를 대속하는 희생 제물의 역할을 한다. 이제부터는 (하나님과 바른 관계 속에서) 하나님을 섬기는 일에 전념하는 자들의 공동체는 족속과 인종과 언어와 민족을 뛰어넘어 모든 사람에게로 확대된다(행 1:8). 그리스도의 교회는 아브라함과 이삭과 야곱

의 하나님께 순종하며 살고자 하는 자들의 새로운 세계적인 공동체가 된
다. 하나님께서 아브라함에게 하신 약속("땅의 모든 족속이 너로 인하여 복
을 얻을 것이라")은 이렇게 새로운 방식으로 성취된다.

예수께서는 그를 따르는 자들에게 **하나님을 사랑하는 것**과 **이웃을
사랑하는 것**이 가장 큰 계명이라고 가르치셨다. 예수님은 예수님을 가
장 가까이 따르는 제자들에게 서로 사랑해야 한다고 그리고 이것이 "새
계명"(요 13:34)이라고 말씀하셨다. 로마 가톨릭 요리문답에 나오는 것처
럼, "사랑이 가장 큰 사회적 계명이다."[5] 하나님은 우리가 우리의 창조주
와 우리와 같은 인간들을 사랑하게 할 작정으로 신적 사랑의 표현으로 인
간을 창조하신다. 이 사랑은 무엇인가? 사랑은 다른 사람이나 대상에게
스스로 속박을 당하고 그 사람이나 대상이 잘되도록 하려는 결단으로 정
리할 수 있다. 하나님을 사랑할 때, 우리는 할 수 있는 모든 방법으로 하
나님께 우리 스스로 속박을 당하고 우리의 삶으로 그를 기쁘게 하고자 한
다. 우리가 다른 사람들을 사랑할 때, 또한 우리는 스스로 그들에게 속박
을 당하여 우리가 할 수 있는 모든 면에서 그 사람들이 잘되도록 돕고자
한다. 이러한 사랑은 이 지구상에서 발견되는 가장 소중한 것이다. 이러
한 사랑은 사회를 결속시킨다. 이것은 피조물이 서로 속박하고 거부하고
상처 입히는 모든 세력의 압박에 맞서서 서로 공경하고 존중하게 만든다.

규칙과 약속을 충실히 지키는 훈련을 통하여 사랑이 촉진되도록 하기
위하여 하나님께서 우리를 무엇으로 만들 작정이었는지를 사람들에게 가
르치신다. 좀 더 근사하게 그 계획을 반영하는 생활 방식으로 우리를 인
도하는 하나님의 방법, 그것은 관계를 구성하는 언약들의 실행을 통한 것

이다. 성경은 죄가 인간성을 파괴하고 사랑과 조화를 이루었던 모든 수준의 관계들을 깬 것에 관하여 사실적으로 묘사한다.

요컨대 언약은 어떤 공동체에서라도 사랑을 시작하고 재형성하는 발판이 된다. 언약을 이루시면서, 하나님은 암시적으로 때로는 명시적으로 우리가 언약을 바르게 이해하기가 참으로 어렵다는 것을 인정하고 계신다. 이러한 언약들에서 우리는 인간에 대한 하나님의 깊은 뜻에 순종하는 법 곧 하나님을 사랑하고 우리 이웃을 사랑하는 법을 되풀이하여 배운다.

기독교 관점에서 예수께서 재림하심으로 역사가 끝날 때, 예수와 언약을 맺고 산 사람들은 마침내 하나님께서 창조에서 의도하셨던 것처럼 그리고 하나님께서 사람들과 맺으신 모든 언약에서 늘 요구한 것처럼 아무런 장애 없이 사랑할 수 있을 것이다. 그때에는 사랑이 완성될 것이고 세상은 더 이상 깨어진 관계에 의해 훼손되지 않을 것이다. 여기서 성경은 대부분 사람들이 알지 못하는 가운데서도 갈망하는 것 곧 이렇게 인간 생활에 널리 퍼져 있는 소외감과 깨어짐의 종식을 깊이 묘사한다. "주 예수여, 오시옵소서"가 초기 교회에서 가장 대중적인 기도의 하나였던 것은 당연하다. 주 예수여, 오셔서 우리의 깨어진 관계와 우리의 상한 심령을 회복하소서.

하나님의 관계의 형상 가운데

관계의 궁극성(the centrality of relationships)을 하나님의 본질적이

인간적인 그리고 인간적인

고 영원한 본질의 일부로 이해하는 가장 흥미롭고 유익한 방법 중 하나는 삼위일체와 성부 하나님과 성자 예수 그리스도 하나님과 성령 하나님의 관계를 탐구하는 것이다. 삼위일체의 관계를 더 잘 이해하게 된다면, 우리는 우리 자신의 본질에 대해서도 좀 더 비범한 통찰력을 얻게 될 것이다. 왜냐하면 성경에서 우리가 하나님의 형상으로 만들어졌다고 말씀하기 때문이다(창 1:27).

삼위일체는 기독교 사상에서 언제나 가장 크고 거룩한 신비 중 하나였다. 실제로 이것을 바르게 이해하는 것보다 오해하기가 훨씬 쉽다. 비록 하나님께서 성경에서 성부와 성자와 성령으로 묘사되는 것이 분명하지만, 기독교회가 삼위일체의 개념을 분명하게 표현하는 방법에 합의를 보기까지는 수세기에 걸친 반성이 있었고, 그 반성은 지금도 계속되고 있다. 신학자들이 하나님이 삼위일체(문자적으로, 셋-하나)라고 말할 때, 그것은 하나님이 그 본성상 사회적이라는 뜻이다. 기독교 신앙고백서들은 하나님은 한 분이며, 한 분 하나님의 일체성은 절대적이라고 주장한다. 그런데도 이 하나님은 성경에서 삼위 곧 성부와 성자와 성령으로 묘사된다. 성경에서는 하나님의 각 위가 **인간의 구원과 관련하여** 맡은 그 역할 곧 성부는 자신이 창조하신 세상을 구속하기 위하여 성자를 보내시고, 성자는 세상을 위하여 사시고 죽으시고, 성령은 사람들을 구원으로 인도하신다고 이야기한다. 그러나 성경은 하나님 곧 삼위일체의 거룩한 내적인 생활을 언급하기도 한다. 이것은 지극히 신비스럽다. 우리는 단지 어렴풋이 알 뿐이다.

신앙고백서들은 독생자가 "영원으로부터 성부에게서 나시고" 성부와 한 존재와 한 본체라고 주장한다. 완전한 신이신 성자는 또한 우리 죄에서 우리를 구원하시려고 우리를 위하여 고난을 받으시고 죽으시고 다시 살아나신 그의 성육신으로 말미암아 인간이 되셨다. (동방 정교회 전통과 반대로) 서방 교회는 성령께서 성부와 성자로부터 영원히 나오신다는 것을 주장한다. 이것은 성령께서 항상 성부와 성자의 본체로부터 발출하였고 발출하고 있고 항상 발출할 것이라는 뜻이다. 즉, 오랜 세월 동안 남편과 아내의 행복한 관계에서 흘러나오는 '원기'(the good and vital 'spirit')와 같은 것이다. 온 교회는 성령께서 그리스도의 부활 승천 이후 언제나 하나님의 백성을 가르치고 감화하고 보존하시는 것에서 주도적인 역할을 하신다고 선언한다.

삼위일체의 각 삼위가 어떤 식으로 연속적 또는 연대순으로 출현하는지에 관해서는 온갖 논쟁이 있었다. 성부가 혼자 맨 처음 계시고, 그 다음에 아들을 낳으시기로 결정하시고, 그 후 성령께서 성부와 성자에게서 나오셨다고 생각하기 쉽다. 그러나 성경에서는 성부와 성자와 성령의 **영원한** 관계를 묘사하고 있다. 교회가 선언하는 바, 창조 이전부터 하나님은 삼위로 계셨다. 하나님께서 삼위가 아니신 적은 한 번도 없었다. 성부와 성자와 성령은 창조에 참석하셨다(창 1:26-28; 잠 8장; 골 1:15). 성부와 성자와 성령은 "창세 전부터"(요 17:24) 관계가 있었다. 그러나 하나님과 인간의 관계에는 역사적인 단계들이 있었다. 그 가운데 아들이신 하나님이 나사렛 예수로 인성을 취하신 결정적인 단계와 성령께서 교회에 강림하신 그 다음 (그리고 여전히 계속되고 있는 현재의) 단계가 있다. 나는 인간과 그의 상호 작용이 하나님께 영향을 끼쳤다고 말하는 것이 옳다고 본다.

인간적인 그리고 인간적인

예컨대, 성육신에서, 하나님은 처음으로 성자 예수의 경험을 통하여 그의 신성에 인성을 취하신다. 한 분 하나님의 삼위가 다른 단계들에서 세상과 역동적이고 다양한 방법으로 관련이 있었고, 심지어 성부와 성자와 성령으로 영원히 공존하시는 동안에도 관련이 있었다는 것을 인정하는 것이 한층 적절하다.

때때로 성경에서 우리는 성부와 성자와 성령의 관계의 본질을 어렴풋이 보게 된다. 성경에서 가장 고귀하면서도 눈부신 문단 가운데 하나인 「요한복음」 17장의 예수님의 기도보다 성부와 성자의 관계를 더 멋지게 묘사한 곳은 아무 데도 없다. 이 장은 하나님 어전에 있는 것처럼 찬란한 빛을 발하여 거의 눈을 가리고 읽어야 한다. 이 긴 기도에서 예수님은 삼위의 내적인 관계의 역동성을 서로에 대한 끝없는 자기희생과 진심으로 기뻐하며 서로에게 관심을 기울임과 즐거운 사랑을 포함하는 것으로 묘사하고 있다. 예수님을 따르는 자들은 이 넘치는 사랑을 받은 복 있는 자들로 묘사된다. 그리고 이들은 그 순간 성부와 성자의 유대 속에 존재하는 관계의 본질에 참여하였고, 지금도 여전히 참여하고 있다.

「요한복음」의 이 복잡한 장에서, 우리는 다음과 같은 삼위일체의 본보기를 볼 수 있다. 성부는 아들을 영화롭게 하고 아들은 아버지를 영화롭게 한다(요 17:1,4-5). 성부는 아들에게 권세를 주시고 아들은 그 권세를 사용하여 성부의 뜻을 이룬다(17:2). 성부는 예수께 사람들을 다스리는 권세를 주시고, 예수는 그 권세를 이용하여 사람들에게 다가가서 그들에게 성부의 구원을 베푼다(17:2). 성부께서는 성자를 보내시고, 성자는 사람들이 자기를 통하여 성부를 알기를 바라고 기도하신다(17:3). 성부는 성자에게 할 말을 주시고, 성자는 그 말을 자기를 따르는 자들에게 주신다. 그리고 이들은 그 말씀이나 성자가 성자 자신에게서 나온 것이 아니라 성자를 보내신 아버지에게서 나온 것을 알고 있다(17:7-8). 성자의 제자들은 모두 성부의 것이며, 성부의 것은 성자의 것이다. 그리고 성자는 그들로 말미암아 영광을 받으셨다(17:10). 성부는 성자에게 그의 이름을 주셨으며, 이 이름으로 성자는 보호를 받았다. 이제 성자는 제자들을 보전하기 위하여 그 이름을 선포하신다(17:11). 성자는 제자들이 성부와 성자가 하나인 것처럼 하나 되기를 기도하신다(17:11,20,22,23). 성자가 성부 안에 있고 성부가 성자 안에 있는 것같이, 예수님은 제자들이 성부와 성자 안에 있기를 기도한다(17:21). 성부는 성자에게 영광을 주시고 성자는 제자들에게 이 영광을 주신다(17:22). 성부는 창세 전부터 성자를 사랑하셨다(17:24). 그리고 예수님은 이제 그것이 제자들 가운데서 이루어지도록 하기 위하여 그 사랑을 그들에게 넘겨주셨다(17:26).

내가 비옵는 것은 이 사람들만 위함이 아니요 또 저희 말을 인하여 나를 믿는 사람들도 위함이니 아버지께서 내 안에, 내가 아버지 안에 있는 것같이 저희도 다 하나가 되어 우리 안에 있게 하사 세상으로 아버지께서 나를 보내신 것을 믿게 하옵소서. 내게 주신 영광을 내가 저희에게 주었사오니 이는 우리가 하나가 된 것같이 저희도 하나가 되게 하려 함이니이다. 곧 내가 저희 안에, 아버지께서 내 안에 계셔 저희로 온전함을 이루어 하나가 되게 하려 함은 아버지께서 나를 보내신 것과 또 나를 사랑하심같이 저희도 사랑하신 것을 세상으로 알게 하려 함이로소이다. 아버

인간적인 그리고 인간적인

지여 내게 주신 자도 나 있는 곳에 나와 함께 있어 아버지께서 창세 전부
터 나를 사랑하시므로 내게 주신 나의 영광을 저희로 보게 하시기를 원
하옵나이다. 의로우신 아버지여 세상이 아버지를 알지 못하여도 나는 아
버지를 알았삽고 저희도 아버지께서 나를 보내신 줄 알았삽나이다. 내가
아버지의 이름을 저희에게 알게 하였고 또 알게 하리니 이는 나를 사랑
하신 사랑이 저희 안에 있고 나도 저희 안에 있게 하려 함이니이다(요
17:20-26).

이는 자기희생과 찬양 일변도와 서로에 대한 관심, 그리고 그 영광을
주위에 퍼뜨리고 자신의 선함이 아니라 다른 사람의 선함을 위해 일하며
축하하는 교향곡이다.

이 기도에서 현저한 것은 하나님의 사람들 사이의 경계는 매우 투과성
이 있다는 것이다. 그들은 문자 그대로 서로 '안에' 존재한다. 성자가 성
부 안에 있다는 것을 말하는 것만으로는 충분치 않다. 그것은 우리 생각
에 논리적일 수 있지만 예수께서 말씀하시는 것은 아니다. 성자가 성부
안에 있고 성부가 성자 안에 있고 제자들이 성부와 성자 안에 있다. 성부
와 성자와 제자들 사이에 명확한 경계선이 전혀 없다. 사랑이 이 경계선
을 없애 버린 듯하다. **이것이 바로 그 목표다.** 독일 신학자 위르겐 몰트
만(Jürgen Moltmann)은 "[삼위일체의] 각 위들이 서로 속에 친밀한 내
재와 완전한 상호 침투"에 대해 말한다.[6] 예수님은 이러한 사랑 **곧 온갖
경계와 분열을 해소할 수 있는 사랑**의 효력이 이미 그 사랑이 시작된
사람들에게 온전히 나타나서 결국에는 신앙공동체에 들어오게 될 세상의

사람들에게도 전파되기를 기도하신다. 그 목표는 사랑이 대인 관계의 경계를 허물어서 모든 신격(divine persons)과 인격(human persons)이 영적으로 하나가 될 때 나타나는 우주적인 웅대한 통일이다.[7] 이것은 삼위일체 하나님의 통일성(oneness)이며, 인간은 믿음을 통하여 이 통일성에 참여하도록 초청을 받는다. 이것이 바로 세상에서 하나님의 목표이며, 마침내 상호관계의 모든 어색함과 어려움과 한계가 극복될 것이고, 이것이야말로 믿음에 의해 다가오는 인간 미래의 형태가 될 것이다.

하나님의 본질, 인간의 본질

우리는 삼위일체의 하나님의 형상으로 창조되었고, 이는 근본적으로 관계를 위하여 창조되었다는 의미임에 틀림없다. 2장에서 나는 각각의 자아의 내재적 구성에 의하여 우리가 하나 속의 셋과 셋 속의 하나의 흔적을 볼 수도 있다고 제안하였다. 이러한 하나님의 형상으로 만들어진 어떤 피조물이든지 깊고 본질적으로 관계적이어야 한다는 것을 주장하는 것은 한결 쉽다. 우리는 하나님의 존재의 이 핵심적인 속성에서 하나님을 닮아야 한다. 「요한복음」 17장의 기도에서 예수님은 제자들이 하나님께서 성부와 성자와 성령으로서 즐기는 경계를 해소하는 대인 관계의 통일성을 충만히 경험하기를 바라시고 기도하시고 열망하신다. 우리는 즐거운 친교와 대인 관계의 교통을 위해 만들어졌다. 그리스도인으로서 우리가 예수를 따를 때, 우리는 하나님의 인격성(personhood) 안에 존재하는 바로 그 관계 속으로 들어가게 된다. 이것은 성경에서 가장 웅대한 부분의 메시지이다. 그리고 이것은 인생 여로를 따라 관계를 맺어야 할 인간의 근원적인 필요성에 대한 우리의 다른 논의들과 깊이 공명한다.

삼위일체 하나님을 모델로 삼는 사랑하는 관계의 수준을 극히 어렴풋이 이해해도 우리는 우리가 참으로 너무 부족하다는 것을 통렬히 느끼게 된다. 우리는 다른 사람들로부터 소외당하는 것이 종식되기를 간절히 열망한다. 우리 대부분은 이러한 친밀한 단 하나의 관계를 만들고 유지하거나 보존하기 위하여 목숨을 바치곤 했다. 바로 이것이 우리의 존재이유이고, 그 관계로 인하여 우리는 사람이 된다. 이 관계는 다름 아닌 우리의 정체성을 계속 형성할 만큼 강력하다.

그러나 이러한 관계를 맺기를 원하는 인간은 누구라도 우리와 마찬가지로 유한하고, 매여 있고, 제한되어 있다는 사실을 고려한다면, 우리의 탐구 대상을 다른 인간들에 대한 정체성을 밝히는 대인 관계의 친교에만 한정한다면, 우리는 결국 무척 실망하게 될 것이다. 바로 이 때문에 기독교 전통은 항상 궁극적으로 안전한 유일한 관계, 충분히 신뢰할 수 있는 유일한 관계, 사람이 그 정체성을 완전히 쏟을 수 있는 유일한 관계는 하나님과의 관계라고 말하였다.

마찬가지로, 만일 우리가 삼위일체이신 하나님의 형상을 가지고 있다면, 이것은 인간으로서 우리의 여정에서 가장 중요한 일 중 하나가 우리 스스로 구속받은 온전한 관계로 살면서 온 세상과 이러한 관계를 맺기 위해 힘써야 한다는 말임에 틀림없다. 대인 관계의 사랑의 이 장엄한 신적 경험에 참여할 수 있도록 교회는 하나님께서 자기희생적인, 즐거이 사랑

하는, 본질적으로 관계적인 것으로 불러 모으시는 공동체가 되도록 예정
되었다. 바로 이것을 위하여 힘쓰도록 우리는 부름을 받았다. 가장 친밀
한 가족 관계에서든, 하나의 조직으로서 교회 자체에서든, 우리의 공동체
와 사회 또는 지구 가족(the global human family)에서든, 우리는 관계
속에서 치유하고 온전케 하는 특명을 받았다. 이것은 하나님과 사람 사이
에, 사람들 사이에, 더 나아가 사람과 사람이 아닌 창조물 사이에 소외된
관계를 위한 힘들고도 즐거운 이 노력은 하나님의 백성, 곧 교회의 핵심
사명이다. 이러한 치유는 구원의 뜻을 이해하는 한 가지 방법이다. 우리
는 치유를 통하여 하나님 나라에 대한 좀 더 훌륭한 정의를 내리게 된다.

물론 치유에 힘쓴다는 것은 어떤 문제가 있다는 것을 가정하는 것이
다. 소외감을 이야기한다는 것은 어떤 사람이 다른 사람과 사이좋게 지내
지 못한다는 말이다. 구원을 이야기한다는 것은 어떤 사람이 구원을 받아
야 할 필요가 있다는 것을 가정한다. 도래해야 하는 하나님의 나라 또는
통치를 이야기한다는 것은 그것이 아직 도래하지 않았다는 것을 의미한
다. 치유와 화해와 구원과 그 나라가 필요한 인간성을 아주 망가뜨린 것
에 대한 논의를 더 이상 미룰 수 없다. 다음 장에서 인간의 죄 문제를 생
각하도록 하자.

인간적인 그리고 인간적인

제 4 장

내가
'죄인' 인가?

하나님의 형상으로 창조되었음에도 우리 인간들은 창조의 경이로움과 별로 상관이 없다. 사실상 우리는 상상할 수 없을 정도로 끔찍할 때도 있다. 우리는 지켜야만 하는 것과 해서는 안 되는 것을 정확히 알고 있음에도 우리 자신의 원칙을 무시한다. 우리는 차와 집에 푹 빠져서 자신의 자녀와 배우자를 도외시한다. 우리는 마음이 너무 혼란스러워서 밤에 제대로 잠을 이룰 수 없으며, 정신이 분열되어 우리가 누구인지 알지 못한다. 우리는 우리를 지으신 하나님과 사이가 멀어져 무한한 고독을 느끼게 된다. 그뿐 아니라 인간이 (땅과 땅의 피조물은 말할 것도 없이) 서로에게 행하는 엄청난 테러들 곧 살육, 대량 학살, 전쟁, 폭력, 다른 모든 무시무시한 일을 겪게 된다.

내가 '죄인'인가라는 질문에서 따옴표를 붙인 것은 요즘 시대에 이 말이 논쟁의 여지가 있다는 것을 나타낸다. 이것은 주홍글씨를 가슴에 새긴 헤스터 프린, 지옥불 위에 매달려 있는 죄인들을 이야기한 조나단 에드워즈와 같다. 요컨대, 대단히 구식이다. 나 스스로 이러한 말을 용납할 수 있을까? 그보다 나는 가능한 한 다른 방향으로 생각하려고 한다. 아니, 나는 죄인이 아니다. 나는 내가 할 수 있는 최선을 다하고 있다. 아니, 나는 죄인이 아니다. 당신은 다른 사람을 보아야 하고 그가 하고 있는 것을 보아야 한다. 아니, 나는 죄인이 아니다. 나는 때때로 교회에 간다. 아니, 나는 죄인이 아니다. 나는 대부분 선한 선택을 한다. 아니, 나는 죄인이 아니다. 나는 나쁜 짓보다 선한 일을 더 많이 한다.

비록 그러한 반응들이 어떤 점에서 모두 사실일지라도 다음의 사실을 바꾸지는 못한다. 여러분과 나 그리고 우리 모두는 분명히 죄인이다. 사실상 우리가 죄인이라는 것을 인정하는 것이 전인성(wholeness)으로 나아가는 여행의 중요한 단계이다. 자신에 관한 부정적인 요소를 부인하려고 하면 끊임없이 자기기만을 하게 되고 실패할 수밖에 없다. 왜냐하면 진리가 궁극적으로 드러나기 때문이다. 또한 이것을 부인하기 위해 우리는 우리 주변을 개선하려고 부단히 노력하게 된다. 그러나 이것도 역시 결국 수포로 돌아가게 된다. 그러나 자신과 다른 사람의 죄를 시인할 때 그리고 우리가 위대함의 가능성과 선(the goodness)의 긴장 상태에서 죄를 유지할 때 우리는 알게 된다. 철학자 진 베스키 엘쉬타인(Jean Bethke Elshtain)이 말한 것처럼, 기독교 전통의 지혜를 숙고할 때 우리 인간성의 특징은 위엄(dignity)과 부패(depravity)다.[1] 우리는 될 수 있는 대로 두 요소를 충분히 이해해야 한다.

그래서 이 장은 적어도 부패 부분에 관해 이해하려고 한다. 우리는 인간의 죄악성의 다섯 가지 차원 또는 요소를 살펴볼 것이다. 결국 인간의 상황이 여러분이 늘 생각했던 것보다 더 나쁘다는 결론을 내리게 될 것이다. 여러분은 많은 문제를 가진 피조물이 멸망하는 것 외에 무엇을 할 수 있을까 하고 생각할지 모른다. 그러나 아마도 여러분은 여러분 자신과 다른 사람들과 인간의 상황에 관한 진실을 아는 것이 위안이라는 것도 깨닫게 될 것이다. 왜냐하면 진실이 아무리 불쾌할지라도 착각보다는 더 낫기 때문이다. 적어도 우리는 우리가 무엇을 다루고 있는지를 알고 있다.

피조물의 열망

2004년 여름 나는 가족들과 함께 앨라배마의 걸프 쇼어스 해변에서 여러 날 지냈다. 셋째 날, 나는 그 지역 신문에서 해안에서 아주 가까운 허벅지 깊이의 물속을 걸어가다가 상어에게 물린 10세 소년에 대한 기사를 읽었다. 다리 힘줄을 심하게 다쳤고 여러 군데를 물렸다. 만일 소년의 할아버지가 상어의 입에서 소년을 빼내지 않았더라면 상태는 더욱 심각하였을 것이다. 그 기사가 실린 옆에 병원 침대에 누워 있는 소년의 사진이 실려 있었다.

같은 기사에 상어의 공격을 본 사람은 없었다고 말하는 걸프 쇼어스 시장의 말이 실려 있었다. 시장의 말에 따르면, 어느 구조원도 상어를 보지 못하였다. 소년과 그의 가족이 목격한 것은 말할 것도 없고 소년의 다리에 심한 상처가 났는데도, 시장은 상어의 공격이 확인된 바 없다고 우겼다.

그 이야기는 해변에서 지내는 방법을 바꾸는 데 결정적인 역할을 하였다. 그 뒤로 이틀 동안 우리는 평소보다 훨씬 더 조심하게 되었다. 아침에 해변에서 약 20피트 떨어진 곳에서 검은 지느러미를 가진 생물이 헤엄치는 것이 목격된 뒤로 그 바다에 상어가 있다는 것이 명확해졌다. 그 다음 날 아내는 상어 비슷한 생물을 보았다. 걸프 쇼어스의 시장은 공식적으로는 상어의 존재를 부정했지만, 수중에 상어가 헤엄치고 있는 것이 확실하였기에, 우리는 더 이상 머무를 수 없었다.

이 이야기에는 어떤 현저한 요소들이 있다. 평범한 가족이 해변에서 며칠을 지내기 위하여 몇 시간을 차로 달려가서 그들과 똑같은 휴가 계획을 가진 날카로운 이빨을 가진 불청객을 보았다. 그 해변은 아주 멋져 보였지만, 그곳에는 인간의 생명을 위협하는 수많은 것들이 도사리고 있었고, 바로 저쪽에서는 상어가 사냥을 하고 있다. 두려움으로 인하여 매일의 업무에서 해방된 즐거움은 사라졌다. 또 하나 현저한 것은 그 지역 공무원들이 명백한 사실을 부인하는 방식이다. 그들이 그렇게 한 이유는 뻔하다. 해변의 관광 사업과 돈과 재정적 이익 때문이다. 경기가 후퇴하는 때에 시장은 상어가 관광객을 물었는데도 상어의 출현이 확인되지 않았으면 하고 바라는 것이다.

우리 가족은 바로 앞바다에서 헤엄치고 다니는 상어들 때문에 물에 들

인간적인 그리고 인간적인

어가지 못하게 된 해변에서 세상이 안전하지 못하고 예측할 수 없고 심지어 전인성에 가까워지는 것과는 거리가 멀다는 것을 생각하게 되었다. 우리는 고통과 갈망과 쇠퇴와 불완전과 혼돈, 그리고 훨씬 심각한 것이 가득찬 세상에서 살아간다. 우리는 세상을 창조하지 않았지만 세상에서 살아야 할 뿐만 아니라 세상의 없어서는 안 될 부분이기도 하다. 자신이 원인을 제공하지도 않은 곤경에 빠질 때의 이 느낌은 인간의 공통된 경험이 아닐까? 내가 저지르지도 않았는데 해결해야 했던 경험이 얼마나 자주 있었던가?

인간 스스로가 만들어서 다른 것들이 대처하게 하는 유해한 환경들에서 세상의 불안정과 불완전성을 보는 것은 쉽다. 남부에는 인종상의 불공평과 적대감이 여전히 존재한다. 내가 그런 부조리를 조장한 것이 아닌데도 나는 무수히 다른 방식들로 그 유산에 대처하지 않으면 안 된다. 군인을 전장으로 가게 만드는 전쟁은 군인이 일으킨 것이 아니다. 그럼에도 불구하고, 그 군인은 자기를 죽이려고 하는 적들을 상대하지 않으면 안 된다. 학대가정에 태어난 아이들에게는 아무 잘못이 없지만 아이들은 그 결과에 대처하지 않으면 안 된다.

자연계에도 잘못된 것이 있고 자연계와 인간의 관계에도 잘못된 것이 있다. 끝없는 죽음의 순환 속에서 짐승은 짐승을 잡아먹는다. 호박벌은 단지 잔디를 깎으려는 집주인을 공격한다. 토네이도는 도시 블록을 휩쓸어 버린다. 해일이 일어나서 마을 전체를 휩쓸어 버린다. 그리고 아이들이 상어에게 물린다. 우리는 창조의 질서와 웅장함에 깊이 감동하는 동시에 거기에 또한 무서운 혼란이 있다는 것에 두려움을 느낀다. 혼란이 없고 질서만 있다면, 위험이 없고 웅장함만 있다면 좋을 것이다. 하지만 이 것은 우리에게 허락된 사안이 아니다. 적어도 아직은 아니다. 그리고 여기서는 아니다.

사도 바울은 다음과 같이 말하였다.

피조물의 고대하는 바는 하나님의 아들들의 나타나는 것이니 피조물이 허무한 데 굴복하는 것은 자기 뜻이 아니요 오직 굴복케 하시는 이로 말미암음이라 그 바라는 것은 피조물도 썩어짐의 종 노릇한 데서 해방되어 하나님의 자녀들의 영광의 자유에 이르는 것이니라 피조물이 다 이제까지 함께 탄식하며 함께 고통하는 것을 우리가 아나니 이뿐 아니라 또한 우리 곧 성령의 처음 익은 열매를 받은 우리까지도 속으로 탄식하여 양자될 것 곧 우리 몸의 구속을 기다리느니라(롬 8:19-23).

이 구절은 매우 비참하게 그려져 있다. 곧 "허무한 데 굴복하는 것"과 "썩어짐의 종 노릇"과 "탄식하며 고통하는 것"이 마침내 끝나게 될 그 때를 "피조물이 고대하는 바"로 묘사하고 있다. 예수 그리스도에 의해 구원을 받은 인간의 구속에 대한 단락에서 그는 모든 피조물을 시나리오에 등장시킨다. 바울의 말에 의하면, 피조물도 우리와 마찬가지로 구속이 필요한 망가진 것이며 구속을 간절히 고대하고 있다.

설혹 달로 도망친다 하더라도 피할 수 없는 문제가 있는 피조물이기 때문에 우리 모두는 죄인이다. 온갖 위험이 있는 바다에서 수영하는 사람처럼 우리는 위험에 처해 있다. 환경적으로 유추해 보자면, 숲은 오염되

인간적인 그리고 인간적인

어 있고, 우리는 숲속에 있다. 따라서 우리도 오염되어 있다. 어떤 경우에도 우리가 피할 수 있는 곳은 아무 데도 없다.

기독교 사상에서, 이 상황은 '패괴성(타락, fallenness)'이라 불린다. 특히 성 어거스틴의 성경(특히「창세기」이야기) 해석에서 도출된 서구 기독교 전통은 죄가 단지 잘못된 개인의 선택만이 아니라 전체적으로 손상된 세상의 일반적인 특징이라는 결론을 내렸다. 이것의 원인에 대한 고전적인 기독교 이야기는 아담과 하와가 죄를 범하였고, 그들이 하나님에 의해 창조된 완전한 지위에서 떨어졌으며, 그들의 행위로 말미암아 영원한 무익과 탄식과 노예 상태와 부패가 인간의 경험뿐만 아니라 전 창조계에 들어오게 되었다는 것이다. 이 패괴성의 결과로 세상에 대한 하나님의 선한 계획이 혼란에 빠지고 왜곡되고 붕괴되었다. 패괴성으로 말미암아 질서와 선함과 위대함의 모든 흔적이 사라진 것은 아니었다. 그러나 인간성을 포함한 세상 모든 것이 이 패괴성의 영향을 받게 되었다.

이 개념에서 우리는 인간의 죄악성을 상당히 이해하게 된다. 이 개념은 어떤 사람이 잘못된 선택을 하거나, 우리가 선한 사람이 되도록 노력해서 그렇게 하지 않도록 해야 한다는 정도가 아니다. 하나님께 부여받은 그 위엄과 선함에도 불구하고 인간성 자체가 왜곡되고, 오염되고, 결함이 있다는 것이고, 그 파괴가 세상에 반영되었다는 것이다. 기독교(와 비기독교) 사상의 다른 한편에서 종종 거부와 논쟁과 오해를 불러일으켰던 원죄의 개념은 기본적으로 어떤 인간도 타락의 폐해와 결과를 피할 수 없다는 것이며 각 세대(와 모든 생활)에서 우리가 자신의 선택에 의해 타락의 역사를 반복한다는 것이다. 우리의 패괴성으로 인하여 우리는 개인과 공동체로서 죄악적인 경향이 있다. 그리고 이 패괴성으로 인하여 우리 모두는 왜곡되고 분열된 사회와 자연계에 빠져들게 된다. 우리의 패괴성은 절대로 없어지지 않는다. 죄는 우리의 상하좌우 어디에도 있다. 죄는 영원한 인간 상태이며, 우리가 절대로 완전히 벗어날 수 없는 '조상의 그림자(ancestral shadow)' 이다.[2]

내가 살고 있는 거리에 파산한 집주인이 버린 집이 한 채 있다. 아무도 거기에 살지 않고 정기적으로 그 집을 돌보는 사람도 없다. 태풍으로 쓰러진 나무가 몇 주 동안 방치되어 있고 그 나뭇잎들이 서서히 갈색으로 변해 가고 있다. 깎지 않고 방치된 잔디가 무릎 높이만큼 자라 있기도 한다. 덩굴과 덤불이 그 집을 뒤덮고 있다. 그 집의 내부와 뒷면 테라스는 완전히 붕괴되고 있다. 우리, 곧 우리 각자와 우리의 세상은 붕괴되고(또는 늘 붕괴되고 있고) 수선되지 않은 이 집과 같다. 이것은 동적인 과정, 곧 동작을 은유하는 것이다. 타락했을 때, 세상은 큰 파멸로 무너졌으며, 예수님께서 「마태복음」 7장 27절에서 말씀하신 것처럼 "그 무너짐이 심하였다." 우리는 부분적으로 파괴된 채 서 있는 한때 아름다웠던 집과 같다. 이것은 이야기의 끝이 아니고 시작도 아니다. 하지만 분명히 이야기의 일부이고 그래서 우리의 여행의 중요한 부분이다. 내가 죄인인가? 그렇다. 나는 타락했고 타락한 세상에서 살고 있다는 점에서 정말 그렇다. 매일 이 비극적인 사실을 재발견할 때마다 나는 지구 자체와 마찬가지로 마음속으로 탄식한다.

인간적인 그리고 인간적인

깨어진 관계에 대해

"때에 예수를 판 유다가 그의 정죄됨을 보고 스스로 뉘우쳐 그 은 삼십을 대제사장들과 장로들에게 도로 갖다 주며 가로되 내가 무죄한 피를 팔고 죄를 범하였도다 하니 저희가 가로되 그것이 우리에게 무슨 상관이 있느냐 네가 당하라 하거늘 유다가 은을 성소에 던져 넣고 물러가서 스스로 목매어 죽은지라"(마 27:3-5).

성경에서 유다보다 더 비참한 인물이 어디 있는가? 여기에 다른 사도들과 마찬가지로 3년 동안 예수님과 함께 다니면서 예수님의 측근으로 지내는 큰 특권을 누린 한 사람이 있다. 거기에는 열두 명만 있었고 그는 그들 중 한 사람이었다. 그러나 어떤 이유로 그는 그의 선생을 배반하였다. 유다가 그런 행동을 한 정확한 이유는 아무도 모른다. 적어도 그런 행동을 하게 된 그의 개인적인 이유에 관해서는 아무도 모른다. 그러나 그는 자기가 저지른 죄에 대해 몹시 후회하고 자기 목숨을 끊는 것으로써 '자기 죄를 해결하였다.'

걸작 『안나 카레니나 *Anna Karenina*』에서 레오 톨스토이는 이렇게 썼다. "행복한 가족은 모두 서로 닮는다. 그러나 불행한 가족은 각각 독자적으로 불행하다." 아리스토텔레스도 비슷한 말을 하였다. "사람들은 무수히 많은 면에서 악하지만 오직 한 가지 면에서만 착하다."[3]

애매한 말투로 이런 양쪽 주장을 할 수 있지만, 올바르게 이해하는 것이 오해하는 것보다 훨씬 더 어렵다는 생각은 확실히 진실이다. 사태가 무수한 방향으로 잘못될 수 있는 반면에, 인생 여정에서 성공은 놓쳐서도 안 되고 벗어나서도 안 되는 단 하나의 좁은 길과 같다. 그것은 우리의 관계에 대해서나 인생의 다른 어떤 면에 대해서나 마찬가지이다. 아무리 인정하고 싶지 않을지라도, 반박의 여지가 없는 우리의 죄악성의 증거는 우리의 관계의 취약성이다. 우리는 3장 전체에 걸쳐서 인간이 본질적으로 얼마나 관계적인 피조물인지, 그러한 특성이 하나님의 형상으로 만들어진 우리의 본성과 얼마나 밀접한 관계가 있는지, 우리의 관계가 좋아질 때 우리가 어떻게 잘 되는지에 관해 이야기하였다.

그러나 우리의 관계는 곧잘 불안해진다. 우리는 관계를 순화하기보다 나빠지도록 하는 경향이 있다. 하나님의 형상으로 만들어진 우리의 인간성의 이 위태로운 차원은 아주 연약하다. 그래서 우리는 대부분의 시간을 깨진 관계를 회복하고 손상된 관계를 치료하고 건강한 관계를 유지하는 데 쓰고 있다.

내 이메일 주소록에는 나와 소원하게 된 옛 친구의 이름이 있다. 여러 해 전에 내 도움으로 교회에서 봉사하게 되었던 그 친구가 사직을 강요당한 끝에 그만둔 뒤로 우리는 사이가 멀어지게 되었다. 우리의 우정은 완전히 회복되지 않았다. 거기에는 복합적인 요소들이 있다. 교회 문제로 상한 그의 감정과 적절한 조치를 취하지 못한 나의 실수와 (서로 고통스럽겠지만 화해할 수도 있을) 대화를 시도하는 것에 대한 두려움 등. 결국 그는 떠났고 그의 이름만 내 주소록에 계속 남아서 내가 그에게 이메일을 보낼 용기를 낼 날을 기다리고 있다.

우정은 서로 간에 즐거움과 만족을 필요로 하는 자발적인 관계이기 때문에 특히 깨지기 쉽다. 가족 관계와 비교하면, 우정을 버리는 것은 더 쉽

인간적인 그리고 인간적인

다. 그러나 우정은 배반당하게 될 때 유다의 경우처럼 그 고통이 사라지지 않거나, 나와 소원하게 된 친구의 경우처럼 손상된 채로 전혀 치유되지 않거나 흔히 그렇듯이 조금씩 식어가게 된다. 내가 죄인이며, 우리 모두가 죄인이라는 한 가지 증거는 내 우정이 취약하다는 것과 그 동안 많은 친구들을 잃었다는 것에 대한 나의 자각이다.

깨진 관계로서의 결혼은 죄의 궁극적인 시금석이 될 수 있다. 왜냐하면 결혼은 여러 가지 면에서 궁극적인 인간관계이기 때문이다. 이 독특한 관계의 취약성을 알기 위하여 결혼 및 가족 상담가가 될 필요는 없다. 나는 목회자와 교수로서 약혼한 행복한 젊은 남녀들과 문제가 있는 기혼의 부부들을 오랫동안 상담해 왔기 때문에 이 독특한 인간관계를 아주 잘 이해하고 있다. 그 공식이 반어적이라고 믿는 것은 관심을 끄는 것 이상이다. 홀딱 반한 약혼한 남녀 + 20년 = 비참한 기혼 부부.

이 경우에, 나는 모든 행복한 부부는 닮는 반면에 결혼의 불행은 여러 가지 형태를 취한다고 말하는 톨스토이가 옳다고 생각한다. 기혼의 부부들이 다양한 결혼 스타일을 나타낸다는 것은 분명히 사실이다. 그러나 대부분 행복한 현대의 결혼의 바탕에는 애정과 신실과 상호 만족하는 육체관계가 있다. 아마 다른 시대와 다른 상황에서는 이 독특한 일련의 특성들이 반드시 필요한 것으로 간주되지 않았겠지만, 오늘날 우리 문화에서는 이 모든 것이 중요하되, 적어도 압도적으로 우세한 대중에게는 중요하다.

그러나 타락한 죄인인 인간에게 애정, 신실, 상호 만족하는 육체 관계라는 말이 암시하는 것을 달성하기가 얼마나 어려운지 살펴보라. 성공적인 결혼에는 **애정이 있고, 신실하고, 성적인 대상**이 되는 친구의 역할을 할 기본적인 능력이 있는 두 사람이 필요하다. 만일 두 사람 중 어느 한쪽이 이 차원들 중 어떤 것에서든지 기본적인 능력이 부족하면, 그 관계는 실패할 것이다. 대부분 사람들은 사랑하고 계속적으로 헌신만 하는 것, 성적인 만족을 주고받거나 친구 관계를 유지하고자 하는 의지나 능력이 부족하다. 더러 각 영역에서 충분한 능력을 가지고 시작하지만 크고 작은 많은 이유—약물 남용, 태만, 나쁜 건강, 잘못된 선택, 분노, 용서의 부족—때문에 그 능력을 하나둘 발휘하지 못하게 된다. 더러는 경솔한 정사와 같은 단 한 번의 잘못된 선택으로 좋은 관계를 파괴한다. 더러는 병적으로 변해서 그 관계를 완전히 소멸시키는 악의적인 증오로써 그들이 가장 배려해야 할 사람을 등진다.

궁극적으로, 사랑은 가장 가까운 사람이든 덜 친밀한 사람이든 어떤 관계가 잘 이루어져야 할 필요가 있는 덕이다. 그러나 사랑 그 자체는 인간의 혼 안에서 정서적인 내면의 모순을 나타내는데, 이는 사랑이 우리 삶과 관계의 중심인 반면, 우리의 삶과 관계가 모두 연약하고 쉽게 방해받는 것이기 때문이다. 우리는 사랑해야 한다는 것을 알고 있지만 사랑할 능력이 부족하다. 우리는 관계를 맺는 방법은 알고 있지만 그것을 잘 실현하는 능력은 없다. 사랑이 부족하기 때문에 우리의 관계는 발버둥질하다가 때로는 정지하고 만다.

내가 죄인인가? 그렇다. 타락한 세상에서 나의 가장 중요한 관계가 부서지기 쉽고 종종 그 관계를 보존하거나 향상시키기보다는 오히려 파괴하는 잘못을 범하는 것을 보면, 정말 그렇다. 우리들 중 누가 버림받은 관

인간적인 그리고 인간적인

계 또는 깨어진 인생의 가치의 사상자들로 뒤덮여 있는 삶의 전쟁터를 바라보고 거기에 아주 깊이 본질적으로 잘못된 것이 있다는 것을 부인할 수 있을까?

도덕법과 그 위반에 대해

사도 바울은 그의 죄된 본성과 씨름하는 방식에 관하여 특별히 준비되어 있었다.

우리가 율법은 신령한 줄 알거니와 나는 육신에 속하여 죄 아래 팔렸도다. 나의 행하는 것은 내가 알지 못하노니 곧 원하는 이것은 행하지 아니하고 도리어 미워하는 그것을 함이라. 만일 내가 원치 아니하는 그것을 하면 내가 이로 율법의 선한 것을 시인하노니 이제는 이것을 행하는 자가 내가 아니요 내 속에 거하는 죄니라. 내 속 곧 내 육신에 선한 것이 거하지 아니하는 줄을 아노니 원함은 내게 있으나 선을 행하는 것은 없노라. 내가 원하는 바 선은 하지 아니하고 도리어 원치 아니하는 바 악은 행하는도다. 만일 내가 원치 아니하는 그것을 하면 이를 행하는 자가 내가 아니요 내 속에 거하는 죄니라(롬 7:14-20).

만일 죄가 중요한 도덕법을 위반하는 것이라면, 우리 대부분은 거의 여기에 해당된다고 인정해야 할 것이다. 참으로 대부분의 사람들은 전적으로 죄를 다름아닌 도덕법 위반으로 이해하며, 극소수의 정직한 사람들은 자기들은 항상 이 도덕법을 견지하였다고 주장할 수 있을 것이다. 그러나 도덕법 및 도덕법과 관계의 문제는 의외로 복잡하다. 예를 들면, 이러한 도덕법이 존재하는 것을 우리가 어떻게 아느냐 하는 문제가 있다. 도덕법에 대한 바울의 지식의 원천은 유대인의 율법인 토라였다. 유대인의 세계관에서는, 하나님께서 세계에 적용되고 성경에 기록된 도덕법을 제정하셨고, 이스라엘은 이 법을 지키도록 요구하시는 하나님과 언약의 관계에 있고, 그 권위는 계속되는 예배와 학습 실천(study practices)에 의해 강화되어 왔다. 신실한 유대인들은 율법을 내면화하고자 하고 그들의 생활과 행위의 준칙으로 삼고자 한다. 그것은 단지 의무 때문이 아니라 하나님을 사랑하고 하나님의 도덕적 명령을 존중하기 때문이다. 시편 기자는 이렇게 말한다. "사람이 많은 탈취물을 얻은 것처럼 나는 주의 말씀을 즐거워하나이다. 내가 거짓을 미워하며 싫어하고 주의 법을 사랑하나이다. 주의 의로운 규례를 인하여 내가 하루 일곱 번씩 주를 찬양하나이다"(시 119:162-164).

대부분 그리스도인들은 본질적으로 도덕법의 본질과 권위에 대해 동일한 생각을 하고 있다. 그 도덕법은 하나님으로부터 나온 것이고, 성경에 계시되어 있고, 신자를 구속하고, 어느 정도까지는 모든 인류를 구속하고, 교회와 가정에 의해 강화되고, 하나님에 대한 사랑에 근거하여 우리의 양심에서 내면화되어야 한다.

이런 관점에서 죄는 권위적인 도덕법이나 율법이나 명령에 대한 위반이다. 문제는 내가 하기로 (또는 하지 않기로) 되어 있는 것을 내가 아느냐

하는 것이 아니라 내가 해야 한다고 알고 있는 것을 하고, 하지 말아야 한다고 알고 있는 것을 삼가는 것이다. 도덕적 자아의 역할은 이와 같이 외부로부터 강요된 율법 또는 규칙의 권위와 진실성을 인정하고 마침내 개인의 양심에 의해 강력히 주장된 자신의 행동 표준이 되도록 내면화하는 것이다. 성경적 전통에서 이 도덕의 출처는 거룩한 명령자 하나님이다. 하나님은 도덕적 복종을 강요하고 불복종을 심판할 권세가 있다.

대부분의 현대인들은 사람의 생활 표준이 되는 도덕이 외부로부터 그들에게 부과되었다는 말은 어떤 것이든 싫어한다. 지그문트 프로이트는 그 생각을 규범을 강요하는 부모님 앞에서 유아가 느끼는 무력감의 투사로 축소시켰다. 임마누엘 칸트는 도덕법은 신적인 계시가 아닌 이성에 근거하여 반드시 스스로에 의해 자신에게 강요되어야 한다고 믿었다. 사회학자들과 인류학자들은 도덕법에 대한 우리의 이해를 형성함에 있어서 우리 공동체의 역할을 말하기도 한다. 오늘날 많은 사람이 하나님을 믿지 않고 성경을 계시된 하나님의 말씀이라고 믿지 않는다. 그들은 자신의 양심의 명령에 따라 처신하거나 공동체의 법적 문화적 표준에 따라 처신한다고 말할 것이다.

그러나 비록 도덕법의 권위가 하나님이나 성경에서 이성이나 공동체나 양심으로 바뀐다고 하더라도 **여전히 우리는 우리 스스로 권위 있는 것으로 인정하는 그 도덕법을 위반한다는 것을 인정해야 한다.** 우리는 우리 자신의 원칙과 양심, 우리 자신의 공동체 표준과 우리 자신의 이성을 위반한다. 도덕법의 출처와 권위가 바뀐다고 해서 우리가 법을 어기는 문제가 해결되는 것은 아니다.

죄가 도덕법의 위반이라면 그것은 다양한 형태를 취한다. 만일 우리가 관련된 도덕법이 무엇인지 전혀 모른다면, 우리는 그 법을 자기도 모르게 위반할 것이다. 이것은 우리의 부족한 도덕적 훈련이나 미숙함 때문이거나 또는 특별히 복잡한 도덕적 문제에 부딪쳐서 그 도전에 잘 대처하지 못하기 때문이다. 로마 가톨릭 전통에서는 이것에 대해 ‘불가항력적 무지(invincible ignorance)’라는 매력적인 표현을 쓰는데, 그 뜻은 그 행동에 관한 무지를 극복할 방법이 전혀 없기 때문에 죄인이 그 행동에 대해 **완전히** 책임을 질 수 없다는 것이다.

대개 우리는 나쁘다는 것을 알면서도 그 일을 저지른다. 우리는 곧잘 부모들이 잘 알듯이 (아이들처럼) 순전히 완고하거나 반항적이거나 고집 때문에 법을 어긴다. 인간성을 관찰한 사람들은 대부분 인간성에서 이 경향을 인지하였다. 법을 제정하면 어떤 사람은 에베레스트 산과 같이 법이 있다는 것 때문에 노골적으로 매우 신속하게 그 법을 어길 것이다.

그렇지만 대부분은 그 권위를 인정하고 존중하는 도덕법을 노골적으로 위반하지 못한다. 우리는 이렇게 말하지는 않는다. “나는 간음이 나쁘다는 것을 알고 있지만 누가 뭐라 해도 그것을 하려고 한다.” 그보다도 죄된 인간성의 일부는 우리의 잘못된 행동을 합리화하고, 그 법이 우리에게 해당되지 않는다고 주장한다. 그것은 책임을 회피하며 전가하고, 스스로 기만하고, 우리의 행동을 새롭게 표현하는, 무한한 것처럼 보이는 우리의 능력이다. 신학자 웬디 팔리(Wendy Farley)가 쓴 것처럼, “기만은 가장 흔한 죄의 특징일 것이다.”[4] 그러므로 나치는 수백만을 학살하고도 그들의 행동을 국가의 방위와 ‘인종의 순수성’을 지키기 위해 필요한 일로 합

인간적인 그리고 인간적인

리화하였다. 그들은 정상적인 전쟁 법규가 생존을 위한 자기들의 계시적인 싸움에는 적절하지 않다고 주장하였을 뿐 아니라, 문제를 그들이 죽인 희생자의 탓으로 돌렸고, 대량 학살을 '안락사' 나 '특별대우' 라는 말로 바꾸어 자신의 행위에 관하여 스스로 기만하였다. 나치 가해자들이 체포되어 재판을 받게 되었을 때 그들 대부분은 책임을 전가하고 철저히 책임을 지려고 하지 않았다. 재판관들은 "나는 단지 명령에 따랐을 뿐이다"라는 것이 변명의 구실이 되지 못한다는 확신을 가지고 있었고, 나도 그렇게 생각한다. 그런데 우리가 우리 자신의 죄와 직면하게 될 때 그와 똑같은 행동을 취하는 경우가 얼마나 많은가?

바울은 「로마서」 7장의 인용 구절에서 규칙 파괴로서의 죄의 또 다른 차원을 이야기한다. 그는 자기 내부에서 일어나는 분열을 알고 있다. 그의 영 안에 분열이 있다. 그는 무엇이 옳은지 알고 있지만 그의 속에는 그를 지배하려고 하는 또 다른 세력이 있다. 여기서 그의 말이 매우 흥미롭다. 그 '나' 가 바뀌는 것이다. 즉, "'나' 의 행하는 것은 내가 알지 못하노니 이를 행하는 자가 '내' 가 아니요 '내 속에' 거하는 죄니라." 그는 육신 속, 즉 내 안에 있는 한 세력이 진짜 내가 바르게 행하지 못하게, 자신의 의도대로 행하지 못하게 방해한다고 말하고 있다. 그는 그리스도 예수와 관계를 가지고 있고 하나님의 영에 나아갈 수 있음에도 불구하고 그러했다.

그 다음 바울은 또 다른 표현을 쓰고 있다. 그는 말하기를, 내 '속사람' 으로는 하나님의 법을 즐거워하되, 내 '지체' 속에 한 다른 '법' 이 있다. 그것은 싸움, 나 자신의 두 면 곧 내 속에 있는 두 '법' 사이의 싸움이

자 나를 분열시키는 내란이다. 그래서 바울은 참담한 심정으로 탄식하며 다음과 같이 결론을 내린다. "오호라 나는 곤고한 사람이로다. 이 사망의 몸에서 누가 나를 건져 내랴?" 그리고 그의 대답은 무엇인가? "우리 주 예수 그리스도로 말미암아 하나님께 감사하리로다"(롬 7:24-25).

만일 이것이 규칙 파괴로서의 죄라면, 죄의 전혀 새로운 차원이다. 왜 냐하면 규칙 파괴자가 자신의 자아 내부의 강력한 대항 세력에 꽉 붙잡혀 있기 때문이다. 아마 이것을 설명하는 최선의 방법은 우리가 **죄에 매여 있기** 때문에 규칙을 파괴한다는 것이다. 다음 장에서 이 문제를 다시 논 할 것이지만 여기서 이야기하는 것은 우리가 죄악된 행동을 피할 수 있다 고 생각할 만큼 실제로 자유로운가 하는 문제이다. 바울은 헌신적인 그리 스도인조차도 죄에 매이지 않으려는 진지한 노력, 하나님의 영의 도움에 의한 노력에도 불구하고 죄의 양식에 매일 수 있다는 것을 말하고 있다. 만일 죄에 대한 이러한 매임이 죄에 대해 혼신의 힘을 기울여 싸우는 사 람에게도 일어날 수 있다면, 싸우지 않고 아예 굴복하는 사람에게는 그것 은 어떠할까? 분명히 그런 사람은 거미줄에 걸린 파리처럼 죄에 완전히 사로잡혀 있는 것임에 틀림없다. 만일 죄가 우리 주위에 죄의 거미줄을 쳤다면, 좋은 소식은 (만약에 좋은 소식이 있다면) 우리가 우리의 행동에 대 해 전적으로 책임지지 않을 수 있다는 것이다. 왜냐하면 책임은 자유와 서로 관련이 있기 때문이다. 그러나 만일 우리가 자유롭지 못하다면, 나 쁜 소식은 어떤 점에서는 죄를 피할 수 없다는 것이다. 그런데 우리에게 참으로 죄를 짓지 않을 수 있는 자유가 없다는 것이 사실일까? 위대한 기 독교 사상가 히포의 어거스틴은 그것을 부정하며 이렇게 말한다. "아무도

인간적인 그리고 인간적인

자신이 피할 수 없는 행동에 의해 죄를 짓지 않는다.”[5] 그럼에도 불구하고 어거스틴 자신은 죄에 매여 있는 경험에 대해 아주 자세하게 썼다. 비록 그것이 죄에 대한 우리의 이해를 철저히 규명하는 것은 아닐지라도, 우리가 죄에 매여 있고 그래서 우리의 소중한 도덕적 자유가 놀랍게도 한계가 있다는 이 생각은 다음 장에서 다루게 될 주제이다.

잘못된 사랑에 대해

죄가 잘못된 방향으로 향한 사랑이라는 것을 잘 간파하여 처음으로 분명하게 표현한 사람은 바로 어거스틴이었다.[6] 헬라 철학의 영향을 깊이 받은 어거스틴은 헬라 철학이 전통적으로 끊임없는 인간의 행복 추구를 크게 강조하는 것에 주목하였다. 예컨대 아리스토텔레스는 그의 윤리학 강의 서두에 “모든 행동과 추구는 어떤 선을 지향한다고 생각된다”, 그리고 이 선은 “잘 사는 것 또는 잘 행하는 것”으로 이해되는 “행복(happiness)”이라고 주장하였다.[7] 현재의 우리 행동을 결정짓는 것은 그것이 우리를 행복하게 만들어 줄거라는 믿음이다. 철학적 작업은 사람들에게 참된 행복이 무엇으로 구성되는지 그리고 가장 잘 추구하는 방법을 이해하도록 돕는 것이다. 이것은 인생 여정에서의 궁극적인 목적지에 대한 아리스토텔레스의 이해였다.

어거스틴은 이 분석을 더욱 심화하여 우리가 행하는 모든 것이 사랑의 표현이라고 주장함으로써 기독교적인 생각으로 좀 더 뚜렷하게 그것을 종합해서 표현하였다. 우리는 자동차와 컴퓨터와 같은 대상을 좋아하고 그 대상이 우리에게 주는 즐거움을 좋아한다. 우리는 우리 자신부터 시작해서 사람을 사랑한다. 우리 중 더러는 하나님 또는 적어도 종교를 사랑한다. 그러므로 우리의 행동은 우리의 사랑을 반영하고 촉진한다. 우리는 우리가 좋아하는 것을 하고, 우리의 행동은 우리의 사랑을 더욱더 깊게 하는 경향이 있다. 그 사랑이 지향하는 것이 무엇이든지, 그것이 골프든지 멋진 식사든지 뉴욕 비행기든지 간에.

아주 극도로 미묘한 형태의 죄는 그릇된 방향으로 향하거나 혼란스러운 사랑이다. 우리는 우리 자신을 너무 많이 사랑하고 다른 사람을 너무 적게 사랑한다. 우리는 물건을 너무 사랑하고 사람을 너무 적게 사랑한다. 우리는 사람들을 사랑하지만 이기적으로 사랑한다. 왜냐하면 그들이 우리를 즐겁게 하기 때문이다. 우리는 하나님을 사랑하지만 그것은 주로 하나님께서 우리를 위해 이미 행하신 것이나 우리가 하나님을 위해 할 수 있는 것 때문이라기보다는 하나님께서 우리를 위해 하실 수 있는 것 때문이다.

이런 죄가 아주 무서운 문제가 되는 것은 우리가 사랑하는 것들은 대부분이 그것 나름대로 사랑스럽다는 것이다. 우리가 선호하는 것들을 사랑하는 것은 잘못이 아니다. 좋은 책이나 멋진 식사나 매우 좋은 그림이나 좋은 시간에 대해 우리가 느끼는 그 감정이 나쁘거나 악한 것이 아니다. 그러나 만일 우리가 이런 어떤 것을 사람보다 더 좋아하거나, 어떤 사람을 하나님보다 더 좋아한다면, 우리의 사랑은 잘못된 사랑이다. 그것은 성경이 우리에게 하나님을 가장 (그리고 먼저) 사랑하고 이웃을 자신처럼 사랑하라고 가르치기 때문이다. 우리가 살면서 여러 가지 사랑의 우선순위를 정하게 될 때, 사랑의 서열에 대한 이런 생각은 신실한 그리스도인에게도 당혹스러운 것이다. 그것을 잘못 생각하면, 하나님을 너무 사랑한 나머지 자기 아내와 아이들을 완전히 무시하는 목사나 자녀를 너무 사랑하여 자기 남편을 무시하는 아내와 같이 심각한 긴장과 왜곡된 행위의 원인이 될 수 있다.

그러나 조금만 잘 생각하면 우리는 사랑의 서열의 진실을 알 수 있다. 불에 타 죽는 자식들을 버려둔 채 텔레비전과 DVD 소장품을 가지고 나오기 위하여 불타고 있는 집 안으로 돌진하는 남자를 우리는 어떻게 생각할 것인가? 또 아내와 자녀들에게는 기약도 없이 자기가 좋아하는 일을 쫓아서 전국을 누비고 다니는 사람을 생각해 보라. (실제로 많은 사람들이 이렇게 하고 있고, 더러는 안타깝게도 먹고 살려니까 선택의 여지가 별로 없어서 이렇게 하고 있다.) 사랑은 모두 평등한 것이 아니다. 어떤 사랑은 다른 사랑보다 훨씬 더 중요하고, 그렇게 취급되어야 한다.

나는 어릴 때 우리 가족이 방문하곤 했던 어떤 친척을 생생하게 기억하고 있다. 그들은 재산이 많았지만 행복하지 않았다. 우리가 그들을 만나러 갈 때마다, 그들에게는 새 차와 멋진 옷과 최신 가구가 있었다. 우리의 오래되고 낡은 물품은 항상 초라해 보였다. 그러나 그들은 행복하지 않았다. 그들은 행복을 찾기 위하여 소비하는 것 같았으나 그러한 행복은 좀 더 많은 상품이 아니라 좀 더 많은 사랑을 통해서만 획득될 수 있다. 에어컨이 있는 멋진 차를 타고 가족 휴가를 간다면 좋겠지만, 나는 매년 여름 믿음직한 낡은 자동차 안에서 내가 사랑하는 가족과 함께 있다는 것에 온전히 감사하게 되었다.

도덕법은 이런 형태의 죄를 대처하기에 좋은 범주가 아니다. 「마태복음」 9장에 나오는 부자 청년의 이야기를 생각해 보면 이것을 알 수 있다.

어떤 사람이 주께 와서 가로되 선생님이여 내가 무슨 선한 일을 하여야 영생을 얻으리이까 예수께서 가라사대 어찌하여 선한 일을 내게 묻느냐? 선한 이는 오직 한 분이시니라. 네가 생명에 들어가려면 계명들을 지키라 가로되 어느 계명이오니까 예수께서 가라사대 살인하지 말라, 간음하지 말라, 도적질하지 말라, 거짓 증거하지 말라, 네 부모를 공경하라, 네 이웃을 네 몸과 같이 사랑하라 하신 것이니라 그 청년이 가로되 이 모든 것을 내가 지키었사오니 아직도 무엇이 부족하니이까 예수께서 가라사대 네가 온전하고자 할진대 가서 네 소유를 팔아 가난한 자들에게 주라 그리하면 하늘에서 보화가 네게 있으리라 그리고 와서 나를 좇으라 하시니 그 청년이 재물이 많으므로 이 말씀을 듣고 근심하며 가니라 예수께서 제자들에게 이르시되 내가 진실로 너희에게 이르노니 부자는 천국에 들어가기가 어려우니라(마 19:16-23).

이 청년은 인습적이지만 진정으로 경건한 유대인이다. 그는 분명히 십계명 중 어느 것도 어기지 않았으므로 책망 받을 일이 없을 것이다. 예수님은 십계명 중 여섯 계명을 차례로 말씀하시고 그 사람은 그 중 어느 것도 어기지 않았다. 그러므로 그의 죄는 규칙 위반의 죄가 아니다. 그러나 그는 어떤 것이 빠져 있다는 것을 알고 있다. 그리고 예수님께서는 그것

인간적인 그리고 인간적인

을 예리하게 지적하신다. 예수님께서 그에게 모든 것을 팔아 가난한 자들에게 주고 그와 함께 순회하는 제자들의 무리에 합류하라고 말씀하실 때 볼 수 있는 것처럼 그는 자기 재물을 너무 많이 사랑한다. 그 사람은 재물이 많으므로 근심하며 갔다고 한다. 그는 재물에 대한 사랑과 그리스도 안에서 하나님에 대한 사랑 사이의 싸움에서 자기 재물을 택한다. 그러므로 예수님이 말씀하시는 것처럼 부자가 바늘귀를 통과하여 천국에 들어가는 것이 심히 어려운 것은 재물이 악하기 때문이 아니라 재물이 우리의 사랑을 이끌어 내어 소진시키기 전에 우리의 사랑이 여러 곳에서 제한될 수 있기 때문이다. 이 점에 있어서 가난한 사람에게 유리한 점은 적지 않다. 사랑할 재물이 없으면 그 사람의 마음이 좀 더 빨리 하나님에 대한 사랑을 나타낼 수 있다.

『고백록 *Confession*』에서 어거스틴은 자신의 생활에서 발견한 잘못된 사랑을 이야기하고 있다. 그는 가장 절친한 친구의 죽음을 이야기하고 있다. 그때 그들은 모두 청년이었다. 친구를 잃음으로 그가 겪게 되는 위로할 길 없는 슬픔에 대한 그의 묘사는 모든 문학에서 가장 뛰어난 통찰력의 하나이다. 이 경험을 반추하면서 어거스틴은 자기의 문제가 친구를 아주 많이 사랑한 것이 아니라 친구를 하나님 안에서 사랑하지 않았던 것이라는 결론을 내리고 있다. 어거스틴은 하나님과 친구의 관계라는 점에서 친구를 생각할 수 없었으므로 그 친구가 누릴 하나님과의 생명의 영원한 운명의 기쁨이 어떤 위로도 되지 못하였다. 대신 어거스틴은 친구의 죽음 때문에 그가 치르게 되는 것, 친구가 떠나 버리고 이제 홀로 남은 것 때문에 괴로웠다. 나중에 성숙한 그리스도인으로서 이 상황을 반성하면

서 어거스틴은 하나님에 대한 사랑이 우리의 모든 다른 사랑의 중심과 절
정이 될 때 비로소 이러한 다른 사랑들이 바르게 정리될 수 있다고 결론
을 내렸다.

하나님과 단절된 죄

어리석은 자는 그 마음에 이르기를 하나님이 없다 하도다
저희는 부패하고 소행이 가증하여 선을 행하는 자가 없도다
여호와께서 하늘에서 인생을 굽어 살피사
지각이 있어 하나님을 찾는 자가 있는가 보려 하신즉
다 치우쳤으며 함께 더러운 자가 되고
선을 행하는 자가 없으니 하나도 없도다(시 14:1-3).

성경은 하나님을 배척하는 것이 궁극적인 죄이며 다른 죄들의 기초라
는 주장을 굽히지 않는다. 우리를 지으시고, 우리의 생명을 보존하시고,
우리에게 모든 좋은 은사를 주시고, 그의 도덕적인 뜻을 우리에게 계시하
시고, 우리의 모든 행위를 감찰하시고, 우리의 영원한 구원을 예비하시
고, 산 자와 죽은 자를 심판하시는 하나님께 등을 돌렸기 때문에 인간은
죄인이다.

이러한 하나님을 배척하는 것은 성경의 표현대로는 현실을 부정하는
것일 뿐이다. 성경에 나오는 사람들의 삶에서 하나님의 존재에 관한 논의

인간적인 그리고 인간적인

는 없지만 그 대신 하나님을 섬기고 찬미하는 최선의 방법이 제시된다. 하나님을 믿는 우리들과 마찬가지로 성경의 인물들에게도 하나님을 부인하는 것은 현실을 부인하는 것이고 자신의 존재의 근원을 부인하는 것이며 진정한 감사의 원천을 부인하는 것이고 하나님의 심판과 진노를 초래하는 것이다.

하나님을 부인하는 것은 도덕적 진리를 멀리하는 것이기도 하다. 이것이 「시편」 14편의 주제이고, 이 주제는 신구약 성경에서 메아리치고 있다. 어리석은 자는 하나님이 없다고 말하고 그들은 부패하고 가증스럽다. 하나님과 하나님의 율법을 거역하고 자기 생각대로 하는 어리석은 자는 점점 더 타락하고 그 소행은 점점 더 가증스러워진다. 하나님은 도덕적 생활 풍경에 빛을 비추는 태양과 같다. 태양이 지면, 땅은 깜깜해지고 사람들은 보지 못함으로 방향을 잃고 이리저리 방황하게 된다. 최종 결과는 더없는 어리석음이다.[8]

바울은 「로마서」 1-2장에서 똑같은 주장을 자주 하고 있다. 「로마서」에서 그는 이스라엘의 하나님에 대해 한 번도 들은 적이 없는 사람도 세상과 그들의 양심에서 그들에게 분명하게 알려진 것을 통하여 하나님의 뜻과 속성에 관한 증거를 충분히 접했다고 주장한다. 그러나 이교 세계의 사람들은 그 지식을 거부하였고, 마침내 그것을 상실하였다. "미련한 마음이 어두워졌나니"(롬 1:21). 그들은 예배와 도덕에서 "하나님의 진리를 거짓 것으로 바꾸어"(1:25) 낭떠러지로 굴러 떨어져 도덕적 영적인 파멸을 당하게 되었다. 그들의 인생 여정은 전인성이 아닌 파멸로 끝났다.

바울에게 영향을 받은 기독교 전통은 「시편」 14편의 해석과 「시편」

14편이 제기하는 문제에 대해서 유대교와 결정적으로 갈라서게 되었다.
바울은 「로마서」 3장(참조 10-12절)에서 이 「시편」을 인용하여 참으로 "모
든 사람이 죄를 범하였으매 하나님의 영광에 이르지 못하더니"(3:23)라
고 진술하였다. 「시편」 14절에서 말하는 것처럼, 글자 그대로 읽으면, 의
인은 없나니 단 하나도 없다. 우리는 모두 길을 잃었고, 우리는 모두 비뚤
어졌고, 우리는 모두 우리의 길을 손상시켰고, 우리 중 한 사람도 선을 행
하지 않는다. 바울에게는 이것이 유대인과 비유대인이 똑같이 예수 그리
스도 안에서 유효한 구원이 필요하다는 결정적인 증거였다. 이 구원은 우
리의 많은 죄를 용서할 뿐만 아니라 새로운 도덕적 삶을 살 능력을 주기
시작한 것을 의미한다. 신자에게는 적어도 태양이 다시 비추기 시작할 것
이다. 도덕적인 풍경은 세상의 빛이신 예수 그리스도로 말미암아 성령의
능력에 의해 빛을 받게 될 것이다.

　유대인 전통에서는 「시편」 14편을 이렇게 이해하지 않았다. 유대인 전
통에서는 하나님과 하나님의 방법을 거부하는 사람들과 그렇지 않은 사
람들로 이루어져 있는 족속으로 보았고, 계속 그렇게 본다. 우리는 우리
모두에게 미치는 만연된 원죄로부터 구출되는 것이 필요한 것이 아니라
하나님을 사랑하고 하나님의 방법을 배워 바르게 행하는 것이 필요하다.
우리 모두의 속에는 선한 본능과 악한 본능이 맞서고 있어서 만일 우리가
바른 선택을 하면 선한 본능이 우세해질 것이다. 그러므로 유대인 전통에
서는 "내가 죄인인가?"라는 질문에 "만일 내가 죄를 선택하면, 그렇다"고
하는 것이 가장 좋은 대답이다. 그러나 고전적 기독교 전통은 그 질문에
대해 명쾌하게 그렇다고 대답한다. 우리 중 가장 선한 사람도 죄인이며

예수 그리스도에 의해 구원을 받아 성령의 능력을 힙입어 사는 생활을 하고 있는 사람들조차도 죄인이다. 어거스틴이 말했듯이, "하나님 사랑과 이웃 사랑과 참된 경건에 아무리 진보가 있을지라도, 이생에서 살고 있는 동안에는 죄가 없다는 것을 생각지 말라."[9]

이것은 인간의 상태를 비관적으로 보는 시각이고 확실히 논쟁거리이다. 그러나 우리가 이 장에서 생각한 죄의 형태들을 다시 살펴보면, 이러한 어거스틴의 비관주의가 더 낫다. 우리가 타락했기 때문에 우리는 죄인이며, 탄식하는 타락한 세상에 살고 있고, 이 세상의 혼돈은 우리와 우리가 행하는 모든 것에 영향을 미친다. 우리가 관계를 깨뜨리고 (마음을 상하게 하고) 심지어 우리에게 가장 소중한 것까지도 깨뜨리기 때문에 우리는 죄인이다. 우리가 우리 스스로 진심으로 믿기도 하는 도덕법을 위반하고, 죄의 양식(patterns of sin)에 매이기까지 하므로 우리는 죄인이다. 우리의 사랑이 잘못된 방향으로 향하여 잘못되었기 때문에 우리는 죄인이다. 우리가 우리를 지으신 하나님과 그의 방법을 배척하기 때문에 또는 우리가 믿는다고 고백하면서도 실천적 무신론자로서 살기 때문에 우리는 죄인이다. 이처럼 우리는 마치 어두운 방 안에서 우왕좌왕하며 자신과 불행히도 우리의 길에 끼는 모든 사람을 상하게 한다.

기독교 신앙에는 분명히 소망이 있다. 우리가 죄인이라는 그 사실은 우리에 관해 말할 수 있는 최후의 말이 아니다. 우리의 여행이 그렇게 비극으로 끝나서는 안 된다. 인간은 언젠가는 그 자체가 완전히 회복될 창조 속에서 위엄 있고 타락한 것에서 회복되고 있는 하나님의 손상된 형상을 가진 자이다. 그것이 전체 줄거리이고, 각 부분이 중요하다.

제 5 장

나는 실제로
자유로운가?

신적이며 영적인 것에서 우리에게 자유 의지는 없다.
– 마르틴 루터

우리는 자유 의지를 믿어야 한다. 거기에는 선택의 여지가 없다.
– 아이작 바셰비스 싱어(Issac Bashevis Singer)

나는 몸에는 정말 해롭지만 맛있는 음식을 좋아했다. 특히 크림이 듬뿍 들어 있는 것은 정말 유혹적이다. 그러나 최근 본성을 억제하지 못하는 자신을 보며 크림과의 전쟁을 시작하였을 때, 나는 이렇게 큰 만족을 주는 것을 끊겠다고 맹세하였다. 나는 식품점에서 크림을 절대로 사지 않고 설사 다른 사람이 나와 함께 있을지라도 크림 같은 것을 절대로 사지 않는다.

그런데 이상한 일이 일어났다. 우리 집에서 곧장 내려가는 길에 있는 주유소에 자동차 기름을 넣으러 갈 때, 이따금 나는 유혹을 이기지 못하고 크림이 든 것을 하나씩 산다. 얼마 동안 나는 주유소에 갈 때마다 단

것을 조금씩 먹게 되었다. 그 다음 나는 용건이 있을 때마다 주유소에 들러 단 것을 살 방법을 모색하고 있는 것을 깨달았다.

내가 다이어트와 건강에 관하여 특별한 결심을 굳게 하고 있을 때, 나는 여전히 주유소에 갔지만 내가 아주 좋아하는 달콤하면서 끈적끈적한 큰 것보다는 '저칼로리'로 사곤 하였다. 나는 좀 효력이 있는 것으로 느꼈지만, 여전히 단 것을 먹었다. 사실상 나는 과자를 먹고 있었다.

결국 나는 시간이 흐르면서 내가 마치 차에 시동이 걸릴 때마다 내부 테이프에 기록되는 것처럼 자신을 어떤 행동 양식에 길들이고 있다는 것을 깨달았다. 데이비드 거쉬, 용무가 있어 나갈 때마다 주유소에 들러 즐거움을 주는 것에 돈을 쓴다. 나는 그 사실을 알아차릴 때까지 로봇처럼 매번 이렇게 하였다. 심지어 알고 나서 그렇게 하지 않으려고 할 때조차, 때때로 나는 불가항력의 저항할 수 없는 충동 같은 것을 느꼈다. 나는 매번 나 자신이 바로 이런 상황에 말려드는 것을 실제로 주목할 수 있었다. 즉, 용무가 있어서 차를 탈 때 주유소에 들러서 어떤 것으로 살지 씨름하다가 결국 사서 즐거움(얼마나 달콤하고 맛있는가!)과 죄책감(너는 자제할 줄 모르는 뚱보야!)이 교차하는 가운데 그것을 먹는 충동을 느낀다.

이 패턴이 내 마음속에 야기된 근본적인 문제라는 것을 인정하면서, 내가 주유소에서 멈추지 않고 트윈키(Twinkie: 크림이 잔뜩 든 스폰지 케익) 통로까지 무작정 나아가는 것을 참으로 자유롭게 할 수 있었고 또 할 수 있는가? 여러분은 여러분의 삶에서 일상적으로 하는 것을 자유롭게 그만둘 수 있는가? 여러분은 마땅히 해야 한다고 믿는 것을 자유롭게 시작할 수 있는가? 더욱 광범위하게, 우리는 우리가 보통 '선택'이라고 부르는 것을 자유롭게 할 수 있는가? 우리는 대부분 우리가 자유롭다고 생각하지만 우리가 정말로 자유로운가? 실제로 우리의 행동을 결정하는 힘 이면이나 아래나 위에 있는 힘이 있는가? 여러 가지 대안들 가운데 우리가 자유롭게 선택했다고 생각하는 그것이 실제로는 전혀 자유로운 선택이 아니라고 볼 수 있을까?

인간의 자유의 실체와 범위는 인간성에 대한 어떤 설명에서든 고려되어야 할 중요한 문제이다. 이것은 (내가 그랬던 것처럼) 개인이 억제하기 힘든 세력에 붙잡혀 있으나 아직은 완전히 붙잡혀 있지 않은 자신을 발견한 어떤 사람이든 예민하게 다루어야 할 문제이다. 자유는 전인성에 대한 우리의 요구와 모든 것이 관계가 있다. 왜냐하면 자유는 책임자가 누구인가에 관한 문제를 제기하기 때문이다.

이 장에서는 적어도 인간의 도덕적 자유를 한정된 것으로 보고 있는 기독교적 설명을 하기 전에 우리가 흔히 생각하는 것만큼 우리의 선택에서 우리가 자유롭지 않다고 주장하는 관점을 살펴보면서 이 문제들을 다루고자 한다. 이것은 인간성과 우리의 인생 여정에서 전인성을 발견할 우리의 가능성을 이해하는 데 치명적일 정도로 중요한 문제이다.

하나님께서 모두 하신다

기독교 사상사에서 대부분 사람들은 하나님께서 이 지구에서 일어나는 모든 것을 결정하신다는 생각에 관심을 가졌다. 어떤 일이 일어나면

인간적인 그리고 인간적인

그것은 하나님께서 하신 것이다. 그 생각에서 볼 때 하나님께서 인간의 결정도 결정해야 한다는 가정으로 나아가는 것은 논리적인 큰 비약이 아니다. 그런 것이라면, 우리가 참으로 자유롭지 않다거나 자유롭지만 우리의 자유가 우리가 보통 자유가 의미하는 것으로 이해하는 어떤 것과도 같지 않은 희석된 것이라고 결론을 내리는 것이 논리적이다.[1] 어느 쪽이든, 비록 우리가 우리의 인생 여정을 계획하고 있다고 생각하지만, 어떤 점에서 자신이 방향을 정한다는 느낌은 착각이다.

모든 사건들을 하나님께서 결정하신다는 뛰어난 통찰력은 부분적으로 성경 해석을 통하여 성립된 것이다. 많은 이야기들이 그 줄거리 속의 인간들은 깨닫지 못할지라도, 또는 비록 인간들이 아주 다른 결말을 이루고자 할지라도 하나님께서 그 상황의 과정을 결정하셨다는 생각을 전달한다. 현저한 예가 「창세기」 37-50장에 나오는, 형들의 미움을 받아 물 없는 웅덩이에 던져져서 죽게 되었다가 결국 노예로 팔리게 되었던 조숙하고 유능하고 매력적인 이스라엘 청년 요셉의 이야기이다. 일련의 특별한 사건들을 통하여 요셉은 결국 애굽의 총리가 되었고 그를 미워하였던 바로 그 형들의 운명을 결정할 사람이 되었다. 전체 줄거리는 하나님께서 특별한 목적을 위하여 이러한 사건들을 움직이셨다는 것과 인간은 하나님의 뜻을 방해할 수 없었다는 관점에서 진행되었다. 인간이 자기 나름대로 결정을 하지만 더 강력한 숨은 뜻이 있어서 그 뜻대로 사건이 움직여진다. 이 장엄한 이야기의 절정에서 요셉이 말하고 있는 것처럼, "당신들은 나를 해하려 하였으나 하나님은 그것을 선으로 바꾸셨다."(창 50:20) 그리고 하나님께서 의도하시는 것이 성공을 거둔다.

그 점은 「출애굽기」에서 다음에 나오는 일련의 이야기들에서 훨씬 더 부각된다. 요셉은 오래 전에 죽었고, 유대인들은 집단 학살을 하려는 애굽의 바로 밑에서 노예 생활을 하고 있다. 하나님께서 이스라엘의 지도자 노릇을 하도록 모세를 부르셔서 그를 바로에게 보내어 "내 백성을 보내라"(출 5:1)고 말하게 하신다. 그러나 애굽은 농작물 피해와 물에 악취가 나고 짐승과 사람이 죽는 등 망연자실케 하는 하나님의 심판으로 재난을 당하게 되지만 바로는 전혀 유대인들을 보낼 마음이 없다. 성경은 하나님께서 "바로의 마음을 강퍅케 하셨다"(4:21)고 분명하게 이야기한다. 그래서 바로가 굴복하려고 하지 않는 것이다. 그럼에도 불구하고 하나님의 명령을 완고하게 저항한 것은 시종일관 바로가 비난받아야 할 몫이다. 그 결말은 성경에서 이야기된 대로 이스라엘 역사에서 결정적인 사건인 유대인의 출애굽(the great Exodus)이다. 이것이 암시하는 것은 요셉의 이야기에서 암시하는 것과 똑같다. 즉, 우리는 우리가 스스로 결정을 내리고 있다고 생각하지만 하나님께서 사건들을 지시하고 계신다. 우리의 선택과 어떤 신비스러운 상호 작용이 있지만 그럼에도 불구하고 하나님께서 담당하시고 우리는 그의 연극에서 역할을 맡은 배우들이다.

또한 이 관점은 기독교 전통의 유산인 모든 사건의 신적인 지시(divine direction)를 말하고 인간의 자유를 축소하는 하나님에 관한 어떤 신조들로부터 논리적으로 연역될 수 있다.

1. 성경은 하나님께서 전능하시다고 말씀한다. 하나님은 그가 하고자 선택하시는 무엇이든지 이루시는 완전한 능력이 있다(시 115:3;

인간적인 그리고 인간적인

135:6; 욥 42:2; 단 4:35; 엡 1:11).

2. 성경은 또한 하나님께서 땅과 땅에서 사는 모든 것을 다스리시는 주권자이다. 그는 그가 만드신 세상의 의심할 여지가 없는 통치자이다(시 10:16,24; 롬 11:36 등등).

3. 그러나 만일 하나님께서 결정하지 않으신 사건이 땅에서 일어날 수 있다면, 하나님은 전능하시지도 않고 주권자도 아니다. 그런 경우에는 그의 힘이 제한적이어야 하고, 그의 통치가 약간 덜 절대적이어야 한다.

4. 이러한 주장은 성경과 일치하지 않는다.

5. 그러므로 하나님께서 모든 사건들을 결정해야 하신다.

많은 사람들이 하나님께서 일어나는 모든 것을 결정하신다는 인생관은 성경의 증거에 들어맞을 뿐만 아니라 악과 위험이 도사리고 있는 세상 앞에서 무한히 위안이 된다는 것을 알고 있다. 장로교 정치 제도를 세웠고 하나님께서 모든 사건을 지시하신다는 숭고한 관점을 강하게 견지한 16세기의 신학자 존 칼빈은 이러한 입장의 고무적인 안전과 그가 고찰한 바 이 세상에서 어떤 것이든 하나님의 결정 범위 밖에서 일어날 수 있다는 믿음의 두려움을 대조하여 뚜렷이 드러나게 하였다.

"하나님의 전능하심에 오직 찬양을 돌리는 자들은 그로 말미암아 이중으로 이득을 얻는다. 첫째, 하늘과 땅이 그의 것이고 손짓만으로 만물을 아주 민감하게 복종시키는 그분에게는 능히 선을 행하실 능력이 있다. 둘째, 그 근원이 어떠한 것이든, 우리가 두려워하는 것이 당연한 모든 해로운 것들이 그의 뜻에 복종하기 때문에 그의 보호하심 속에서 안전하게 쉴 수 있다."[2]

이러한 입장을 이해하고 인정할지라도, 궁극적으로는 (적어도 최강의 형태로는) 오늘날 대부분의 그리스도인들은 이것에 만족하지 않는다. 다양한 반대의견 중에서, 가장 설득력 있는 것은 다음의 세 가지이다.

- 하나님은 사랑이 있고 선하시므로 하나님이 바로 세상에서 일어나는 무수한 포악한 악한 사건들의 장본인 또는 원인이라는 생각을 받아들이기는 매우 어렵다. (유대인 대학살이 가장 고통스러운 단 하나의 예일 것이다.) 우리는 하나님의 선하심을 포기하면서까지 하나님의 전능하심에 대한 교리를 지지할 수 없다.

- 모든 인간에게 일어나는 사건들과 결정을 인간이 아니라 하나님 탓으로 돌리는 것은 사람들에게 그들의 행동에 대한 도덕적인 책임을 물을 수 없게 만드는 듯하다. 만일 우리가 이 견해를 받아들이면, 모든 성경의 (그리고 아버지와 어머니와 교사와 그 밖의 모든 사람의) 도덕적 권면이 무의미하게 될 것이다. 우리는 인간의 도덕적 책임을 포기하면서까지 하나님의 전능에 대한 교리를 지지할 수 없다.

- 적어도 우리가 우리의 선택에서 중요한 범위의 자유를 가지고 있다는 우리의 인식이 완전히 착각으로 처리된다면 그것은 우리의 모든 인식을 의심하는 것이다. 우리는 인생의 기로에 직면하여 선택해야만 하고 선택하는 바 우리 인간의 인식과 경험의 압도적인 증거를 포기하면서까지 하나님의 전능에 대한 교리를 지지할 수 없다. 동

인간적인 그리고 인간적인

일한 문제는 철학적 또는 과학적 관점의 차이 때문에 인간의 자유를 착각으로 간주하는 자들이 우리가 직면하게 되는 지성의 반대편에 존재한다. 양쪽 모두에서, 우리는 우리 자신이 선택하고 있는 매일의 증거를 내버리지 않을 수 없고 결과적으로 인생의 의미를 축소하게 된다.

만일 우리가 하나님께서 모든 사건의 진로를 결정하신다는 가정을 바꾸게 되면, 성경을 믿는 그리스도인으로서 우리는 하나님이 역사를 주권적으로 지시하신 것과 인간의 사건 및 하나님의 선하심과 인간의 선택의 중요성에 관하여 상반되는 주장을 조정하는 길을 모색해야할 것이다. 내가 보기에 최선의 선택은 비록 하나님께서 우리가 하게 될 모든 선택을 미리 아시고 직접 (우리에게 도덕적으로 악하게 보이는 어떤 사건들을 포함한 – 참조 삼상 16:15; 삼하 24장) 어떤 사건들을 일으키시지만, 그는 인간의 선택들을 비롯한 다른 사건들을 (지시하기보다는 오히려) 허락하기로 결정한다고 보는 것이다. 예를 들어, 아담과 하와를 생각해 보자. 그들은 그들의 자유를 잘못 행사하여 인류를 죄에 빠지게 하였다. 「창세기」 1-3장을 읽으면 하나님께서 그 불순종을 지시하였다고 말하기 어렵다. 그러나 하나님은 분명히 그것을 허용하셨다. 만일 이것이 하나님께서 주로 일하시는 방법이라면, 우리는 하나님께서 전능하시고 주권적이시면서 또한 진정한 인간의 자유의 그 개념을 보호하고 계신다고 말할 수 있다. 이것은 적어도 이 어려운 딜레마에 대한 한 가지 해결이다.

성경과 역사에서 우리는 (요셉의 이야기나 예수님을 배반한 유다의 이야기에서처럼) 인간이 그들 자신의 이유로 선택을 하지만 하나님께서 이러한 선택을 하나님의 뜻대로 사용하시는 일종의 패턴을 볼 수 있다. 이런 관점에서 보면 하나님은 실제로 주권적이고, 삶 속에서 매일 발생했다가 사라지는 사건들로부터 우리가 인식할 수 있는 것보다 실제로 더 많이 일어나고 있지만 대부분 인간의 선택들은 여전히 자유롭고 의미 있다.[3] 이것은 우리가 삶속에서 전인성을 추구하면서 내리는 그 결정들—지혜로운 결정이든 지혜롭지 못한 결정이든—의 의미를 보존한다. 동시에 이것은 우리로 하여금 우리가 모르는 어떤 다른 차원의 활동의 실체에 주의하게 한다.

마귀가 그렇게 하도록 시켰다

이와 관련해서 완전히 정반대이지만 어떤 점에서는 현저하게 비슷한 생각은 마귀가 때때로 우리의 행동을 장악하고 우리의 자유를 강탈하여 비도덕적 선택들을 하게 한다는 믿음이다. '마귀가 시켰다'는 옛말을 일소에 부치기 쉽지만, 사탄, 마귀, 바알세불 혹은 당신이 원하는 대로 부르는 그 존재가 건재하고 인간의 결정에 영향을 미치고 있다고 확신하는 사람들은 얼마든지 볼 수 있다.

악한 영들과 초자연적인 악한 존재들에 대한 믿음은 기독교 전통 안팎에서 볼 수 있다. 사탄은 구약 성경에서 불과 몇 번 언급될 뿐이고 「욥기」에 가장 많이 나온다(「욥기」에서 그는 욥의 대적자 노릇을 하고 있고 욥에게 일어난 일련의 모든 불행한 사건들을 일으키는 자다). 그러나 신약 성경에서는 '사탄', '마귀', '귀신들'로 번역된 단어들이 140번 이상 언급되었다. 본질적으로 사탄은 하나님과 유사하지만 동등하지는 않은 것으로 간주되고, 추종하는 낮은 단계의 악마 같은 존재들과 그 사자들을 지배하는 초자연적인 악한 존재이고(마 25:41), 악한 나라를 수립하기 위하여 힘을 쏟는다(12:26). 하나님께서 세상에서 행하시고 하고자 하시는 것이 어떠한 것일지라도 사탄은 방해하고자 한다. 하나님께서 그의 계획을 앞당기기 위하여 어떠한 초자연적인 자원들을 효과적으로 줄 수 있을지라도, 사탄은 반대편에서 유사하지만 덜 강력한 것들을 모색한다.

특히, 신약 성경에서 사탄은 복음을 듣지 못하게 하고(막 4:15), 인간의 고통과 질병이 생기게 하고(눅 13:15-16; 고후 12:7), 사람들의 혼이나 몸을 점유하고(마 4:24), 예수님과 그를 따르는 자들을 대항하여 여러 가지 음모와 책략과 속임수와 함정을 만들고(마 4:1-11; 고후 11:14; 딤후 2:26), 여러 전도 사업에 악한 영들을 보내고(계 18:2), 사람들을 이용하여 다른 사람들을 유혹하거나 시험하고, 그렇지 않으면 예수님을 포함하여 사람들을 직접 유혹하고(마 4:1-11; 16:23), 기독교 선교사들의 합당한 계획들을 방해하고(살전 2:18), 죽음의 세력을 잡고 있는 것(히 2:14)으로 묘사한다.

신약 성경은 사탄이 인간을 지배하는 (또는 지배하려고 하는) 방식들을 여러 가지로 묘사하고 서술한다. 그는 굳은 결심으로 하나님을 대적하고, 악을 촉진하고, 할 수 있는 대로 많은 사람들을 설득하여 자기 목적을 따르게 한다. 세계 도처에서 싸움을 일으키는 반란군과 게릴라처럼 확고하지만 열세한 적들에게서 흔한 유혹과 오도와 기만과 책략을 추구하는 사탄은 "두루 다니며 삼킬 자를 찾는"(벧전 5:8)자로 묘사된다. 그는 인간의 약점을 캐내고 "틈"(엡 4:27)을 엿본다. 그는 특히 신자들을 그들의 주이신 그리스도에게서 강탈하기 위하여 그리스도를 믿는 신자들의 믿음과 확고함과 도덕적 목적을 시험하는 것에 관심이 있다(눅 22:31 ; 고전 7:5).

일단 틈을 엿보게 되면, 사탄은 그 사람이 저항하지 않는 한 더욱 더 그 사람의 영역과 행동을 마음껏 지배하고 확대한다. 이것은 때때로 복음서에서 귀신이 들었다는 말로 표현된다. 사탄의 세력에 아주 깊이 사로잡힌 자들은 단순히 한 귀신이 영적으로 거주하고 있는 것이 아니라 많은 귀신들이 거주하는 것으로 묘사된다(막 5:1-20).

아마 가장 현저한 예라 할 수 있는 것들에서, 사탄은 가룟 유다에게 "들어가"고(눅 22:3) 땅을 판 것에 관하여 사도들을 속이려다가 그 일로 죽임을 당한 부부 아나니아와 삽비라의 "마음에 가득"(행 5:1 이하)한 것으로 묘사되었다. 이 사람들은 그들 나름의 이유 때문에 사탄의 유혹에 넘어가기 쉬웠다. 사탄은 그들의 취약한 방어를 뚫고 들어가서 자기 집처럼 삼을 수 있었다. 물론 그들이 늘 굴복당하는 것만은 아니다. 예수님은 세상을 알곡과 마귀가 심은 "악한 자의 아들들"인 가라지가 가득한 밭과 같다고 말씀하신다(마 13:38-39). 인간을 추적하여, 사탄은 아주 큰 성과를 얻는다.

그럼에도 불구하고, 사탄은 저항할 수 없는 것으로 묘사되거나 하나님보다 강한 존재로 간주된 적이 단 한번도 없다. 사탄은 인간이 그에게 기회를 주고 저항하지 않을 때만 비로소 인간의 선택을 지배한다. 어떤 삶 속에서 귀신들이 날뛰지만, 반드시 그렇게 되는 것은 아니다. 성경은 사

인간적인 그리고 인간적인

탄이 기회를 노리고 어슬렁거리고 있지만 그를 물리칠 수 있고, 최소한 피할 수 있다는 것을 지속적으로 이야기한다. "마귀를 대적하라 그리하면 너희를 피하리라"(약 4:7). "마귀로 틈을 타지 못하게 하라"(엡 4:27). 이러한 권고는 만일 인간이 (적어도 예수 그리스도를 믿는 인간이) 사탄의 책략과 유혹과 음모를 저항할 힘이 없다면 무의미한 말일 것이다.

더욱이 신약 성경은 많은 예를 통해 하나님의 힘이 사탄의 힘보다 더 크다는 것과 하나님의 나라가 이길 것이고 이기고 있다는 것을 많은 선언한다. "주여 주의 이름으로 귀신들도 우리에게 항복하더이다"라고 제자들이 말할 때 예수님은 그들과 함께 기뻐하며 "사단이 하늘로서 번개같이 떨어지는 것을 내가 보았노라"고 하신다(눅 10:17-18). 이 사탄의 죽음의 시기는 신약 성경에서 가장 난해한 문제 중 하나이다. 여기서 동사의 시제가 문제가 된다. 즉, 사탄은 그리스도의 사역에 의해 패배를 당하였다(과거). 사탄은 패배를 당하고 있다(현재). "평강의 하나님께서 속히 사단을 너희 발 아래서 상하게 하시리라(미래)"(롬 16:20). 사탄은 우주적인 구속이 절정에 달하는 마지막 때에 영원히 멸망될 것이다(계 20:10).

결과적으로 다음과 같이 된다. **하나님의 뛰어난 능력과 그리스도의 구속 사역에 비추어 볼 때, 사탄은 어떤 사람의 삶이든지 지배할 수 없다.** 사탄이 사람들을 자신의 먹이로 삼는 데 어느 정도 성공하는 것은 그가 여전히 우리의 방어의 약점을 열심히 찾고 있기 때문이고 우리 모두에게 그러한 약점이 여전히 있기 때문이다. 그러므로 비록 우리가 그 문제에 선택의 여지가 없는 듯이 보일지라도 우리는 "마귀가 나에게 그렇게 하도록 했다"고 말해서는 안 되는 것이다. 그 선택이란 마귀에게 틈을 주든지, 마귀로 하여금 그의 지배를 확대하게 내버려두는지, 저항을 하지 않고 마귀가 멋대로 하게 하든지 하는 것이다. 결국 사탄에게 사로잡힌 사람에게는 도덕적 자유가 거의 남아 있지 않을 것이다. 그러나 비록 그렇다 하더라도, 그 사람이 먼저 사탄이 영향력을 행사할 수 있는 선택들을 한 것이다. 바로 이 때문에 아나니아와 삽비라의 사건에서 베드로가 그들의 마음에 사단이 "가득하다"고 말하면서도 또한 "어찌하여 이 일을 네 마음에 두었느냐"(행 5:3-4)고 말할 수 있는 것이다. 아나니아와 삽비라는 사탄에게 사로잡혀 있기도 하고 도덕적으로 그들의 행동에 대한 책임이 있기도 있다. 그리고 이것은 인간이 어떻게 하나님의 지시 하에 있으면서 동시에 자신의 행동에 대해서도 완전히 책임을 질 수 있는가 하는 우리의 초기 논의에 대한 유익한 비교가 될 수 있다.

마귀에 대한 일세기의 관점은 20세기 후반인 오늘날에도 유효한가? 대부분의 사람들, 특히 계몽주의의 과학과 합리주의의 영향을 받은 사람들은 마귀에 대한 어떤 생각도 거부하고 단지 은유나 신화적인 것으로 간주하여 지금도 남아 있는 일종의 원시적인 악의 의인화로 본다.

대부분의 그리스도인들, 특히 앞에서 논의한 신적인 결정론에 큰 관심을 가지는 사람들은 성경에서 마귀의 영역을 상당히 다루고 있다는 것을 인정하기를 꺼린다. 초기 어거스틴과 같은 기독교 사상가들은 하늘의 영역을 인간사를 지배하기 위하여 싸우고 있는 대등한 두 세력이 차지하고 있다고 보는 우주적 이원론을 강력히 반대하였다. 그들은 하나님의 의심할 나위 없고 도전할 수 없는 힘을 강조하는 관점에서 사탄에 대한 성경의 설명을 다루는 방법을 모색한다. 현대의 그리스도인들이 더러 미덥지

인간적인 그리고 인간적인

않은 텔레비전 복음 전도자들과 다른 감흥 없는 인물들에 의해 조장된 견해처럼 마귀가 주변 구석구석에 있는 것으로 이해하는 순진하고 속기 쉬운 어떤 기독교 극단론자에 의해 옆길로 빠졌다. 이 때문에 많은 진지한 사람들이 그 세계관을 무가치한 것으로 생각하고 관심을 가지려고 하지 않는다.

지금까지 이야기한 것에도 불구하고 여전히 제프리 다머와 아돌프 히틀러와 조셉 스탈린과 이디 아민과 오사마 빈 라덴과 온갖 성추행자와 사기꾼과 학대하는 사람과 살인자와 거짓말쟁이가 있다. 그들의 삶에서 악의 지배를 발견하기란 어렵지 않다. 더구나 우리는 극악무도한 자들이 어떻게 유혹을 받게 되었는지, 그들의 도덕적 저항력은 또 어떻게 점진적으로 또는 급격하게 무뎌졌는지 그리고 우리의 마음과 삶에서 도덕적이고 영적인 질병과 악이 어떻게 자라게 되었는지를 알기 위해 불쾌하게 직접 조사해 볼 필요도 없다. **대부분의 사람들은 악을 바로 가까이서 보았고 악을 얕보지 않는다.** 이 과정을 의인화하거나 귀신들이 입맛을 다시며 우리를 삼키려고 하는 우주의 영역을 상상하는 것은 정말이지 불쾌한 일이다. 여러 해 동안 아돌프 히틀러와 나치주의를 공부한 뒤에 나는 인격적인 사탄에 대한 신약 성경의 설명을 다시금 명확하게 재확인하게 되었다. 그것은 히틀러와 그의 최고의 조력자 몇몇이 경솔하게 불가해한 짓을 했다는 차원이 아니다. 그의 생애에 대한 좀 더 면밀한 연구에서는 하나같이 그의 어두운 혼과 그에게서 가장 두드러지는 것으로 사람들을 지배하는 그의 어두운 능력이 나타난다고 본다. 그 궁극적인 결과가 파괴적인 것은 두말할 필요도 없다. 아무리 이 문제가 해결될지라도, 우리 가운데서 마귀적인 세력의 실체에 관하여 아주 실제적이고 확실한 어떤 것이 있다는 것을 부정할 사람은 거의 없다. 그것은 우리의 자유의 실체나 우리의 선택의 의미심장함이나 하나님의 능력과 주권을 없애지 못한다. 그러나 그것은 우리가 우리 마음과 삶을 죄에게 그리고 결국에는 악에게 개방할 때 어떤 일이 일어날 수 있는지를 우리에게 보여 준다.[4]

중독과 강박 충동

옛날에 비해서 오늘날은 마귀의 개념을 문자적으로 받아들이려는 사람들이 별로 없지만, 마귀가 우리 삶에서 틈을 엿보는 방법에 대한 설명은 중독적이고 강박 충동에 사로잡힌 행동의 현상을 생각한 사람들에게 아주 생소하지는 않을 것이다.

편의점에 가서 물건을 사거나 강박 충동으로 인해 손을 씻는 행동이나 중독적인 도박이나 자해나 포르노나 알코올 중독이나 강간이나 흡연이나 마약 중독이든지 간에, 인간성이 습관적인 파괴 행동에 쉽게 영향을 받는다는 증거는 많다. 이러한 파괴적인 습관은 우리의 방어의 약점과 틈을 찾는다(또는 만든다). 그것은 제어되지 않으면 우리의 행동을 점점 더 장악할 수 있다. 이 말이 불쾌하게 들린다면, 중독과 강박 충동의 사전적 정의를 생각해 보라. 중독은 "그 행동을 중지하면 심각한 불안이 야기될 정도까지 습관에 내맡긴 상태"이다. 강박 충동도 유사하게 "자기 의지에 반하는 행동을 하는 강력하고 종종 억제할 수 없는 충동"이다. 양쪽 경우에,

인간적인 그리고 인간적인

중독 또는 강박 충동적 사람은 자신이 집착하고 있는 것 말고 다른 것을 할 자유를 차츰 잃어버린다. 충동이 의지를 유린한다. 다시 말해 의지가 아주 깊이 침해를 당하여 뒤집을 수 없는 (또는 거의 그러한) 습관에 내맡기거나 포기한다.

중독은 가장 비참한 인간의 경험 중 하나이다. 우리는 중독성의 양식을 취하고 있는 우리 자신이나 다른 사람을 보는 것이 버릇처럼 되어 있지만 뒤로 물러나서 중독이 실제로 어떤 곤란한 상태인지 살펴보는 것이 좋을 것이다. 나는 계속 줄담배를 피우는 많은 사람들을 생각한다. 그들은 담배의 파괴적인 영향력을 충분히 알고 있지만 그 같은 행동을 완전히 멈출 수 없다. 과식, 음주, 많은 습관들도 역시 마찬가지이다. 중독으로 인하여 자유는 점차 때로는 완전히 상실된다. 사람이 습관을 지배하기보다는 오히려 습관이 사람을 지배한다. 그리하여 종종 비참한 결과를 초래한다. 습관이 몸과 마음과 영과 혼을 대부분 장악하여 우리는 우리의 자유와 전인성을 상실한다.

물론 오늘날 과학자들은 중독이 두뇌의 화학적 성질을 어떻게 바꾸는지에 관하여 말할 수 있다. 그러나 과학이 두뇌를 연구하기 훨씬 이전부터, 도덕적 사상가들은 도덕적 자유가 어떻게 상실되는지 그리고 중독과 강박 충동이 삶을 어떻게 지배하는지에 관한 설명을 전개하였다. 아리스토텔레스는 "우리는 우리의 습관이다"라고 말하였다. 인간은 습관적 행동에 뿌리를 둔 행동의 양식과 구조를 굳히는 식으로 그들의 자유를 행사하는 경향이 있다. 아침에 신문을 읽거나 커피를 마시거나 새벽 기도를 드리기 위해 일어나거나 아이들을 때리는 등등 우리가 규칙적으로 하는 것은 무엇이든지 충분히 습관을 형성하게 된다. 다이어트 책들은 만일 우리가 40일 동안 연속적으로 어떤 것을 하면, 그것이 좋은 것이든 나쁜 것이든 간에 우리 생활의 습관으로 굳어질 것이라고 말한다. 그래서 대부분 다이어트 계획이나 자기 재창출 계획에 일정 기간 우리의 습관을 고치기 위한 반복 연습이 포함되어 있는 것이다. 일생을 지배할 수 있는 습관을 불과 40일 만에 형성한다는 것은 좀 놀랍다.

우리는 도덕적으로 얼마나 선한 사람이 될 수 있는지에 관해 논의하는 다음 장에서 습관 형성을 좀 더 자세히 살펴볼 것이다. 지금 당장은 우리의 자유가 절대적인 것이 아니고, 우리가 형성하는 습관에 속박되어 있음을 다시 한 번 보고자 한다. 우리는 일련의 자유롭고 독립된 개인적인 선택들을 하면서 행동한다기보다 오히려 우리의 습관을 반영하고 인생 여정에서 우리가 취하는 방향을 결정하는 구조화된 행동의 양식에 따라 행동한다. 정신적으로 병들지 않는 한, 대부분 사람들은 처음에는 상대적으로 자유롭게 우리의 행동을 구성하는 습관을 형성한다. 그러나 일단 습관이 형성되고 나면, 습관을 바꾸거나 이 습관에 의해 우리가 행하는 것에서 벗어나는 것이 전적으로 자유로운 것만은 아니다.

숙명·운명·우연·행운

수세기에 걸쳐서 여러 문화권의 사람들은 숙명이나 운명, 아니면 우연이나 행운 등 다양하게 불리는 신비하고 사람의 이해를 초월하는, 신

인간적인 그리고 인간적인

적인 것도 아니고 악마적인 것도 아닌 힘이 사건의 진로를 결정한다고 믿어 왔다.

서구 세계에서는 적어도 숙명과 행운이 인식할 수 있는 지적 문화적 역사가 있다. 기독교의 결정론적 그리스도론이 서구 문화를 지배하기 이전의 사람들은 대부분 하나님께로 돌려야 할 것을 숙명이나 운명의 탓으로 돌렸다. 이런 점에서 운명은 하나님(또는 '신들')이란 단어의 대용어일 뿐이다. 두 단어 모두 모든 사건을 결정하고 우리의 운명을 예정하는 알 수 없는 전능한 힘을 나타낸다. 만일 이교의 숙명론과 기독교의 결정론 사이에 뚜렷한 차이가 있다면, 그것은 숙명을 믿는 (기독교 선교 이전의) 이교도의 신앙은 최소한 기독교 결정론의 몇몇 설명에서 발견되는 희망적인 요소가 없다는 것일 수 있다. 그리스도인들은 인간에게 관심이 있는, 다소 성격이 온화한 인격적인 하나님을 믿었다. 반면에 운명은 완전히 비인격적이고 심지어 '맹목적'이다. 그 생각은 기본적으로 우리의 삶이 번영하는 것만큼이나 쉽게 파멸할 수 있고, 그것이 누구도 어찌할 수 없는 비인격적인 힘의 지배 하에서 이루어진다는 것이었다.

기독교 신앙이 서구 세계에서 쇠퇴하자, 숙명 또는 운명의 개념이 재현되었다. 예를 들면, 그것은 셰익스피어의 희곡에서 아주 뚜렷이 나타난다. 그의 희곡에서 숙명은 종종 모든 등장인물들이 무대에서 죽음을 맞이하기 전에 사건의 비극적인 과정을 결정하는 것으로 묘사된다. 오늘날, 숙명 또는 운명의 개념의 부활은 특히 마음의 문제에서 쉽게 보게 된다. 사람들은 하나님께서 모든 사건의 진로를 결정하신다는 생각에 수년 전보다 훨씬 부정적이다. 또한 그들은 점차 사건의 원인에 대해 순수하게 합리주의적이거나 과학적인 설명도 받아들이려고 하지 않는다. 모든 이성과 과학, 신의 부재는 인간이 견디기에는 너무 냉랭하고 너무 무감각한 우주를 만든다. 또한 사람들은 일찍이 그러했던 것처럼 그들 자신의 선택에 대한 인격적이고 도덕적인 책임을 선뜻 받아들이는 것도 아니다. 그러한 모든 이유 때문에 많은 사람들이 일반적으로 그들의 로맨스와 결혼과 이혼에 대한 책임을 숙명 또는 운명의 탓으로 돌린다. 다시 말해 그들의 인생 여정의 결과에 대한 책임을 숙명 또는 운명의 탓으로 돌린다. 다시 마법에 걸리고, 신비스럽고, 심지어 초자연적이지만 기독교적이지 않은 세계관에 대한 이런 소원과 함께 점성술과 최근에 아주 성행했던 다른 고대(기독교 선교 이전, 비판적 능력 발달 이전, 전근대적인)의 풍습에 대한 관심이 높아지고 있다. 점성술에 의하면 별들에 의해 우리의 운명이 결정되지만, 그 정보를 통하여 점성학적으로 알려진 선택들을 할 수 있기 때문에 우리는 상황을 상당히 통제할 수 있게 된다. 그래서 우리는 별점을 보고 우리의 미래를 계획한다!

우연 또는 행운을 믿는 것은 덜 희망적이지만 여전히 본질적으로 사건이 일어나는 방법이나 이유를 이해하려는 결정론적인 접근 방법이다. 만일 하나님이나 운명이 사건을 결정한다면, 적어도 어떤 사람이나 어떤 것에 책임이 있다. 그러나 만일 행운 또는 우연이 결정권을 쥐고 있다면, 아무에게도 또는 아무것에도 책임이 없다. 우연에는 일어나고 있는 것을 예측할 수 있거나 식별할 수 있거나 변경할 수 있거나 통제할 수 있거나 이해할 수 있는 이유가 없다. 우연 또는 행운은 완전히 변덕스럽고 임의적이고 우발적인 사건들에 의해 결정되는 순전히 멋대로 발생하는 뜻밖의

인간적인 그리고 인간적인

사고이다. 이런 관점에서는 모든 것이 우발적이기 때문에 인간은 자유롭지 않다. 결국 우연을 믿는 것은, 비록 어떤 사람의 행운이 당시에 더할 나위 없다는 것을 우연히 믿게 될지라도, 아주 비관적인 세계관을 나타낸다. 나는 사려 깊은 그리스도인들이 삶에서 예상치 못한 사건들이 일어날 수 있다는 것을 인정하리라고 생각한다. 만일 내가 (이를테면, 룰렛이 아닌 부동산 취득 게임을 하면서) 주사위로 6이 아닌 3을 던지거나 포커 게임에서 스리 카드(three of a kind)가 아닌 에이스 두 장을 뽑는다면, 이것은 운일 뿐이다. 그러나 이것 외에는 그리스도인들은 일반적으로 인간의 선택이나 생활의 어떤 다른 중요한 측면들을 예측 불허의 우연으로 돌리는 것에 관심이 없다. 그리고 그렇게 해서도 안 된다. 그렇게 귀착시키는 사람들은 다른 원인과 세력의 힘에 큰 관심을 두는 반면 인간의 자유의 중요성을 경시한다.

유전 형질과 유전자

이 책 앞부분에서 우리가 논의했던 것처럼, 우리의 유전학적인 유산과 가정교육은 우리의 됨됨이와 다른 사람들과의 관계를 다루는 방법과 우리의 도덕적 한계의 효과와 우리 삶의 다른 모든 면에 관한 문제를 결정함에 있어서 중요한 것이 틀림없다. 가족 안에서 우리는 말을 배우고 관계를 관찰하고 사랑을 주고받을 뿐 아니라, (또는 그러지 못하고) 기호와 선호라는 습성을 갖게 되고, 대화를 경청하고, 세계관에 대한 가르침을 받고, 어떤 직업 진로에 대한 자세한 지도를 받고, 남자나 여자가 된다는 의미가 무엇인지를 배우고, 여러 특정 기술 등을 훈련받게 된다.

내가 받은 가정교육을 놓고 보면, 나는 책과 야구와 해변을 좋아하고 내스카나 돼지 껍질, 하키에는 별로 관심이 없었던 것 같다. 나는 대학을 나왔고 결혼을 했고 사무직 종사자이지, 학교를 중퇴하고 독신이며 노동자가 아니다. 내가 받은 가정교육으로 인하여 어떤 선택들은 충분히 가능할 수 있고 어떤 선택들은 전혀 불가능할 수 있다. 스포츠 스타들의 자녀들이 스포츠 쪽으로 진로를 정할 때에는 당연한 것으로 생각하지만 거친 미식축구 선수인 라인배커의 아들이 오페라 가수가 된다면 뜻밖이라고 생각할 것이다.

부단히 발전하고 있는 유전학은 인간 행동의 원인을 이해하고 설명하는 또 다른 방법의 가능성을 말해 준다. 유전자 즉 유전자의 결합이나 네트워크가 어떤 성향과 상태, 특히 여러 가지 건강 상태의 유전 암호를 지정한다는 것은 오늘날 널리 알려진 사실이다. 광범위한 인간 행동과 특성의 유전 암호를 지정하는 유전 인자가 발견될 것인지는 확실하지 않지만 과학자들은 그 문제를 연구하고 있다. 과학계에는 언젠가 가장 중요한 행동의 성향과 양식의 암호가 해독되어 인간 게놈의 독특한 유전자들에 연결될 것으로 믿는 사람들도 있다. 그러나 대다수의 조심스러운 유전학자들은 여전히 유전학이 인간 행동의 대부분을 결정하는 것에 원인을 제공하거나 영향을 준다는 주장에 신중을 기하고 있다.

그러나 그럼에도 불구하고 유전학과 가정교육의 역동적인 결합은 말할 것도 없고 가정교육의 영향과 유전적인 성질이 미칠 수 있는 영향을

인간적인 그리고 인간적인

생각할 때, 이러한 양상들이 우리의 자유에 영향을 미쳐 중요한 도덕적 선택을 하게 한다는 것은 분명하다. 사람들이 더러 자유는 가공적인 것이고 우리는 우리의 근본에서 벗어날 수 없다고 믿는다는 것은 확실히 놀라운 일이 아니다.

그러나 우리는 과도하게 이 견해에 대한 반증을 찾으려고 해서는 안 된다. 동일한 가정에서 동일한 부모에게서 양육을 받고 자란 형제라 하더라도 판이하게 다를 수 있다. 유전적으로 관련된 다른 사람들이 전혀 유사성이 없는 삶을 살게 되는 것은 말할 것도 없고 심지어 일란성 쌍생아조차도 아주 다른 삶을 살아간다. 가정교육과 유전적 성질이 우리가 취하는 선택의 범위를 형성하고 강요하는 과정은 인상적이다. 우리 중 누구든지 이러한 영향을 받지 않고 절대적으로 자유롭게 선택한다고 가정하는 것은 그 증거에 비추어 보면 무리에 지나지 않을 것이다. 그러나 알다시피 여전히 인간이 선택하는 과정은 다양하다. 인간의 선택은 절대로 단순한 유전이나 가족 특유의 요소들의 합계로 축소될 수 없다. 우리는 정말로 자유롭다. 우리는 어떤 사람들이 생각했던 것만큼 자유롭지는 않지만 또한 어떤 사람이 말하는 유전적으로 강제되거나 어린 시절에 강제된 자동 조작도 아니다. 우리의 선택은 어떤 범위로 한정되어 있지만 그 범위 안에서 선택은 여전히 우리의 선택이다.

제5장_ 나는 실제로 자유로운가?

죄 – 다시 한 번

전정한 인간의 도덕적 자유의 개념에 대한 기독교 전통 안에서 가장 강력한 도전은 우리의 죄악된 본성이 우리의 선택을 결정한다는 믿음일 것이다. 우리의 타락한 상태는 우리가 죄를 지을 것을 결정한다. 즉, 우리는 죄를 짓지 않을 자유가 없다. 그러나 만일 우리가 죄를 짓지 않을 자유가 없다면, 도대체 우리가 자유롭다는 것은 어떻게 의미있게 설명될 수 있을까? 이 점에서 죄와 인간성에 대해 우리가 4장에서 논의한 문제가 표면화한다.

이런 사고는 기독교 사상에서 길고 복잡한 역사를 가지고 있다. 여기서 우리의 목적을 위해, 두 가지 중요한 경쟁적인 관점인 칼빈주의와 로마 가톨릭을 대조하는 것이 가장 효과적이다.

칼빈주의 입장(존 칼빈으로부터 유래한 것으로, 우리가 앞에서 논의한 결정론에 대한 그의 생각)은 예수 그리스도로 말미암은 구원과 그 변화시키는 능력이 없다면, 인간은 늘 악을 선택할 것이라고 주장한다. 창조에서 이용할 수 있는 하나님의 뜻의 증거에도 불구하고, 하나님에 의해 모든 사람에게 주어진 옳고 그름에 대한 끊임없는 내적인 분별에도 불구하고, '중생하지 못한' 또는 구원받지 못한 사람은 이러한 증거들을 무시하거나 왜곡하고 악을 선택한다. 신학자 오리겐과 어거스틴을 언급하면서 칼빈은 이렇게 썼다. "오리겐은 자유 의지가 선악을 구별하는 이성의 기능 (그리고) 어느 한쪽을 선택하는 의지의 기능이라고 말하면서 교회 저자들 사이에서 일반적으로 동의된 (자유 의지의) 정의를 내렸다. 어거스틴은 자유 의지를 은혜로 선을 선택하는 이성과 의지의 기능이고 은혜가 없을 때 악이라고 가르치면서 이것에 동의하지 않았다."[5] 성서학자 바이런 커티스(Byron Curtis)는 이 주장을 다음과 같이 설명한다. "자유 의지에 대한 개혁주의의 정의는 다음과 같다. '가장 강력한 동기와 본성과 성격에 따라 선택하는 힘이다.' 중생하지 않은 사람은 자유롭게 악을 선택하는 것이다. 중생한 사람은 자유롭게 하나님과 선을 선택하는 것이다."[6]

이 입장은 오직 '중생한' 사람, 즉 예수 그리스도와 함께 구원을 경험하여 '거듭난' 사람만이 선을 택하는 능력이 있다는 것을 분명히 암시한다. 그 밖의 모든 사람은 죄에 매여 있어서 달리 행할 자유가 없다. 그들이 인생 여정을 어디로 향하고 있든지 그들의 목적지가 죄이고 이 죄로 말미암아 영원한 심판을 불러오게 될 것이다. 사람들이 피할 수 없는 것에 대해 도덕적 책임이 있을 수 없다는 이론에 대해, 칼빈주의자들은 인간 그 자체가 일정불변하게 악을 선택하는 경향의 원인인 죄된 상대에 있으며, 그 상태로 인한 많은 잘못된 선택에 대한 죄책이 있다고 말하였다. 하나님께서 영원한 파멸로부터 (전부가 아닌) 일부를 구원하기로 결정한 사실은 수많은 세월 동안 충분히 묵상해도 될 만한 은혜다.

그럼에도 불구하고 이것은 그리스도와 관계없는 인간의 상태를 아주 비관적으로 보는 관점이다. 구원받지 못한 사람은 아무도 선한 것을 선택할 수 없다. 모두가 죄의 덫에 걸려 노예로 속박되어 있다. 자유로운 사람은 오직 그리스도인뿐이며, 그리고 이 자유는 중생한 죄인을 하나님과 선한 것으로 이끄시는 성령의 인도하심에 의존한다. 그 밖의 사람들은 모두 본질적으로 죄에 사로잡힌 자들이어서 전인성을 선택하거나 찾을 수 없고 그 삶이 영원한(그리고 종종 이 세상의) 파멸로 끝나게 될 것이다.

로마 가톨릭의 입장은 그렇게까지 암울하지는 않다. 로마 가톨릭 사상은 인간의 상태에 관하여 조금도 유토피아적이거나 낙관적이 아니다. 우리는 참으로 모두 죄인이며, 우리의 죄악은 도덕적으로 파괴적인 결과를 낳는다. 그러나 로마 가톨릭 전통은 죄의 영향에도 불구하고 우리의 도덕적 능력의 잔여물에 관하여 상당히 낙관적인 경향이 있다. **바르게 생각하고 바르게 선택하는** 능력인 이성과 의지가 여전히 중심적이지만, 로마 가톨릭 입장은 이러한 능력이 죄에 의해 완전히 오염되지 않았다는 것이다. "죄에 훼손된 사람이 도덕적 균형을 유지하기란 쉽지 않다"는 것을 교회는 인정한다. 그러나 인간의 덕은 "교육과 의도적인 행동과 반복된 노력으로 늘 새로워지기 위해 반복하고 노력하는 인내에 의해" 획득될 수 있다.[7] 바르게 살기 위하기 위하여 종교적이고 도덕적인 교육과 일관된 노력을 하는 좋은 습관의 도움에도 불구하고 바른 선택을 하기란 쉽지 않다. 이러한 노력 외에 바르게 사는 것은 '정화하고 고상하게 하는' 신적인 은혜로 큰 도움을 받는다. 로마 가톨릭은 심지어 불신자도 그들의 이성과 의지가 적절히 작용할 때(믿지 않는 부모들이 상냥함과 사랑으로 자녀를 대할 때처럼) 신적인 은혜의 도움을 받는다고 주장한다. 비록 불신자가 인정하지 않을지라도 그것은 은혜의 결과다. 그러나 여기서 결론은 예수 그리스도에 대한 명시적인 헌신과 신앙 공동체에 참여 없이도 바른 선택을 할 수 있다는 것이다. 왜냐하면 모든 인간은 연약하고 오류에 빠지기 쉽지만 바른 것을 취하는 도덕적 능력을 갖고 있기 때문이다.

이것은 인간의 역사에서 모든 문명의 도덕법과 그것에 근거한 법체계

인간적인 그리고 인간적인

의 존재 자체를 알게 해 준다. 분명히 다른 문화에 속한 사람들은 모두 중생한 그리스도인이 아니었지만, 대부분이 살인과 강간과 도둑질이 나쁘다는 것을 알고 있었다. 이 개념은 또한 우리가 알고 있는 불신자들, 심지어 전혀 신앙을 고백하지 않고도 스스로 진지하고 고결한 도덕법에 따라 사는 사람들조차도 이해한다. 아마 예외적일 것이지만, 그 행동에 '고상하게 하고 정화시키는' 하나님의 은혜의 효과의 흔적이 거의 없는 그리스도인들에 대한 증거가 많이 있을 때조차도 그들은 존재한다.

로마 가톨릭의 입장은 이것이 양자택일의 상황이라기보다는 양쪽의 상황이라는 것이다. 그리스도 안에서 하나님께서 주신 도덕적 능력과 하나님의 은혜는 함께 인간적인 요소와 협력하여 최고의 도덕적 선택을 할 수 있게 한다. 교회는 불신자들에게 그들이 선한 것을 할 수 있는 도덕적인 능력이 전혀 없다고 말하는 것이 아니라, 그들이 그리스도 안에서만 그 완전한 능력을 발견할 것이고, 그리스도 안에서만 영원한 구원과 그들이 범하는 죄에 대한 용서를 발견할 수 있다는 것을 말하는 것이다.

우리는 다시 한 번 그리스도를 모르는 사람들 사이에서도 인간의 도덕적 자유의 존재를 옹호할 수 있음을 확인했다. 우리는 4장에서처럼 기독교 신앙의 올바른 전통에서 우리가 모두 죄악적인 사회 구조에 파묻힌 죄인이라는 것과, 일생 동안 우리는 분명히 죄를 지을 것이라는 것과, 예수 외에는 아무도 죄에서 완전하게 자유롭지 못하다는 것과, 우리가 죄악적인 행동 양식을 나타낼 여지가 있다는 것과, 우리 모두가 예수 그리스도 안에서 하나님의 구속하시는 은혜가 필요하다는 것을 주장한다. 그렇지만 하나님의 은혜로 우리에게는 옳고 그름을 분별하는 능력이 있다. 그리스도인들은 하나님의 영의 도우심으로 좀 더 자주 선한 것을 선택하는 훈련을 받을 수 있지만 이것 때문에 그리스도와 명시적인 관계가 없는 자들이 매번 나쁜 것을 선택할 것이라고 생각해서는 안된다. 자유는 다시 한 번 모든 인간의 능력으로 살아남는다. 초기 교부 존 크리소스톰과 같이 우리는 자유에 대해 죄의 결과로 억제되었지만 파괴되지는 않은 자유를 의미하는 것으로 이해하는 한 "우리의 능력 속에 선과 악을 두시는 하나님께서 우리에게 충분히 선택할 자유를 주셨다"고 주장한다.[8]

고귀하지만 부서지기 쉬운 도덕적 자유라는 선물

인간공동체는 저마다 도덕적 교훈을 제시한다. 부모는 자녀들을 가르치고 교사는 학생들을 권면한다. 사제들과 목사들은 그들의 회중을 지도한다. 경찰관은 법을 어기는 사람들을 꾸짖는다. 정치가들은 도덕적으로 선한 공동체가 어떤 모습이어야 할지를 그림처럼 생생하게 설명한다.

"해야 한다"라는 말은 인간의 경험에서 지워진 적이 없었고, 지워질 수도 없다. 우리는 이것은 "해야 하고" 저것은 "하지 말아야 한다." 그리고 최선의 노력을 기울여 우리로 하여금 이것을 하고 저것을 하지 않도록 교육시킨다. 이런 노력을 기울이지 않는 인간 사회는 없을 것이다.

참된 도덕적 선택을 하는 인간의 자유의 실체를 부인하는 자들은 이렇게 전폭적으로 도덕적 교육을 실시하는 것을 시간 낭비로 생각하지 않을까? 도덕적 훈계는 도덕적인 자유가 없다면 무의미하다. 도덕적 책임은

인간적인 그리고 인간적인

사람들이 자신들이 책임질 수 있는 도덕적 선택을 할 자유가 없다면 무의미하다. 그 말은 부모와 교사와 목사와 사제와 이러한 도덕적 훈계를 하는 그 밖의 모든 사람은 가만히 있고 하나님이나 사탄이나 중독이나 운명이나 우연이나 유전자나 가정교육이나 우리의 죄악된 본성이 우리가 하는 것을 결정하도록 내버려두어야 한다는 말이다. 그러나 성경에서 보거나 인간의 상태에 대한 폭넓은 관찰에서 볼 때 참된 인간의 자유를 이렇게 부정하는 것을 용납할 수 없다.

그것은 우리의 자유를 제한하고 억제하고 적응시키는 어떤 요소들이 없다는 말이 아니다. 기독교적 관점에서, 우리는 선택을 하거나 우리 삶의 진로를 결정하는 데 절대적으로 자유롭다고 말할 수 없다.

- 하나님께 주권이 있고 그는 강력하시며 인생을 지도하시는 일에 깊이 관련되어 있기 때문이다.
- 만일 우리가 틈을 주면 사탄이 실제로 우리의 선택을 지배하려 하고 때때로 지배하기 때문이다.
- 우리의 선택이 우리의 행동을 구성하는 습관으로 굳어지고 때로는 파괴적인 중독과 강박 충동으로 바뀌기 때문이다.
- 인간사에는 최소한의 우연적 요소가 있기 때문이다.
- 어린 시절의 가정교육과는 다른 영향뿐 아니라 우리의 유전적 성질과 다른 육체적인 요인들에 의해 큰 영향을 받기 때문이다.
- 죄된 본성으로 잘못 추론하여 선택하는 경향이 있기 때문이다.

목록대로라면 우리는 반드시 인간의 도덕적 자유가 고귀하지만 부서지기 쉬운 선물이라고 결론을 내려야 한다. 기독교적 관점에서 보면, 우리의 도덕적 자유는 하나님으로부터 왔고 종의 기원에서부터 인간 생활에서 뚜렷이 보이는 선물이다. 분명히 이 도덕적 자유는 자유를 잘못 사용한 아담과 하와의 이야기를 암시하고 있다. 그러나 그것은 그들이 잘못 사용할 수 있는 자유가 있었다는 것을 뜻한다.

도덕적 자유가 있다는 것은 비록 우리가 무에서(*ex nihilo*) 우리 자신을 창조하지 못하지만, 하나님과 본성과 조상과 역사에 의해 우리에게 부여된 말랑말랑한 찰흙 같은 자아를 형성할 수 있는 어떤 능력이 있다는 것을 뜻한다. 이 찰흙은 오랫동안 완전히 무른 형태로 남아 있는 것이 아니다. 우리의 선택에 따라, 습관이 붙게 되고 자아는 일정한 형태를 취하기 시작한다. 기존 자아를 산산이 부수어 파괴하고 새로운 자아를 재형성할 가능성이 항상 열려 있다. 이것은 부분적으로는 종교적인 회심을 뜻하며, 좋은 일보다는 나쁜 일로 인해 발생할 수 있다. 그러나 대부분 사람들에게 우리의 자아는 (좋든 나쁘든) 성인이 될 즈음에 우리가 받은 어떤 영향과 그 영향으로 인해 우리가 행한 것의 결합으로 형성된 어떤 인식할 수 있는 형태로 굳어진다.

우리가 지금 볼 수 있는 인간의 자유는 사탄의 속임수나 중독이나 죄악적인 습관이나 상처받은 아이가 성인으로서 건전하게 살기 위한 최선의 노력을 무산시킬 만큼 부도덕하고 파괴적인 가정교육에 의해 너무나도 쉽게 부서질 수 있는 선물이다. 그러나 최선의 경우라 하더라도 우리에게 있는 어떤 자유든 전적으로 우리가 좋을 대로 다루어도 되는 우리의 소유가 아니라는 것은 분명하다. 왜냐하면 만일 우리가 나쁜 선택을 하고 우리의 자유를 잘못 사용하면, 우리는 우리 자신과 다른 사람들을 해치는 행동의 노예가 되기 때문이다. 만일 자유가 방종과 부도덕한 행위와 중독과 악과 자멸로 곤두박질한다면, 자유는 자유가 아니다.

이러한 형편과 억제의 본질 때문에 우리는 인생 여정에서 개인의 자율에 의한 완전한 자유를 기대할 수 없다. 인간에게는 자신들의 자유를 오용할 수 있는 가능성이 있기 때문에, 그들을 지도할 바른 길잡이가 필요하다.[9] 그것은 마치 우리의 상황, 즉 잘못된 선택을 하고 파괴적인 방식을 취할 수 있는 우리의 취약성을 고려한 후, 자신의 것이지만 수여자(the Giver)에게 돌려주는 것으로 자유라는 선물을 취하기로 결정하는 것과 같다. 내 삶에서 이 자유가 악보다는 선을 위한 힘이 될 수 있도록 이 자유를 어떻게 해야 할지 보여 달라. 우리는 가장 자유로운 사람은 그의 자유를 하나님께 돌려드린 자라는 기독교의 역설적인 주장으로써 결론을 맺는다. 가장 자유롭고, 가장 만족스럽고 가장 고결한 인생이 어떤 것인지를 아시는 분은 바로 이 하나님이다. 왜냐하면 원래 하나님이 우리를 계획하셨기 때문이다. 필립 터너(Philip Turner)는 우리가 잠시 체류한 것에 대해 그리고 인생의 여로에 대해 훌륭하게 요약해 준다. "우리의 삶의 위대한 드라마, 곧 하나님께서 친히 우리를 조종하시는 드라마를 가능케 하고, 우리의 완고한 의지와 싸우고, 참다운 자유 속에서 우리에게 바르고 확고하게 사랑하는 것을 가르치는 것은 바로 자유라는 하나님의 선물이다."[10]

제 6 장

어떻게
선한 사람이 될 수 있는가?

바로 구속자와 구주이신 그리스도 안에서 최초의 죄에 의해
사람에게서 손상된 신적인 형상이 원래의 아름다움대로 회복되고
하나님의 은혜로 고상하게 되었다.
– 로마 가톨릭 교회의 요리문답

2004년 여름에 나는 악명높은 권투선수 마이크 타이슨이 인생의 새출발을 하려 한다는 놀라운 뉴스를 읽었다. 「*Sports Illustrated*」 지(誌)에서 스포츠 역사상 최악의 역할 모델로 뽑힌 그는 자신의 이미지와 그 이면의 실체를 바꾸기를 원한다. 한 인터뷰에서 그는 이렇게 말하였다. "나는 용서하는 일을 계속하고 있었다. 인생은 원한을 품기에는 너무 짧다. 충분한 시간이 없다. 매순간 나는 죽음을 향하여 더 가까이 나가고 있다. 나는 나를 가장 성공적으로 만들고 내 삶을 적절히 꾸려 나가는 일을 하려고 한다. 그러나 이것은 내가 한 번도 해 본 적이 없는 것이다."[1]

1997년 경기에서 에반더 홀리필드의 귀를 물어뜯었던 바로 그 마이크 타이슨이 선한 사람이 되고자 할 때, 여러분은 의미심장한 어떤 일이 일어나고 있다는 것을 안다. 바로 그날 뉴스에서 한 가수가 '프린스라고 알려졌던 아티스트'라고 불러달라고 하며, 최근에 여호와의 증인으로 개종하고서 자기 행동을 정화하고 있고 "내 자녀들이 듣고 당황스러워하지 않을 노래들만" 부르고 싶다고 선언하였다.

바로 여기서 무엇이 일어나고 있는가?

우리는 이 책에서 탐색하고 있는 인간성의 또 다른 기본적인 차원을 어렴풋이 파악하고 있다. 그것은 바르게 살기 위한, 즉 더 나은 인간이 되기 위한 그리고 풍부한 내적인 도덕적 성장을 통하여 전인성을 찾기 위한 끊임없는 인간의 탐구다. 성경에서 인간성에 대해 어둡고 불길한 묘사를 많이 하고 있음에도 불구하고, 죄된 인간들이 종종 더 나아지고, 달라지고, 삶이 변화되고, 바른 길을 추구하는 것에 관심이 있다는 것이 드러난다. 아마 그들은 이 교화를 그들의 인생 여정에서 성공적인 관계나 행복이나 심지어 하나님과 함께하는 영생과 같은 그 밖의 목표들에 도달하기 위하여 필요한 변화로 보게 될 것이다. 그들은 그들의 삶의 본질을 바꾸기 위하여 자신을 정화하고자 한다. 아마도 그들은 도덕적 교화를 운명처럼 받아들일 것이다. 다시 말해 개인의 도덕적 변화가 단지 그 여행의 수단이 아닌 목표가 될 것이다. 어떤 이유 때문이든, 대부분 우리들은 삶의 어떤 순간에 더 나은 사람이 되고자 한다. 충동이 의미하는 이유와 본질은 물을 가치가 있다. 그리고 그것이 우리가 이 장에서 다루게 될 문제이다.

탕자

구속, 우리 삶의 변화에 대한 원초적 갈망으로 인하여 탕자의 이야기는 지난 2천 년 동안 많은 사랑을 받았다(눅 15:11-32). 자기 아버지를 버리고 떠난 청년이 다시 집으로 돌아오는 이 단순하고 아름다운 이야기는 다양한 차원에서 발견될 수 있는 의미를 담고 있는 확대된 비유(an extended parable)다. 문학적 맥락에서, 그것은 분명히 길 잃은 탕자를 용서하고 집으로 돌아오는 것을 환영하시는 분이신 하나님의 속성에 관한 이야기이다. 이것은 또한 탕자와 반역자들에게 베풀어진 은혜의 증거들을 줄곧 반대하는 완고한 독선적인 '형'과 같은 유형들에 대한 이야기이기도 한다.

그러나 이는 인생 여정에서 너무 흔한 이야기이기도 하다. 자기 가족과 함께하는 만족스럽고 부유한 생활을 버리고 떠나서 자기가 받은 유산을 흥청망청 다 써 버리고 마침내 '정신을 차리고' 집으로 비틀거리며 돌아오는 작은 아들의 이야기는 귀에 익은 것이다. 대부분의 사람에게는 방탕한 세월과 어리석은 세월을 말해 주는 이야기가 있다. 그러한 세월에서 돌이켜 신앙과 가족과 도덕을 다시 되찾게 되었고, 더 열심히 살게 되었다. 아마 이 이야기는 여러분의 이야기일 것이다.

우리는 우리 내면에 있는 어떤 것으로 말미암아 집으로 돌아가게 된다. 우리 대부분은 여전히 마약을 하고 술에 취해 있고 정신을 차려서 어른다워질 수도 없고 그럴 의사도 없는, 전처(또는 전처들)와 자녀들이 있는 늙은 록 스타의 모습을 보게 될 때 슬퍼진다. 잠시 후면 탕자의 길을

인간적인 그리고 인간적인

선택함에 대해 변명할 여지가 거의 없다는 것을 우리는 알고 있다. 「잠언」에서 말하듯이, "지혜가 길거리에서 부르며 광장에서 소리를 높이며 훤화하는 길머리에서 소리를 지른다."(잠 1:20,21) 지혜가 우리의 이름들을 부르면, 비록 더러는 완고하게 일부러 들으려고 하지 않지만 그 소리를 듣지 않을 수 없다. 우리의 나쁜 습관에 의해 난파된 잔해들을 조사해 보면, 이윽고 바보만이 그 명백한 사실을 계속 무시할 수 있을 뿐이다.

그러나 우리가 나쁜 선택을 하였고 새로운 지도가 필요하다는 인식은 과정의 시작이지 끝이 아니다. 아마 '어메이징 그레이스(Amazing Grace: 우리나라 찬송에서 '나 같은 죄인 살리신' 〈305장〉으로 번역되어 있으나 가사가 달라서 영어 음역대로 '어메이징 그레이스'로 번역한다 - 역주)' 찬송과 같은 옛 규범의 정조에 깊이 젖어 있는 우리 문화에서, 우리는 회개의 순간과 새로운 출발에 대한 소원을 어떻게 생각해야 할지 알고 있다. 그러나 일단 그것을 벗어나면 우리는 어찌할 바를 잘 모른다. 우리는 「누가복음」 18장에서 말한 세리처럼 "하나님이여 불쌍히 여기옵소서 나는 죄인이로소이다"라고 고백해야 함을 알고 있지만, 그 기도만 하는 단계를 뛰어넘을 수 있을 만큼 변화하는 방법은 정말로 모르고 있다. 이 장에서는 도덕적으로 건실하고 선한 사람으로 성장하는 것이 어떤 모습일까를 생각해 본다. 이 사람은 완전하거나 죄가 없는 것은 아니면서, 절대로 거만하지 않고, 독선적이지 않고, 잘난 체하는 장자 같은 유형이 아니라 정말 훌륭하고 칭찬받을 만하고 건전한 인간, 위엄이 있고 성숙한 사람이다.

기독교 전통에서는 어떻게 선한(훌륭한) 사람이 되는가 하는 문제에 대한 네 가지 기본적인 접근 방법이 있다. 첫째 방법은 실제로 거의 변하

제6장_ 어떻게 선한 사람이 될 수 있는가?

지 않은 사람에 대한 하나님의 용서를 강조한다. 둘째 방법은 도덕적 노력을 통한 변화에 초점을 맞춘다. 셋째 방법은 생활을 변화시키는 종교적인 회심의 능력을 강조한다. 넷째 방법은 점진적인 도덕적 형성의 과정을 생각한다. 나는 처음 세 가지 방법이 가능하지만 결함이 있다고 생각한다. 왜냐하면 그 각각의 방법이 인간성에 관한 중요한 것을 오해하고 있기 때문이다. 그러나 올바르게 하나로 종합하면, 그 안에서 우리는 예수 그리스도의 형상으로 화하는 점진적인 도덕적 형성을 통하여 이루어진 도덕적 선을 보게 되는데, 예수 그리스도는 우리에게서 하나님의 형상을 완전하게 회복시키실 수 있다.

"그리스도인은 완전한 것이 아니라, 용서받았을 따름이다"

완전한 것이 아니라 용서받았을 뿐이라는 문구는 과거 자동차 범퍼에서 볼 수 있었던 것처럼 요즈음에도 흔한 것은 아니지만, 그것은 여전히 많은 그리스도인들 사이에 대중적인 슬로건이다. 이 말은 아직도 지방의 기독교 서점들에 진열된 티셔츠와 컵에서 볼 수 있다. 그리고 이 말은 여전히 무척 옳은 말이면서 무척 나쁜 말이기도 하다.

액면대로는 "그리스도인들은 완전하지 않으며, 용서받았을 따름이다"라는 말에는 거짓이 없다. 모두 사실이다. 그리스도인들은 **완전하지 않다**. 왜냐하면 여전히 죄인이기 때문이다. 동시에 그들은 **용서를 받았다**. 왜냐하면 예수께서 그들의 죄값을 치르셨기 때문이다. 만일 그들이 믿음

인간적인 그리고 인간적인

과 헌신으로 반응하고 있다면, 그들은 용서받았지만 여전히 불완전한 그리스도인이다.

그러나 이 슬로건에는 아주 잘못된 생각을 고집하는 도덕적 불완전함에 관한 일종의 뻔뻔스러운 태연함이 있다. (너무 많은 수의 무례하고 미숙한 그리스도인 운전자들이 이 문구를 자랑삼아 돌아다니면서 내 마음을 아프게 하고 있기 때문에 내가 이렇게 느끼는 지도 모르겠다. 그러나 나는 그들을 용서한다.)

성경을 진지하게 받아들이는 사람들은 죄가 사소한 문제가 아니라는 것을 깨달아야 한다. 우리가 본 대로, 죄는 인생을 파멸시키고, 하나님의 창조를 붕괴시키고, 관계를 훼손하고, 하나님께 구속의 대가를 치르시도록 한다. 그리스도인들은 자신의 '불완전함'과 온 세상에 편만한 악이 심각하다는 것을 제일 먼저 인정해야 한다. 우리는 우리의 삶에서 진행되고 있는 죄의 실체에 대해 안심해서는 안 된다. 수많은 세대를 위하여 도처에서 그리스도인들은 자신들의 삶에서 죄악적인 활동과 생각을 근절하기 위하여 분투하였다. 그러나 이 정신이 오늘날 우리에게는 거의 완전히 사라졌다. 그 대신에 우리는 마치 용서를 가능하게 한 그 피 흘린 희생을 잊어버린 듯이 태연하게 하나님의 용서를 주장한다. 그리고 도덕적으로 평범한 일상을 그대로 유지하고 있다. 디트리히 본회퍼가 교회가 '값싼 은혜'를 팔고 있다고 책망한 것은 당연하다.[2]

이것보다는 죄에 대해 훨씬 더 진지하지만 결국 똑같은 결론에 이르는 기독교 사상이 있다. 이런 사상을 따르는 사람들은 똑같이 자동차 범퍼의 문구를 자랑삼아 뽐낼 수 있었는데 그것은 그들이 죄를 가볍게 여기기 때문이 아니라 죄를 아주 심각하게 여기기 때문이다. 이 사람들은 우리가 몸을 가지고 이 땅에 사는 한 우리의 삶 속에서 죄와 맞서서 나아질 가망은 거의 또는 전혀 없다는 성경의 가르침을 믿는 전통을 따르는 그리스도인이다.

16세기 종교 개혁의 지도자 마르틴 루터는 다소 부당하게 이러한 취지로 종종 인용되었다.[3] 그는 분명히 죄의 비참함을 아주 깊이 느꼈다. 거기에는 전혀 태연함이 없다. 그러나 그는 하나님께서 예수 그리스도를 통하여 죄를 상대로 행하신 것이 죄를 용서하시는 것이라는 것을 믿었다. 그는 그리스도인들에게 예수께 순종하고 바르게 살 것을 강력히 권면하였다. 그러나 유감스럽게도 그는 예수의 가르침을 완전하게 순종한다는 점에서 소위 그리스도인들이라고 하는 사람들 중 한 사람도 참된 그리스도인이 아니라고 고백하였다. 기독교 메시지의 핵심은 어떻게 해서든지 예수께서 인간성을 변화시킨다는 것이 아니라 예수께서 비참한 죄인인 우리가 용서를 받을 수 있게 하신다는 것이다. 우리는 여전히 죄인이지만 하나님의 은혜와 믿음으로 말미암아 예수 그리스도의 피를 통하여 우리는 용서를 받을 수 있다.

그럼에도 불구하고 루터에게는 그 이상의 것이 있었다. 죄에 관한 진지한 자세와 개별적인 죄들(과 이 죄들에 관한 여러 가지 처벌)을 꼼꼼하게 분류하는 가톨릭 수도원의 전통을 이어받은 루터는 이 모든 접근 방법이 신자로 하여금 그리스도보다는 오히려 자기 자신에게 집중하게 한다고 확신하였다. 기독교 사상가 브루스 버치(Bruce Birch)와 래리 라스무센이 말했듯이, 루터는 그리스도인의 삶의 목표가 부도덕으로부터 덕으로 나아가야 되는 것이 아니라 "부도덕과 덕, 둘 **모두**로부터 은혜로" 나아가야 된다고 주장하였다.[4] 죄를 극복하고 덕을 성취하는 인간의 노력을 강조하는 것에 대해 루터는 자기중심적이 되고 교만해져서 하나님을 의지하기보다 자신을 의지하게 될까봐 염려하였다. 우리는 하나님께 감사의 마음을 표시하고 이웃을 섬기는 것보다 병적인 (또는 자축적인) 자기반성에 우리의 모든 시간을 다 써 버릴 수 있다. 그래서 우리가 정욕이나 탐욕을 어떻게 처리할지 생각하고 있는 동안 이웃의 집이 불타서 무너지고 있어도 우리는 알아차리지 못한다.

그래서 오늘날까지 고전적인 루터교 예배 의식의 성격이 과거 루터 시대 그대로 남아 있다. 예배 인도자의 목표는 '복음을 전하는 것'인데, 이것은 사람들에게 그들이 그리스도께서 대신 죽으신 자들 외에는 하나님으로부터 영원히 분리될 수밖에 없는 죄인이라는 것을 전한다는 말이다. 믿는 자들은 오직 그들의 믿음으로 말미암아 하나님의 은혜로 구원을 받는다. 그 목표는 이 은혜의 선물을 받아들이고 자신이 도덕적으로 선한 사람이 아니라 나쁜 사람이지만 어쨌든 하나님께서 사랑하시는 용서받은 죄인이라는 깜짝 놀랄 만한 사실을 잊지 않고 생활하는 사람들을 만들어 내는 것이다. 이러한 사람과 관련된 중요한 덕은 값없이 주신 선물에 대해 감사하는 마음이다. 그 근거에 있는 것은 바로 이 감사의 마음과 믿음이며, 그것은 매주일 교회 생활과 예배에서 격려를 받는다.

루터는 하나님의 용서하시는 은혜의 기적과 경이를 확실히 이해하였다. 그러나 루터교 전통 안에서 성장한 사상가인 20세기 미국 신학자 라인홀드 니버가 수십 년 전에 말했듯이, 이 입장은 모든 하나님의 은혜를 사면이나 용서로 축소하기 쉽다. 신약 성경은 하나님의 은혜가 **용서**와

제6장_ 어떻게 선한 사람이 될 수 있는가?

능력 곧 변화시키는 능력으로 경험하게 되는 것을 보여 준다. 하나님께서는 사면만 하시는 것이 아니라, 해방시키신다. 하나님은 무죄 선고만 하시는 것이 아니라, 변화시키신다.[5] 둘 다 신약 성경의 주제이지만, 변화의 주제를 포기함으로써 예수 그리스도 안에서 가능한 변화시키는 능력에 대한 교회 자체의 천박한 이해에 의해 교회와 문화 양쪽에서 피해가 막심한 결과가 나타났다.[6] 그리스도인들이 도덕적으로 현저한 진보를 이루지 못하고, 그들의 생활이 도덕적으로 혼란스러운 문화 속에서 살고 있는 믿지 않는 이웃들과 구별되지 않기 때문에, 그 변화는 도덕적으로 매우 평범한 것이 되고 말았다.

"할 수 있어요, 할 수 있어요"

순수한 은혜와 용서의 모델의 정반대 쪽에는 아이들이 좋아하는 이야기책인 『소형 엔진 *The Little Engine That Could*』와 같이 "할 수 있어요, 할 수 있어요"라고 불릴 수 있는 접근 방법이 있다. 변화된 삶에 대한 이런 종류의 접근 방법에서는, 순수한 의지력과 경험이 없는 결정과 열심히 노력하여 자신의 노력을 통하여 좀 더 도덕적이 되는 것을 강조한다. 새해의 결심을 생각해 보면 내가 무엇을 이야기하고 있는지 알 것이다.

오늘날 서점 어디를 가나 자기수양 책 진열대가 있어서 수많은 "할 수 있어요" 책들이 꽂혀 있다. 그 주제는 다이어트나 자존심이나 이혼 극복, 육아 등으로 무엇이든 5단계, 7단계, 10단계, 12단계 등 다양한 프로그

램으로 구성되어 있다. 저마다 독자들에게 최선의 노력을 기울여 이 프로그램대로 따르기만 한다면, 성공은 확실히 보장된다고 약속한다. (최근에 나의 "할 수 있어요"라는 책은 『*Banish Your Belly*』라는 것인데, 이 책은 나에 관해 여러분이 알기 원하는 것 이상을 알려 주고 있다.)

이러한 자기수양 책들이 주장하는 것에는 분명히 어떤 진실이 있다. 우리 생활에서 진정한 변화를 성취하고자 하는 목표 곧 이러한 변화가 정말로 가능하다는 믿음은 우리가 생각했던 불완전하지만 용서받은 입장을 능가한다. 열심히 노력하는 것이 개인의 성장의 어떤 과정이 일부라는 것 또한 틀림없는 사실이다. 바른 일을 하고 바른 선택을 하기 위한 강력한 결단인 의지력은 인생에서 성공하기 위하여 참으로 중요하다. 의지력이 있으면 우리는 타성과 저항과 죄를 극복할 수 있다. 그리고 목표 성취를 위하여 나아갈 수 있다.

그러나 단단히 이를 악물고서 어떤 객관적인 것을 성취하고자 했던 우리 대부분은 우리의 의지의 한계로 인하여 금방 좌절하게 되고 만다. 우리는 우리가 해야 한다는 것, 심지어 우리가 원하는 것까지도 알고 있지만, 내면에서 저항하는 힘은 너무 강하다. 우리는 우리의 나쁜 습관, 나태, 우리의 편안한 삶의 방식에 속수무책이다. 우리는 강력한 어려움을 무찌르고 목표를 달성하기 위하여 힘을 불어넣어야 할 필요가 있다는 것을 알고 있다. 만약 그렇지 않으면 우리가 새해에 한 결심은 1월을 넘기지 못하고 작심삼일로 끝나고 만다.

성경의 가르침에 뿌리를 둔 기독교 전통은 인간의 의지는 하나님의 도움 없이 선을 성취할 수 없다는 것을 일관되게 주장하였다. 바울은 다음과 같이 말한다. "내게 능력 주시는 자(그리스도) 안에서 내가 모든 것을 할 수 있느니라"(빌 4:13). 성부, 성자, 성령 삼위일체 하나님은 그리스도인이 이루는 선과 성장을 가능하게 하는 힘의 궁극적인 원천으로 묘사된다. 바울은 우리의 삶속에서 역사하시는 성령의 힘에도 불구하고 성장하되 바르게 성장하기가 참으로 힘들다는 것에 대해 특히 사실적으로 나타낸다. 그가 「로마서」 7장에서 고민하고 있는 것이 바로 그것이다. "내가 원하는 바 선은 하지 아니하고 도리어 원치 아니하는 바 악은 행하는도다." 만일 바울이 이러할진대, 하물며 우리들이 어떻게 우리 삶에서 하나님의 적극적인 개입이 없이 도덕적으로 선하고 성숙한 사람이 될 수 있겠는가? 우리는 인생의 여로에서 도덕적 성장을 향하여 나아가기 위하여 어떤 외부의 동력원이 필요할 것이다.

"나는 찾았네"

18세기 초 설교자들은 북아메리카 대륙의 식민지를 순회하면서 예수 그리스도를 믿는 진정한 회심이 필요하다고 전파하였다. 이러한 메시지의 대부분은 회심을 통하여 회심자의 정서와, 도덕과, 가정의 생활에 극적인 변화가 있을 것이라는 것이었다. 다시 말해, 회심은 변화된 믿음뿐만 아니라 변화된 삶을 뜻하였다. 개인의 구원에 나타난 하나님의 능력은 개인의 변화도 이룰 수 있었다.

전성기에 (기독교 신앙 부흥을 강조하기 때문에 신앙부흥운동으로 알려진)

인간적인 그리고 인간적인

이 운동은 초기 미국 생활에서 개인과 사회의 변화에 중요한 역할을 하였다. 수백만 사람들이 예수께서 그를 따르는 자들의 삶을 변화시키신다는 설교자들의 메시지를 믿었다. 찰스 피니와 같은 부흥사들은 (비록 배타적인 것은 아니지만, 특히 남자들을 위한) 풍부하고 폭넓은 도덕적 메시지로써 청중들에게 그리스도께 나아오도록 호소하고, 그렇게 함으로써 노예제도를 버리고, 여성들을 존중하고, 음주를 금하고, 가난한 자에게 자선을 베풀고, 자녀들을 돌보게 하고, 전반적으로 그들의 삶이 더 나아지도록 하였다. 극적인 변화로 이어지는 개인의 종교적 회심이 우리의 종교사에서 중요한 동기라는 것은 여심의 여지가 있을 수 없다. 우리가 가장 애창하는 찬송가 '어메이징 그레이스'의 유명한 "광명을 찾았네"라는 구절은 부흥사들이 전파하고 기대했던 도덕적 변화를 적절히 상징한다.

회심을 통한 도덕적 변화의 전통 또한 분명히 성격적 근거를 가지고 있다. 성경 말씀의 큰 맥은 극적인 종교적인 각성과 변화된 삶으로 이어지는 신적인 진리의 강력한 선포에 의한 죄와 죄인의 대조이다. 구약 성경 「사무엘」에서 다윗 왕이 밧세바와 간음을 하고 그녀의 남편 우리아를 죽게 만들고 그 둘을 은폐하는 죄의 무서운 사슬에 매여 있을 때 나단 선지자가 다윗 앞에 나타났다. 나단이 다윗의 죄를 지적하여 양심의 가책을 느끼게 할 때, 다윗은 큰 충격을 받았다. 그는 자기가 나쁜 짓을 하였다는 것을 알고 있고 그 죄에 대한 대가를 기꺼이 치르고자 한다. 여기서 다윗은 하나님을 믿게 되는 것처럼 종교적 회심을 경험하고 있는 것이 아니라 회개와 그의 생활 방식의 변화로 이어지는 죄에 대한 큰 슬픔을 경험하고 있다.

신약 성경의 「누가복음」에서 세례자 요한은 죄를 회개하라고 강력히 촉구하고, 백성들은 떼를 지어 와서 회개한다. 그는 그들에게 구체적으로 그들이 변하기 위하여 해야 할 것을 말하고, 그들은 힘써 그렇게 한다. 예수님도 많은 사람들에게 동일한 효과를 나타내신다. 즉, 그는 세리들과 창기들을 부르시고, 그들에게 이전의 죄를 버리고 그를 따르게 하신다. 아마도 가장 유명한 회심자는 바로 바울일 것이다. 그는 그리스도를 박해하여 죽이려던 자에서 초대 교회의 지도적인 사도가 된다. 아마 다메섹 도상에서 바울의 극적인 회심의 경험이 부흥사 전통을 가장 깊이 형성하였을 것이다. 바울이 회심할 수 있었다면 누구든지 회심할 수 있다. 바울 자신은 그 회심을 확실히 믿었고, 그리고 부흥 전도자들은 오늘날까지 바로 그 사실을 수세기 동안 이야기하고 있다.

종교적 회심과 그 다음에 이어지는 종교적 변화의 경험의 실체는 성경과 같은 선상에 있다. 이러한 것들은 우리의 소중한 종교적 유산이며 오늘날 계속해서 많은 사람들의 삶 속에서 큰 변화를 일으키고 있다. 이는 구제할 수 없는 사람은 없다는 것과 하나님의 능력은 누구든지 받아들이는 사람들의 삶 속으로 들어가 변화를 일으킬 수 있다는 고무적인 희망을 준다.

그러나 부흥사 전통에서 산 사람들은 적어도 교회에서 종종 이 접근방법이 다루어질 때 아주 실제적인 한계가 있다는 것도 알고 있다.

첫째, "나는 찾았네(I once was blind but now I see)"라는 패러다임은 어린아이들과 십대와 기독교 전통에서 양육을 받고 자라 신실하게 사는 사람들에게는 실제로 적용되지 않는다. '눈먼 자'처럼 된 적이 없고,

인간적인 그리고 인간적인

탕자처럼 집을 멀리 떠나서 죄악의 향락을 즐긴 적이 없고, 오히려 어릴 때부터 가지고 있는 신앙을 좀 더 충분히 깨닫기를 바라는 12세의 소년에게 무엇을 말하는가? 만일 이 소년이 어둠에서 빛으로 나아오고, 죄를 버리고 회개하고, 믿지 않다가 믿게 되는 구체적인 극적인 순간을 떠올릴 수 없다면 어떻게 하는가?

이러한 경우에 그 신앙과 도덕적 성품이 부모와 교회의 신실한 가르침을 통하여 형성되는 어린이들과 십대들은 참으로 '구원을 받기' 위하여 어떤 극적인 회심의 경험을 만들어내야 한다고 느낀다. 적지 않은 젊은이들이 마치 그것이 자기들의 이후의 '회심'과 '변화'를 비준해 주는 것인 양 반항기에 들어갔다. 늘 교회에 출석하고 있어서 '실족'하지 않은 젊은이들도 종종 그들의 구원을 확신하기 위하여 고뇌에 찬 쓰라린 경험을 하기도 한다. 왜냐하면 그들은 어떤 극적인 회심의 경험을 이야기할 수 없기 때문에 자신들이 정말로 구원을 받았는지 알기를 원한다. 어떤 극단적인 경우에, 이 염려는 참으로 아주 경직된 강박 관념이 된다. 사실은 모든 사람이 어둠에서 빛으로 옮겨가는 회심의 경험을 통하여 하나님께로 또는 도덕적 선으로 나아가는 것이 아니다. 그러한 진행을 종교적 경험의 유일한 패러다임으로 정하는 것은 많은 점에서 파괴적일 수 있다. 신약성경에서는 믿음만이 구원한다는 것과, 모든 사람이 범죄하였으므로 믿음으로 우리가 얻게 되는 구원이 필요하다는 것을 말할지라도(참조 마 3:2; 눅 3:13; 행 2:37-38; 롬 3:21-26), 젊은이들이 죄를 회개하고 믿음을 나타내고 그리스도에게 헌신하는 그 방식은 대개 인생에서 나중에 회심하는 자들이 취하는 그 여정과 사뭇 다르다.

회심과 변화의 접근 방법과 관련된 또 하나의 중요한 문제는 극적이지만 피상적이고 궁극적으로는 열매 없는 회심 또는 겉모양뿐인 회심이 될 수 있다는 것이다. 부흥사 전통을 따르는 사람은 누구나 그 패턴에 익숙하다. 즉, 만일 4월이면 반드시 부흥의 때이어야 한다. 그래서 여러분은 정면 통로로 걸어 나와서 자신이 예수를 찾았다고 말하고 지금부터 바르게 살려고 한다고 이야기하는 사람을 기대할 수 있을 것이다. 순회 복음 전도자들은 이런 고백을 들으면 좋아하겠지만 공동체 안의 모든 사람들은 그 사람이 매년 부흥회 주간 동안 이렇게 고백하지만 결국 전혀 변하지 않는다는 것을, 적어도 그 변화가 장기간 지속되지 않는다는 것을 알고 있다. 때때로 극적인 '회심'은 진정한 회심의 경험으로부터 일어나는 철저한 개인의 변화와 도덕적 성장의 길고 장구한 역사를 대신할 수도 있다. 회심은 도덕적 여행의 출발에 불과하다. 비록 그것이 강력한 출발이라 할지라도, 회심자가 전인성을 향한 장기간의 영적 도덕적 여행을 계속하려면 다른 자원들이 제공되어야 할 것이다.

만일 '선한 사람'이 되는 방법의 문제에 대한 이 세 가지 접근방법이 다소간 부적절하다면, 어떤 점에서 그러한가? "그리스도인은 완전한 것이 아니라 용서받았을 뿐이다"라고 말하는 것으로는 부족하다. 왜냐하면 이 말에서는 도덕적 성장을 거의 또는 전혀 기대하지 못하기 때문이다. "내가 할 수 있어요"라고 말하는 것으로는 부족하다. 왜냐하면 의지력만으로는 지속적인 도덕적 성장을 하게 할 수 없기 때문이다. 그리고 "광명을 찾았네"라고 말하는 것으로도 부족하다. 왜냐하면 사람들은 극적인 개인의 전환에 의해 반드시 도덕적으로 성장하는 것은 아니기 때문이고 그 전환을 계속 유지하기가 대단히 어렵기 때문이다. 이러한 각각의 견해들의 약점은 피하면서 진리를 받아들일 수 있는 도덕적 성장 모델이 있는가?

천천히 그러나 확실하게

내가 보기에는 사람이 도덕적으로 선하게 성장할 수 있는 가장 완벽하고 실행 가능한 모델은 예수 그리스도 안에서의 점진적인 도덕적 성장이다. 이 점진적 또는 발전적인 관점은 로마 가톨릭 전통에서 아주 잘 표현되었는데, 특히 기독교 신조를 가르치기 위해 사용된 요리문답에 잘 요약되어 있다. 개신교 저자가 이렇게 로마 가톨릭의 접근 방법에 초점을 맞추는 것이 의외일지 모르나, 나는 형제교단의 기독교 전통에서 비롯된 최선의 통찰력을 구태여 무시할 필요가 없다고 생각한다. 여러 다양한 대안들을 연구한 결과, 그리스도인의 도덕적 생활에 대한 가톨릭의 설명이 우리가 논의하고 있는 다른 접근방법들의 오류를 피하는 가장 효과적인 설명 중 하나라는 확신을 갖게 되었다. 그리스도인의 도덕적 생활에 대한 로마 가톨릭의 설명은 도덕적 성장이 불가능하다고 주장하지 않는다. 도덕적 성장을 의지력으로 설명하지도 않고, 모든 것을 종교적 회심으로 치부해 버리지도 않는다.

그것보다는 그리스도인의 도덕적 생활에 대해서 로마 가톨릭은 그것이 하나님의 형상으로 만들어진 인간창조에 근거하고 있고 우리와 창조주의 즐거운 관계를 불러일으키는 그리스도 안에서의 인생관이라고 설명한다. 또한 인간의 선택은 예수 그리스도를 믿는 것뿐만 아니라 우리의 삶을 오직 예수 그리스도와의 관계와 그의 뜻 안에서만 가능한 전인성으로 향하게 하는 역할도 한다. "인간은 그들의 의도적인 행동으로 말미암아 자신들의 내면의 성장에 독특한 기여를 한다"고 교회는 말하지만 "그들이 덕을 갖게 되고 죄를 피하는 것은 은혜의 도움 때문"이다. 만일 사람들이 죄를 범하면, 그들은 그것에 관해 무시하지는 않지만 허둥대지도 않는다. 왜냐하면 '탕자처럼' 그들이 "하늘에 계신 우리 아버지의 자비에 자신들을 맡기기" 때문이다. "하나님의 용서하시는 사랑에 감사하여" 그들은 "완벽한 사랑의 경지에 이른다." 다시 말해, 그들이 쌓는 덕은 하나님의 사랑에 대한 겸손한 보답으로 말미암은 것이기 때문에 불건전한 자기 의(self-righteousness)가 되지 않는다. 그리고 그것은 다른 겸손한 죄인들에게도 베풀어진다. 이러한 도덕적 선의 관점이 얼마나 유익한가를 이해하기 위하여 여러 가지 요소를 하나씩 살펴보자.[7]

하나님의 형상으로, 하나님과 관계를 갖도록

도덕적 성장에 대한 로마 가톨릭의 관점의 출발점은 하나님의 형상으로 만들어진 인간의 개념인데, 이 개념에 대해서는 우리는 이 책에서 처음부터 다루어 왔다. 이 개념은 다음과 같이 여러 가지 명확하고 적절한 방식으로 다루어진다.

인간적인 그리고 인간적인

- 우리가 만들어진 신적인 형상은 모든 사람에게 그리고 모든 인간 관계와 공동체의 경험 속에 존재한다. 우리 속 깊숙이 신적인 창조자가 있고, 우리 인생 여정에 대한 신적으로 정해진 목적과 운명이 있다는 어렴풋한 자각이 있다. 우리는 하나님과 관계를 가지기 위하여 만들어졌고 하나님의 뜻을 행하는 것에서 최고의 성취를 찾기 위하여 만들어졌다. 로마 가톨릭 교회는 이것을 지복 또는 **행복**에 대한 우리의 소명이라 부른다.

- 하나님의 형상으로 만들어졌다는 것은 우리가 "신적인 영의 빛과 능력에 참여한다"는 것이다. 우리에게는 '창조자에 의해 확립된 사물의 질서'를 이해하는 이성적인 능력이 있다. 우리는 우리 스스로가 목표인 바 그 참된 선을 향할 수 있는 자유 의지가 있다. 또한 우리는 도덕적으로 의미 있는 선택을 하는 생각과 의지의 진정한 자유도 있다.

- 모든 인간에게는 '하나님의 음성을 인식하는' 능력이 있다. 그리고 이 음성은 우리에게 "선한 것을 행하고 악한 것을 피하라"고 강력히 권한다. 이 음성은 우리의 양심에 들리는데, 이 음성은 인생 속에서 여전히 작용하고 있는 힘이며 신적인 형상을 나타내고 있기도 하다.

- 죄는 실제적인 결과를 야기한다. 죄는 대체로 우리 안에 있는 우리의 자유나 도덕적 능력이나 신적인 형상을 파괴하는 것이 아니라 손상시키는데, 이것은 우리가 "이제 악을 행하는 경향이 있고 오류를 범한다"는 뜻한다. 우리 속에는 큰 내면의 분열이 있다. 우리는

여전히 선을 원할지라도 우리 속에 있는 반대 세력이 우리를 다른 방향으로 끌어당긴다.

- 예수 그리스도 안에 있는 하나님의 은혜가 "우리를 사탄과 죄로부터 구하였다." 그리스도를 믿는 자들은 하나님의 자녀가 된다. 우리에게 그리스도의 모범을 따를 수 있는 능력을 주어서 우리가 변화시킨다. 우리는 바르게 행하고, 선을 행하고 거룩해질 수 있다. 이 영적 도덕적 성장의 길의 결국은 '하늘의 영광'인데, 이것은 바르게 살 때 인생의 여정이 도달하는 궁극적인 목적지이다.

이러한 일련의 주장들은 이 장에서 다루고 있는 문제뿐만 아니라 다른 장들에서 씨름한 문제들과 직접적으로 관련이 있다. 이것은 죄에도 불구하고 남아 있는 인간의 도덕적 능력을 강조한다. 이 능력에는 우리의 이성과 지성과 의지와 자유와 우리를 만드신 하나님과 관계를 갖고자 하는 선천적인 소원이 포함된다. 죄로 인하여 우리의 본성이 훼손되어 우리의 의지는 악을 행하는 경향이 있고 우리의 생각은 오류에 빠지는 경향이 있다. 그러나 자아라기보다는 분열된 자아로 이해되는 구속받지 못한 죄인은 전적으로 악을 행하는 경향이 있다. 예수 그리스도께서 유효하게 하시는 것은 이 내적인 분열 상태로부터 구출이며, 죄에 의해 손상된 것에서의 회복이며, 그리하여 하나님께서 처음부터 우리를 위해 계획하신 모든 것의 회복이다. 우리가 은혜 속에서 성장할 때, 우리의 분열된 자아는 더욱 완전하게 되고, 더욱 '바르게 행동하고 선을 행할' 수 있게 된다. 은혜 속의 이러한 성장은 우리가 요리문답에서 말하고 있는 대로 〔우리의〕 구

인간적인 그리고 인간적인

주와 연합' 하고 있을 때뿐이다. 영적으로 예수 그리스도의 능력에 의지할 때 우리는 그 능력으로써 깊고 지속적인 관계 속에 있게 되고, 우리 속에 새 생명이 싹튼다. 우리는 거룩하게 되어 영원한 하나님의 어전에서 사는 삶에 더욱 적합하게 된다.

인간의 자유와 책임

요리문답에서 말하는 것처럼, "자유는 이성과 의지에 뿌리를 둔, 행하거나 행하지 않는, 이것이나 저것을 행하는, 그래서 우리 자신의 책임으로 계획적인 활동을 수행하는 힘이다." 인간은 이런 점에서 자유롭고, 그리고 이것은 신적인 형상으로 만들어진 한 면이다. 이러한 자유는 우리 인간의 위엄과 이성적인 능력의 일부이다. 하나님께서 인간이 부분적으로 자유롭기를 원하셨기 때문에, 인간은 자유롭게 자신들의 삶과 하나님의 삶을 결합시키는 쪽을 선택할 수 있었다. 하나님께서 우리의 의지를 지배하실 수 있었지만 그렇게 하지 않으신다. 우리의 자유는 우리 본성의 가장 고상한 면이며, 우리가 이것을 바르게 사용하는 한 "진리와 선 가운데서 성장하고 성숙할 수 있는 능력"이다.

그들의 의지가 아직 하나님께(또는 아마도 사탄이나 악에게) 완전히 속박되지 않은 인간은 여전히 자유로이 선과 악, 옳은 것과 나쁜 것을 선택할 수 있다. 우리는 우리의 선택, 적어도 참으로 자발적인 선택에 대해서 충분히 책임이 있다. 그리고 그 선택에 대해서 해명해야 할 의무가 있다.

구속받지 못한 사람들도 일정한 수준의 자유가 있고 그 자유에 동반하는 도덕적 책임이 있다. 잘못을 행하려는 경향이 실제적인 것이지만 우리가 모두 하나님의 형상으로 만들어졌기 때문에 인간에게 잔존하고 있는 이성과 양심과 도덕심도 실제적인 것이다.

5장에서 살펴보았듯이, 우리의 자유는 부서지기 쉽다. 만일 우리가 반복적으로 나쁜 짓을 하려고 한다면, 우리의 자유를 남용하는 것이다. 그 결과는 붕괴이며 마침내 우리는 자유를 상실하게 되고 여러 가지 형태로 죄의 노예로 전락하게 된다. 즉, 우리의 의지는 자유롭기보다는 겉으로 보기에 억제하지 못하고 계속적으로 죄를 짓는 경향이 된다. 아마 이것이 사탄이나 회심할 가망이 없는 악인을 설명하는 최선의 방법일 것이다. 그는 겉으로 보기에 억제하지 못하고 나쁜 짓을 하려는 경향을 행동으로 보여 준다. 한편, "선을 행하면 행할수록 더욱더 자유롭게 된다." 왜냐하면 "선과 공의를 행하는 것 외에는 어떤 참된 자유도 없기 때문이다." 즉, 우리를 더욱더 자유롭게 하는 선을 행하기로 반복적으로 결정하는 것 외에는 어떤 참된 자유도 없기 때문이다. 우리의 궁극적인 소원은 우리의 의지를 하나님과 하나님께서 제정하신 선에 매이게 하는 것이어야 한다. 이렇게 할 때 우리는 참으로 자유로워질 것이고, 나쁜 짓을 하려는 마음의 소원에서 자유로워지고 그렇게 함으로써 생기는 부정적인 결과로부터 자유로워질 것이다. 이것이 우리가 추구하는 것이지만, 여전히 인생의 여정을 통한 투쟁이 남아 있다.

로마 가톨릭 관점의 현저한 특징은 5장에서 간략히 언급한 대로 예수 그리스도를 인정하지 않는 사람들조차 그들의 자유를 올바르게 행사할

인간적인 그리고 인간적인

수 있는 어떤 능력이 있다고 하는 주장이다. 그들도 '덕을 쌓고' '선을 알' 수 있고 그들의 행동을 '의지가 지배' 할 수 있다. 그러나 이 도덕적 성장의 가능성은 예수 그리스도의 도움에 의지하는 것이고, 분명히 인간의 전인성에 대한 하나님의 계획이다. 예수 그리스도는 십자가에서 죽으심으로써 우리를 죄에서 구원하시고 우리의 의지를 지배하는 그의 힘을 차단하신다. 그는 우리의 자유를 회복시키셔서 우리로 하여금 죄가 하나님의 선한 세계를 침범한 이후로 볼 수 없었던 자유를 경험하게 하신다. 자유가 회복된 신자들은 세상과 교회에서 하나님의 일에 '자유롭게 협력하는' 능력을 부여받았다. 바울은 "그리스도께서 우리를 자유케 하려고 자유를 주셨으니"(갈 5:1)라고 썼다. 그리스도의 구속 사역으로 하나님께서 인간이 가지도록 의도하셨던 원래의 영광스러운 자유가 회복되었다. 하나님과 소원해진 것에서 구제받고 죄의 속박에서 벗어난 우리는 자유로이 바른 선택을 향하여, 하나님을 향하여, 영원을 향하여 높이 올라갈 수 있다. 우리가 되풀이하여 하나님을 선택하고, 종종 그 선택이 전혀 선택처럼 보이지 않을 때에도 하나님은 매우 기쁘게 우리를 맞이하신다.

도덕적 자아를 유지하기

하나님을 위하여, 그리고 하나님의 형상으로 만들어진 우리 인간은 그리스도인이든 아니든 죄로 말미암은 손상과 하나님께서 정하신 우리의 존재와 목적에 맞게 존재하고 행하는 것에 부정적인 세력 및 내적인 저항

제6장_ 어떻게 선한 사람이 될 수 있는가?

에도 불구하고 선한(good) 것과 옳은 것을 선택할 수 있다. 이 잔존하는 도덕적 능력을 인정함으로 우리는 참으로 훌륭한(good) 사람이 세계 도처에서, 신자와 불신자 가운데서 발견될 수 있다는 것을 알 수 있다. 그리고 또 매우 다양한 민족과 국민들이 도덕적 규범과 시비의 판단과 법적 제도를 낼 수 있다는 것을 알 수 있다. 그렇지만 우리는 성경을 통해 이 실제적이지만 부서지기 쉬운 도덕적 능력이 예수 그리스도 안에서 하나님의 능력을 접함으로써 크게 향상되고 심지어 급격한 변화를 가져오게 된다는 것을 인정한다. (또한 우리는 신약 성경의 「로마서」에서 영원한 구원이 선한 생활과 그 모든 행위와 관계없이 예수 그리스도를 믿는 믿음으로 말미암은 은혜로 온다는 것을 인정한다.) 그리스도인의 도덕적 생활은 공식으로 바꾸어 설명한다면 다음과 같이 될 수 있다.

하나님의 형상으로 만들어지고, 하나님이 주신 (손상된) 도덕적 능력을 가짐

\+ 그리스도 안에서 이용할 수 있는 도덕적 자원

\+ 도덕적 자유의 바른 실천

= 성화, 또는 점진적 형성 및 마침내 그리스도화함

그러나 우리가 기대할 수 있는 하나님이 주신 도덕적 능력의 독특한 요소들은 어떤 것들인가? 우리의 양심과 열정과 우리의 인품이 우리의 도덕적 능력에 얼마나 기여할 수 있겠는가? 각각이 하나님이 주신 우리의 필수품의 일부이다. 각각이 죄로 인하여 손상되었다. 이러한 것들을

인간적인 그리고 인간적인

사용하여 발전시키는 것은 우리의 자유의 행사에 달려 있다. 그런데 이 자유는 지혜롭게 쓰일 수도 있고 형편없이 쓰일 수도 있다. 우리의 자유를 가장 잘 사용하는 것은 도덕적 습관을 발전시키는 것이다. 그리고 우리의 의지를 옳고 선한 방향으로 선택하도록 하는 영적 훈련을 통하여 강화시키는 것이다.

양심의 본질과 기능은 우리의 이성을 통하여 접근할 수 있는 '하나님에 의해 마음에 새겨진 율법'으로서 선한 선택을 인정하고 악한 선택을 비난하는 일종의 내면의 목소리의 구실을 하고 있다. 19세기에 추기경 존 헨리 뉴맨(John Henry Newman)은 양심을 하나님의 사자, 하나님의 음성의 내면적인 표현으로 묘사하였다. 20세기에 양심의 개념은 그 합법성을 서로 비난하는 다양한 도덕적 이론들과 세계관들을 대표하는 것으로서 무자비하게 난타 당했다. 그것은 가지각색의 부르주아적으로 사치스럽고 외형화한 친권(parental authority)의 목소리였고, 힘에 의해 좌절된 의지였고, 기독교 전통에서 말하고 있는 것 외에 어떤 무엇이었다. 그러나 지난 세기의 대학살 이후에 우리는 양심의 개념을 자신만만하게 거부할 수 없게 되었으며, 양심을 성경적이고 개인과 인간 공동체의 행복에 필수불가결한 것이라고 생각하게 되었다.

모든 인간의 영의 일부이며 사람들의 선택에 의해 영향을 받기도 한다고 그리스도인들이 믿고 있는 양심은 다양하게 기능을 한다. 양심으로 인해 우리는 최소한 도덕적 원리들을 어렴풋하게나마 인식하게 된다. 그뿐만 아니라 이러한 원리들을 독특한 상황에서 어떻게 적용해야 하는지도 어렴풋이 인식하게 된다. 양심은 우리에게 우리가 행한 또는 행하려고 하는 어떤 행동들에 대하여 평가 또는 판단을 하게 한다. 양심은 우리에게 우리가 잘못이라는 것을 알고 있는 것을 행할 때 우리의 나쁜 행위가 죄임을 깨닫게 한다. 살인자가 희생자 가족의 슬픔을 보게 될 때처럼, 자신의 나쁜 행위를 가장 정면으로 직면하는 순간, 왕왕 충격을 받게 되는 것은 양심의 판단 때문이다. 로마 가톨릭 사상에서, 양심의 개념은 좀 더 확대된 인간 이성의 개념으로 대치된다. 우리의 이성은 우리가 하나님의 형상으로 만들어졌다는 것을 나타내는 부분이다. 죄의 피해에도 불구하고 이성은 양심의 소리에 잔존하며, 이것은 우리에게 우리가 바르고 참되다고 알고 있는 것을 상기시키는 놀라울 정도로 탄력적인 능력이 있다.

도덕적 자아의 둘째 요소는 우리가 선하거나 악하다고 믿는 어떤 것에 관하여 우리로 하여금 행동하게 하는 힘으로 가장 잘 이해된 우리의 감정 또는 열정이다. 열정은 "인간 프시케(=soul)의 자연스러운 요소이며, 그리고 이 열정은 통로를 형성하고 의식의 삶(the life of the senses)과 생각의 삶(the life of the mind) 사이의 관계를 확실하게 한다." 성경에 기록된 열정 가운데에는 사랑과 증오와 두려움과 기쁨과 슬픔이 있다. '마음'은 예수님에 의해 열정의 중심으로 묘사되었으며, 따라서 어떤 점으로는 도덕적 생활의 중심이다(막 7:21).

플라톤과 스토아 철학자들과 같은 도덕적 사상가들은 열정의 위험을 경고하였고, 도덕적 생활에서 그 열정을 바르게 불태우고자 하였다. 그들은 열정이 아니라 이성이 우세해야 한다고 생각하였다. 그러나 이것은 우리를 「스타트렉 Star Trek」의 등장인물 스포크(Spock)처럼 너무나 인간적인 외계인보다 못한 존재가 되게 한다. 아리스토텔레스는 열정 자체가

인간적인 그리고 인간적인

중요하고 인간 본성의 필요불가결한 요소이기도 하다는 것을 잘 인식하였다. 문제는 열정이 있는가 없는가 또는 열정이 선한가 그렇지 않은가가 아니라 열정이 바르게 느껴지고, 이용되고, 지도되는가 혹은 그렇지 않은가이다. 아리스토텔레스의 전통을 따라서 요리문답은 열정을 선하거나 악하지 않은 도덕적으로 중성이라고 설명한다. "열정은 선한 행동에 기여할 때에는 도덕적으로 선하다. 그리고 그 반대일 때에는 악하다." 도덕적 선을 향한 성장은 우리의 열정이 고삐 풀린 망아지처럼 제멋대로 행동하지 않도록 우리의 열정을 우리의 이성과 의지와 관련짓는 일이 필연적으로 수반된다. 그리고 우리의 열정이 선한 목적을 향하도록, 하나님의 뜻과 일치하도록 지도하고, 그리하여 궁극적으로는 그 열정을 우리가 즐거이 하나님께 돌려 드리는 완전하게 창조된 자아의 일부로 통합하는 일도 수반된다.

유대인 대학살 동안 유대인들을 구한 그리스도인들을 연구함으로써 나는 열정의 긍정적인 역할에 대한 많은 좋은 예들을 발견하였다. 자신들이 보았던 유대인들의 고난에 대한 열정적인 반응 때문에 상당히 많은 조력자들이 이 가련한 이방인들에게 온정을 베풀기 위하여 모든 위험을 감수하게 되었다. 겁에 질린 여자들과 아이들, 노인과 병자의 비참한 모습에 마음 아프게 여기면서 조력자들은 생명을 구하는 행동을 할 열정이 일어났다. 많은 경우에 열정은 이성의 냉정한 조언과 조심하라는 지시를 아랑곳하지 않았다. 그들의 의지로 하여금 바른 일을 하도록 하게 한 것은 어떤 다른 요소보다도 바로 열정이었다.[8]

우리의 양심과 열정과 긴밀히 관련된 우리의 **인품**(character traits)은 도덕적 자아의 셋째 요소이다. 요리문답은 인물 특성이 우리 의지의 '습관적으로 굳어진 성향'이라고 말한다. 성격의 요소들로는 우리의 태도, 의도, 동기, 지각이 있다. 우리 성격의 이러한 면들은 우리의 습관적인 행동과 실천에 의해 분명하게 드러난다. 예를 들면, 탐욕스럽게 행동하는 사람들은 그들의 성경의 한 측면인 탐욕을 결정화하게 되는 태도와 의도와 동기와 지각에 따라 그렇게 한다. 성격(character)라는 말의 어원은 그리스어 카락테르(charakter)인데, 이것은 조각 도구 또는 어떤 사람이 만든 독특한 표이다. 카락테르로 인하여 누구의 소유라는 것을 아는 것과 마찬가지로, 우리는 우리 자신과 다른 사람들을 삶을 살아가는 그들 특유의 존재 방식과 행동 방식에 의해 안다.[9]

인물 특성은 덕과 악덕의 형태를 취할 수 있다. "덕은 습관적으로 굳어진 선을 행하는 성향"이라고 요리문답에서 말하고 있는 반면에 악덕은 이런저런 생활 영역에서 습관적으로 굳어진 악을 행하는 성향이다. 왜냐하면 도덕적 생활은 많은 요소가 있고 광범위한 습관과 선택과 태도가 있기 때문에, 어떤 덕에는 약점이 있고 다른 덕에는 장점이 있을 수 있다. 덕이 있는 사람은 선하고 바른 선택을 하고 그러한 선한 선택을 구체적인 행동으로 나타내면서 혼신의 힘으로 선을 추구한다. 그러한 사람은 완전한 것이 아니라 단지 덕이 있는 것이다. 마찬가지로, 악을 추구하는 사람은 **부도덕**(vicious)하다. 바로 여기에 중요한 단어가 나왔다.

그러므로 어떤 일련의 단계나 행동에 의해 덕이 있거나 양심이 있거나 바르게 열정적이 될 수 있는가? 요리문답에서 발췌한 가장 중요한 요점은 다음과 같다.

인간적인 그리고 인간적인

- 우리는 인간의 노력을 통하여 도덕적 덕과 제대로 된 열정과 바른 기능을 하는 양심을 얻는다. 그런데 그러한 노력은 항상 하나님의 은혜의 도움을 입으며 궁극적으로는 그 은혜에 의존한다. 여전히 우리는 하나님께 대해 우리의 적절한 도덕적 향상에 대한 책임을 벗어버릴 수 없다. **당신이 선한 사람이 되는 길은 부지런히 선을 행하는 것이다.**

- 바른 태도와 성향과 지각과 동기는 선한 선택을 할 수 있는 상황을 만들고 또한 이러한 것들은 선한 선택의 결과이다. 여기에는 고리 역할을 하는 일종의 도덕적 피드백이 있다. **당신이 선한 사람이 되는 길은 선한 선택을 하는 것이다.** 선한 선택을 하는 이런 방식은 당신의 의지가 당신의 자유를 거듭거듭 바르게 행하도록 훈련시킨다. 분명히 이것이 제대로 이루어지려면 의지력을 위한 어떤 역할이 있어야 한다. 이 역할의 도움을 받아서 우리가 선택을 하게 되면 처음에는 자연스럽지 않지만 자꾸 하다 보면 결국에는 보다 쉬워질 것이다. 우리가 달리 선택할 수 있다는 것을 충분히 알지만 의도적으로 선을 선택함으로써 우리는 선이 증대한다.

- "양심〔열정과 덕〕의 교육은 평생 작업이다." **당신이 선한 사람이 되는 길은 당신 자신을 선으로 훈련하고 교육하는 것이다.** 어린 아이일 때에는, 다른 사람들이 우리를 훈련시킨다. 다행히도, 부모와 선생과 다른 사람들이 우리에게 선한 양심과 열정의 선한 용도와 선한 성격이 무엇과 같은지를 가르쳐 준다. 성인이 되어서는 예배에 참석하고 독서를 하고 기분 전환을 하는 등 자신의 선택에 의해 이런 교육을 계속한다.

- "도덕적인 덕은 …… 인내로써 고투함으로 말미암아 자란다." 인내하는 의지와 능력이 도덕적인 선을 쌓을 수 있는 핵심이다. 인내에는 유혹을 이기는 결심과 좌절에도 불구하고 계속하는 견인불발과 이생에서 우리에게 닥치는 여러 형태의 고난의 전체적으로 순결하게 하는 효과가 있다. 인생에서 성공과 성장의 비결은 고투와 고난의 시기를 성격의 급격한 성장의 기회로 받아들이는 것이다. **당신이 선한 사람이 되는 길은 인내로써 고투하여 덕이 쌓이는 것이다.**

- 영적인 진보는 규칙적인 영적 훈련으로 말미암는다. 기독교 역사는 신자들이 훈련과 극기를 통하여 성장할 수 있도록 돕는 영적 훈련의 오랜 역사를 가지고 있다. 여기에는 여러 형태의 기도와 묵상과 금식과 순례와 사경회와 같은 기도와 다른 경험이 있다. 비록 이러한 것들 중 더러는 지나치게 열심인 신자들에 의해 극단적으로 치우쳐졌지만 그리스도인들은 의지가 극기와 때로는 자기 부정을 수반하는 실천을 통하여 단련된다는 것을 믿는다. 그러므로 **당신이 선한 사람이 되는 길은 당신의 극기를 키우는 영적 훈련을 실천하는 것이다.**

- "그리스도의 구원의 선물로 인하여 우리는 은혜를 입어 인내로써 덕을 추구하게 된다." 마침내 그것은 은혜가 된다. 성경은 은혜가 우리 삶 속에서 실제로 어떻게 작용하는지를 풍부하고 다양하게 설명하고 있다. 성경은 신자들이 하나님의 권속의 일원이 되었고, 그래서 어떤 점으로는 우리가 우리의 성부의 도덕적 선을 '상속' 한다고 말한다. 우리는 그리스도 안에 있다. 그래서 그의 생명이 우리의 생명이 된다. 그리스도의 영이 우리 안에 있다. 그래서 그는 우리의 의지와 결정을 지배

인간적인 그리고 인간적인

한다. 그리스도는 우리가 하나님의 형상이 되어 우리의 원래의 아름다움과 고귀함이 회복될 수 있도록 인간 안에 하나님의 형상을 개조한다. 그리스도는 우리를 죄와 그 세력에서 자유케 하셨다. 그리하여 우리는 마침내 자유롭게 된다. 요컨대, **당신이 선한 사람이 되는 길은 당신의 전 자아를 그리스도께 맡겨서 그로 하여금 당신을 변화시키도록 하는 것이다.**

예수 그리스도 안에서 점진적인 변화의 과정을 통하여 참으로 선한 사람이 되는 것은 실제로 가능하다. 우리는 우리의 방식을 받아들여야 할 필요가 없다. 우리는 하나님의 도움과 우리 자신의 노력으로 더 잘 할 수 있다. 기독교 전통은 성공으로 가는 길을 도표로 만들었다. 이 길에는 용서와 도덕적 노력과 회심의 순간이 포함되지만 게다가 이러한 것들을 뛰어넘어 도덕적인 성장과 변화의 훈련된 삶을 사는 것도 포함된다.

다음 장에서, 우리의 인생 여정에서 도덕적인 훌륭함(goodness)뿐만 아니라 도덕적인 **위대함**(greatness)을 열망할 수 있는 또 다른 가능성을 생각해 보도록 하자. 목적을 이룬 사람들의 삶을 생각해 보고 우리가 그들과 합류할 수 있는지 알아보도록 하자.

도덕적인 위대함이란
무엇인가?

너희 중에 누구든지 크고자 하는 자는 너희를 섬기는 자가 되고
너희 중에 누구든지 으뜸이 되고자 하는 자는 모든 사람의 종이 되어야 하리라.
인자의 온 것은 섬김을 받으려 함이 아니라 도리어 섬기려 하고
자기 목숨을 많은 사람의 대속물로 주려 함이니라.
– 「마가복음」 10장 43-45절

경영학자 짐 콜린스는 『위대한 기업으로 *Good to Great*』라는 조직의 성공에 관한 책을 저술하였는데, 그 책에서 그는 기업을 여러 단계로 분석하여 적당하지만 인상적이지 못한 성장과 성공을 이루는 기업들과 구별되는 참으로 우수한 기업이 어떤 것인지를 보여 준다.[1] 그는 위대한 기업과 훌륭한 기업을 구분하는 다섯 가지 특성을 제시하고 있으며, 위대한 기업을 이루는 방법을 알고자 수많은 사람들이 그의 책을 사고 있다. 그저 평범한 수준의 성공을 말하는 책이라면 아무도 사지 않았을 것이다.

이 장에서는 바로 그것을 다루어 보자. 야구의 격언대로, 장타를 노리고 스윙하자(큰 결실을 맺기 위해 도박을 감행하자). 우리는 단순히 인생의

행로에서 기본적이고, 점잖고, 흔히 볼 수 있는 훌륭한 사람이 되는 방법
에 관하여 생각하려는 것이 아니다. 맹세코 우리는 이러한 사람들이 더 많
이 필요하다. 그러나 이 장을 쓴 것은 우리 대부분이 더 큰 어떤 것에 관심
이 있다고 느꼈기 때문이다. 신학자 루이스 스미디즈(Lewis Semedes)가
말한 것처럼, 우리는 단지 "상당히 훌륭한(good) 사람"이 되기를 원하는
것이 아니다.[2] 우리는 좀 더 심원하고 풍부하고 성취적인 삶을 바란다. 어
쩌면 우리는 도덕적인 위대함을 열망할지 모른다. 어쩌면 우리는 감히 최
고봉을 열망하지 않을지 모르지만 다른 사람들이 도덕적인 정상에 오른
것을 볼 때 분명히 고무된다. 이 장은 인간이 도덕적인 훌륭함(선함)에서
도덕적인 위대함으로 갈 수 있는 방법에 관한, 인간의 참된 전인성에 관
한, 우리가 추구할 수 있는 최상의 목적지에 관한 장이다.

도덕적으로 위대한 생애에 대한 통합적인 생각이 우리 대부분에게는
거의 미지의 영역이기 때문에, 우리는 그 길을 찾는 데 도움이 될 만한 실
제로 몸과 피를 가진 안내자가 필요하다. 이런 이유 때문에 이 장에서는
영국의 윌리엄 윌버포스(William Wilberforce)와 플로렌스 나이팅게일,
독일의 디트리히 본회퍼, 미국의 마틴 루터 킹에 대한 이야기를 가지고
계속 이야기할 것이다. 그들의 삶을 살펴본 다음에 우리는 다시 도덕적으
로 위대한 삶에 기여하는 것을 좀 더 분명하게 파악하는 데 도움이 되는
어떤 공통된 실마리를 찾을 것이다.

윌리엄 윌버포스(1759-1833): "하나님의 정치인"

윌리엄 윌버포스는 북동부 잉글랜드에 있는 헐이라는 항구 도시의 부유하고 유력한 상인의 맏아들로 태어나 아버지의 이름을 물려받았다. 어린 윌리엄은 출생의 특권을 누렸다고 말할 수 있을 것이다. 돈의 관점에서는 그러하였지만 그 때문에 그는 불과 아홉 살 되던 해에 아버지를 잃었다. 그의 어머니가 그를 런던으로 보내 친척과 함께 살면서 근처 기숙학교에서 교육을 받도록 하였을 때 그가 물려받은 유산은 달갑지 않은 위로였다.

런던에서 윌리엄은 명목상 그의 어머니의 종교였던 영국 국교회주의와 대조되는 활기찬 기독교 신앙에 접하게 되었다. 유력한 설교자 조지 휫필드가 한창 전성기였을 때였는데, 복음주의 기독교에 대한 그의 설명(성경을 공부하는 조직적 방식의 접근방법을 위하여 감리교파 교리를 다듬은 것)은 이 청년의 마음에 깊이 울려 퍼졌다. 점점 커지는 윌리엄의 복음주의적 열정은 그의 어머니를 당황케 하였다. 그의 어머니는 자기 아들이 오늘날 우리가 근본주의자로 부르는 사람이 되는 것을 원치 않았다. 어머니는 그를 몇 년 후에 집으로 데리고 가서 헐의 상류층에 집어넣어 그의 종교적 감수성을 둔화시키고자 하였다. 윌버포스는 훗날 자신이 사회적으로 능숙하면서도 도덕적이고 종교적으로 진지한 사람이 될 수 있었던 것은 어머니의 세속적이고 파티를 즐기는 사교적인 감수성과 친척들의 진지한 감리교의 혼합으로 인한 것이었다고 관대하게 결론 내렸다. 그럼에도 불구하고 그의 십대 시절은 불행하였고, 이상적인 생활에 대한 모자의

인간적인 그리고 인간적인

상이한 관점의 차이로 괴로움을 겪었다.

17세 때 윌버포스가 진학한 케임브리지 대학은 엘리트층의 자녀들이 공부하는 곳으로, 그들은 마음에 내키는 경우에 한에서만 진지하게 생각하였다. 윌버포스는 별로 마음이 내키지 않았고, 그의 대학 생활은 주로 친구들과 어울려 파티와 도박과 노래와 춤과 음주와 연극관람이었다. 그들 중 더러는 미래의 수상 윌리엄 피트(William Pitt)를 포함하여 아주 영향력 있는 사람이 되었다. 학업을 끝마쳤을 무렵 윌버포스의 신앙은 대체적인 도덕적 윤곽을 띠는 정도로 쇠퇴하였다.

케임브리지 대학을 떠난 윌버포스는 21세라는 약관의 나이에 하원의원으로 뽑혔으나 특별한 목적의식이 없었다. 젊은이가 금방 고위직에 오를 수 있다는 것이 믿기지 않을 수 있지만, 이것은 당시 특권층 자녀들에게는 충분히 가능한 일로서 그들은 본래 하원직을 살 수 있었다. 4년 뒤에 유럽 여행을 하면서 윌버포스는 참신한 종교적 각성을 하게 되었다. 그는 그것을 회심이라고 하였으며, 그는 그 회심을 통하여 그는 인생의 목적을 발견하였다고 말하였다.

1784년, 얼마 살지 않은 자신의 생애를 되돌아보면서 새롭게 회심한 21세의 청년은 자신의 여러 가지 죄를 깊이 후회하게 되었다. 그리고 지금까지 자신의 목적 없는 삶을 더욱더 깊이 후회하게 되었다. 하나님과 생활을 위해 느끼는 새로운 열정에 불타는 그는 정치와 세상사로 인한 생활이 요구하는 도덕적 도전과 타협 때문에 정치와 세상사를 포기할 생각을 진지하게 하였다. 그러나 찬송 작가 존 뉴턴('어메이징 그레이스'의 저자)과 같은 유력한 친구들의 지혜로운 조언 덕분에 그는 정치 속에서 변

화를 일으키기 위하여 하나님께서 자신에게 정치를 허락하셨다는 결론을
내리게 되었다. 그는 도덕적 순결을 유지하기 위하여 공적 생활에서 물러
나는 대신에 자신의 특권과 은사와 기술을 다 취하여 입법자로서 공익을
위하여 살기로 결정하였다. 그는 도덕적으로 가치 있는 대의를 찾기로 맹
세하였다. 이 대의를 위해 자기 생애를 바치고 자신의 세속적인 힘을 사
용하기로 하였다. 그리하여 그는 그가 결국 '하나님의 정치인'으로 알려
지게 될 자신의 소명을 깨닫게 되었다.[3]

그 직후에 윌버포스는 영국에서 노예제도 반대의 투쟁에 참여하게 되
었다. 처음에는 노예제도 문제에 전혀 특별한 경험이나 이해관계가 없었으
나 노예무역과 노예제도 자체의 큰 악에 대한 분명하고 설득력 있는 증거
를 보게 되었을 때, 그것의 폐지를 일생의 과업으로 삼았다. 그는 1789년
에 의회에서 최초의 노예제도 반대의 연설을 하였는데, 이것은 어느 모로
보나 가장 감동적인 연설이었다. 2세기가 더 지난 지금 이 연설 본문을
읽으면서, 자기 목적을 찾은 한 사람의 열정을 느끼게 된다.

무엇보다도 현명한 원칙이 있습니다. 그 권위가 신적인 권위라고 믿는바
"살인하지 말지니라"는 계명을 생각할 때, 내가 어떻게 감히 그 계명을
거역하는 어떤 이유를 제기할 수 있겠습니까? …… 이 무역의 본질과
모든 사실이 지금 우리에게 드러났습니다. 우리는 더 이상 몰랐다는 것
을 이유로 내세울 수 없습니다. 우리는 이 사실을 회피해서는 안 됩니다.
우리는 이 사실을 일축할지도 모릅니다. 우리는 고의로 이 사실을 무시
할지도 모릅니다. 그러나 우리는 이 사실을 외면할 수 없습니다. ……

인간적인 그리고 인간적인

이 의회는 결정해야 하며 온 세상과 자신의 양심에게 그 결정의 정확한 근거를 정당하게 밝혀야 합니다. 의회가 당연한 정의감에 무감각한 유일한 단체가 되지 맙시다.[4]

영국에서 노예무역 폐지되기까지 18년 동안 끈질긴 의회 투쟁이 있었다. 그런 다음 여러 해 동안 윌버포스는 사건들을 감시하여 이 폐지가 집행되었다는 것을 확실히 하였다. 또 다시 16년 뒤인 1823년에 가서야 비로소 윌버포스와 그의 친구들은 노예제도 자체에 다음 수단과 공격을 취할 때라고 결정하였다. 그는 대영제국이 지배하는 어떤 지역에서든 모든 노예가 완전히 해방할 수 있도록 캠페인을 시작하였다. 비록 1825년에 건강 악화로 어쩔 수 없이 은퇴하게 되었지만, 그의 대의는 1833년 그가 임종하기 불과 며칠 전에 성과를 거두었다. 이 위엄의 중요한 의미는 우리가 영국과 미국의 사건들을 비교할 때 더욱더 명백해진다. 미국에서는 노예 문제를 해결하기 위하여 30년 후에 유혈의 전쟁을 치렀다. 한 논평자는 윌버포스와 그의 동료들의 노예제도 폐지를 위한 노력의 의미를 이렇게 설명하였다. "노예제도를 반대하는 지치지 않고, 거만을 떨지 않고, 이름도 없는 그 영국의 십자군은 국사에서 더할 나위 없이 고결한 3-4쪽을 장식하고 있는 것으로 간주될 수 있다."[5]

노예제도를 반대하던 이 시기의 윌버포스의 글을 읽으면 깊은 감동을 받게 된다. 동료 개혁자들과 함께 큰 회의 탁자에 앉아서 영국의 서인도에서 노예무역 선박들과 농장에서 벌어지는 무서운 사태에 대한 보고를 받고 있는 키가 작고, 등이 구부러지고, 호감이 안 가는 남자가 마음에 그려진다. 그가 의회에서 회의적인 청중들에게 이러한 사태를 눈부실 정도로 열정적이고 헌신적으로 상세히 설명하면서 격노하는 그의 얼굴이 마음에 그려진다. 빈정대는 사람들과 영국의 재정적인 사욕에 호소하고 노예제도가 어쨌든 그다지 나쁘지 않으며, 적어도 미개한 흑인들에게는 나쁜 것이 아니라는 잘못된 논증을 하는 대적들과 맞서 싸우는 그의 소리가 들리는 듯하다. 그가 비공개적으로 그의 오랜 친구인 수상 윌리엄 피트에게 함께 일하는 의원으로서의 중요한 우정을 깨지 않고서 노예제도 폐지론자의 입장을 지지해 줄 것을 강경하지만 정중하게 요구하고 있는 모습을 보게 된다. 그는 언론의 공격을 받았고, 그가 도전하고 있는 것에 이해관계가 걸려 있는 사람들로부터 생명의 위협을 당하였고, 노예제도 폐지에 대한 그의 요구를 철폐하기만 하면 얻을 수 있는 부귀영화의 유혹을 받았다.

월버포스는 모든 근대적 민주주의에서 중요하게 된 한 특성을 구현한 최초의 정치인, 곧 개인의 야망이나 당파가 잘 되는 것보다 옳은 일을 행하는 것을 우선으로 삼는 도덕적으로 진지한 정치인이 되었다. 그는 '이 지극히 작은 자'의 대의를 촉진시키기 위하여 자기 권력을 사용한다. 그리고 그의 도덕적 고귀성은 높은 관직에 있는 다른 모든 자들의 기준을 높인다. 우리가 다른 대의를 그의 집요한 노력을 고려할 때 비로소 월버포스를 더욱더 바르게 인식하게 된다. 그는 일찍이 1787년부터 이러한 대의를 위해 일하기 시작하였다. 즉, 교회와 감옥과 노동법을 개혁하고, 사형 제도를 제한하고, 군대에서 매질을 금지시키고, 동물 학대를 억제시키고, 영국 통치하에 있는 인도인들을 보호하고, 빈민들의 교육을 향상시

인간적인 그리고 인간적인

키고, 해방된 노예들을 위한 항구 시에라리온(Sierra Leone)의 설립을 도왔다. 윌버포스는 대영제국과 모든 식민지와 자치령을 최상의 의미에서 좀 더 인도적이고 좀 더 기독교적으로 만드는 60개 이상의 사회단체와 자선 단체에 관여하였다. 그의 모범을 따라 다른 사회단체와 자선 단체와 유사한 활동을 하는 단체들이 무수히 만들어졌다.

세상을 떠났을 때, 윌버포스는 대영제국에 끼친 그의 영향력에 대한 칭송을 받았다. 웨스트민스터 사원의 그의 묘비명에는 다음과 같이 새겨져 있다.

그는 모든 공무에서 탁월하였고, 일반 사람들의 세속적이거나 영적인 궁핍을 구제하는 모든 자선 사업의 지도자였다. 그의 이름은 특별히 하나님의 은혜에 의해 영국에서 아프리카인 노예무역의 죄를 제거하고 제국의 모든 식민지에서 노예제도의 철폐를 위한 길을 마련한 모든 노력과 함께 길이 기억될 것이다.

플로렌스 나이팅게일(1820-1910): 건강과 여성을 위한 투쟁

플로렌스 나이팅게일은 윌리엄 윌버포스보다 더 부유한 가정에서 태어났다. 그녀의 아버지 윌리엄 나이팅게일은 유한계급의 사람으로 자기 재산의 일부를 가난한 사람들을 위해 썼고, 또 한편으로는 많은 시간을 그의 조숙한 딸 플로렌스의 교육에 쏟았다. 플로렌스는 영국에서 가장 고

등교육을 받은 여성의 한 사람이었다. 그녀의 가족은 돈으로 살 수 있는 모든 안락함, 곧 하인들과 여러 집들을 끊임없이 오가는 여행과 유럽 휴가와 거의 무한한 여가와 상류층 생활의 다른 모든 우아한 것을 누렸다. 그녀 집안의 종교는 자료에 따라 달리 설명된다. 나이팅게일은 영국 국교회에 속해 있었음에도, 그녀의 가족에게는 자유로운 종교적인 사고가 관류하고 있었던 분명하다. 유일신교도인 그녀의 아버지 윌리엄을 볼 때 특히 그러하다. 가장과 그의 딸은 신학적으로 정통이 아니지만 고도의 동기부여를 주는 기독교 영성을 받아들였다. 이것은 이 땅에서 어떤 가치 있는 대의를 위해 살 것을 강조하였다.

어릴 때부터 플로렌스 나이팅게일은 따분한 파티에 둘러앉아 차를 홀짝홀짝 마시는 분위기를 익히고 지배적인 남편에게 순종하고 산다는 것을 끔찍하게 여긴 것이 분명하다. 그녀는 "여자는 지성의 빛 속에서 살 수 없다. 사회가 그렇게 살지 못하게 한다. 여자의 의무라 불리는 그러한 인습적 경박함이 그렇게 살지 못하게 한다. 여자의 가사, 대부분이 나쁜 관습인 거들먹거리는 말이 …… 그렇게 살지 못하게 한다."[6] 그녀는 능동적인 삶, 소중한 삶, 하나님을 위한 삶을 살기를 간절히 원하였고, 16세 때 신비한 경험을 한 후 하나님께서 자기를 불러서 어떤 특별한 일을 할 소명을 주셨다고 확신하게 되었다.[7] 머지않아 그 소명은 간호사로서의 삶이라는 것이 뚜렷이 드러났다. 비록 그녀의 비전은 갈수록 확대되긴 하였지만 말이다. 그녀의 부모가 볼 때에는 간호사의 일은 술주정뱅이와 범죄자들을 상대로 하는 무시무시한 선택이었지만 플로렌스에게 그들은 굳게 결심한 헌신의 대상이 되었다. 그녀는 여러 명의 진지한 구혼자들이 있었

인간적인 그리고 인간적인

지만 30세가 될 즈음에는 결혼이라는 생각을 아예 머릿속에서 지워 버렸고 그 당시 여성들이 할 일이 아니라고 당연시되었던 의미 있는 직업적인 삶을 단호히 추구한 것을 한 번도 후회한 적이 없었다. 이러한 직업적인 삶을 추구하게 된 것은 그녀가 엘리자베스 프라이(Elizabeth Fry)와 한나 니콜슨(Hannah Nicholson)과 같은 여성들의 영향을 받았기 때문이다. 이 두 여성은 독립적인 사고를 가진 사회 개혁가들로서 이미 영국에서 직업에 종사하고 있었다.

3년 동안 간호사 훈련을 받고 1850년대 간호 감독으로서 일찌감치 봉사를 한 뒤에, 어떤 논평자가 "역사에서 가장 헛된 전쟁 중의 하나"로 적절하게 묘사한 크림 전쟁은 플로렌스 나이팅게일이 고대하고 있었던 중대한 대의를 드러냈다. 영국 군대는 영국과 프랑스와 터키와 러시아 간의 명분 없는 전쟁으로 인한 사상자들을 치료할 준비가 전혀 되어 있지 않았던 것이다. 고국으로부터 치료의 손길을 애타게 바라는 요구에 나이팅게일은 부응할 생각을 하였다. 여성에게 전례가 없는 역할을 맡은 나이팅게일은 곧바로 전선의 막사 병원의 수간호사로 임명되었다. 환자들을 돌보기 위하여 도착하여 그곳의 끔찍하고 무질서한 환경을 보았을 때 그녀는 구역질이 났고 몹시 화가 났다. 그러한 환경만 아니었다면 수백 명의 군인들이 죽지 않았어도 되었던 것이다.

나이팅게일은 소매를 걷어붙이고 일을 시작하였는데, 간호하는 일뿐만 아니라 부상자를 돌보는 전체 체계를 재정비하였다. 이것은 그곳에서 이 군인들과 이들을 돌보는 자들의 삶의 모든 면을 그녀가 처리하였다는 것을 의미하였다. 곧 식량과 의약품과 다른 보급품의 준비, 세탁, 교육,

제7장_ 도덕적인 위대함이란 무엇인가?

오락, 위생, 의사 훈련, 사망률과 회복률의 통계 분석, 전투에서 부상당한 사람들을 살리려는 정규 일과에 수반되는 다른 온갖 노력까지 도맡았다. 그녀 자신은 최소한 부상당한 군인들의 필요를 채워 주는 것과 관련된 것만큼은, 전체 군대 조직이 자기 뜻에 따라 줄 것을 요구하면서 군 당국을 상대로 싸웠다. 나이팅게일은 종종 헨리 워즈워드 롱펠로우의 찬사의 말처럼 '단지' 거룩한 '광명의 천사(lady of the lamp)'로 오해를 받았다. 정말이지 그녀는 지칠 줄 모르고 환자를 돌보고 관리하는 일을 하였다. 그러나 그녀의 도덕적 위대함은 다음과 같은 면을 두루 생각할 때 가장 잘 이해된다. 위험하고 감염되기 쉬운 의료 환경에서 일하는 것, 고집 센 정부와 군 지휘관을 상대로 싸우는 것, 정부가 필요한 물자를 공급하지 않을 때에는 사비를 들여 군대의 물자를 공급하는 것, 다른 필요를 채우기 위한 자금을 모으기 위하여 모금 편지를 쓰는 것, 위험한 전선의 병원들을 둘러보는 것, 끼니를 거르고 24시간 내내 자지 않고 일하는 것 등등. 그녀의 지도하에 부상자의 사망률이 현격하게 줄어들었다.

영국으로 돌아온 나이팅게일은 크림 반도에서 영국 군인의 비참한 경험을 검토하고 똑같은 상황이 다시 반복되는 것을 막기 위하여 어떤 변화가 필요한지 알리기 위하여 다각도로 집중적인 노력을 하였다. 그녀는 군진의약(military medicine)의 개혁을 실시하고 연무들을 결합시키면서, 한 논평자가 "전쟁의 막후 장관(stealth Secretary of War)"이라 불렀던 것의 역할을 하였다. 그녀는 공식적인 직위 없이 연구 위원회에서 일하고 여러 보고서를 작성하는 일을 하였지만 그녀의 도덕적 영향력과 집요한 노력은 너무 대단하여서 무시할 수 없었다. (빅토리아 여왕과 그녀의 우호적

인간적인 그리고 인간적인

인 관계도 해가 되지 않았다.) 어떤 문제에 관하여 말하거나 쓸 때에 그녀는 항상 완벽하게 준비를 했고 항상 도덕적으로 유리한 입장에서 했고, 지지가 필요한 사람들의 행복을 위해 사심 없이 그리고 개인적인 보답을 바라지 않고 싸웠다.

군대에서 의료와 관련된 노력 외에도 나이팅게일은 병원과 병원 업무에서 개혁을 시작하였고, (빈민을 위한 다른 노력뿐만 아니라) 빈민을 위하여 초라한 영국 구빈원에 건강관리 시설을 설립하였고, 동부 런던 간호사 협회를 통하여 공중위생을 촉진시켰고, 건강과 관련된 인도의 군대 훈련을 하였고, 주요 간호사 훈련 교본을 썼고, 간호사 양성 학교를 두 개 설립하였다. 그녀는 근대 간호직의 설립자와 시조로 바르게 인정되고 있다.

플로렌스 나이팅게일의 지칠 줄 모르는 노력에서 그녀의 종교적 신앙은 어떻게 나타나는가? 어떤 전기들에서는 그녀를 신앙심이 깊은 복음주의 그리스도인으로 부각시키고자 하였다. 그녀가 신앙심이 깊었을지 모르겠으나—이 장에서 말하려고 하는 것이 바로 이것이다—그녀에게 동기 부여가 된 것은 전통적인 기독교 경건이 아니었다.

그녀가 쓴 많은 종교적인 저술들을 면밀히 살펴보면 나이팅게일이 하나님을 믿었지만 정통 기독교를 받아들였다고는 할 수 없다. 그녀는 다른 것에 의존하지 않는 진지한 종교적 사상가였으며 여러 해 동안 기독교 신앙을 재고하게 되는 작업을 하였다. 1895년에 『진리 그 이후를 추구하는 사람들에게 *Suggestions for Thought to the Searchers After Truth*』라는 제하에 출판된 그녀의 책은 그녀가 아주 급진적 사상가라는 것을 보여 준다.[8] 그녀는 성경이나 교회의 권위를 부정하였고 예수가 인간 역사상 유일한 구주라는 믿음을 받아들이지 않았다. 그녀는 내세와 그 상급에 대한 어떤 강조도 경멸하였다. 한 주석가는 이렇게 쓰고 있다. "나이팅게일은 내세가 중심이었던 신학에 대해 거의 참을 수 없었다. 그녀의 …… 열정은 …… 모두 개개의 인간의 능력에 대한 믿음에 집중되어 있었다. 그녀는 이 땅과 이 땅에서 살고 있는 사람과 〔모든〕 사람이 그들의 독특한 은사를 개발할 수 있는 정의로운 사회를 만드는 가능성에 관심이 있었다."[9] 나이팅게일은 신앙이란 개인의 도덕적 전인성, 특히 각고와 구체적인 활동을 통한 이 세상의 개선을 지향하는 것이라고 믿었다. 그녀의 도덕적 생각은 강한 페미니스트 경향이 있었고, 그녀는 특히 될 수 있는 대로 여성들이 많은 기회를 가질 수 있는 사회를 여는 것에 관심이 있었다. 그녀는 "여성에게 더 나은 삶을 실현하기를" 원하였다.[10]

결국 플로렌스 나이팅게일은 실제로 최소한 두 개의 노선을 추구하였던 것이다. 그녀의 공적인 일은 주로 의료, 특히 간호 직업과 그 업무를 개선하는 것이었다. 그러나 또한 그녀는 여성을 위하여 문호를 개방하려는 열의가 가득하였고 그녀가 여성을 최우선으로 알고 행하는 모든 것이 그러한 문호를 개방하는 데 기여하고 있다는 것을 의식하고 있었다. 그녀의 일생 사역의 두 노선은 인습에 사로잡히지 않았지만 깊게 뿌리박혀 있는 신앙과 그녀의 어린 시절에 경험한 신비주의적인 신적 소명에 대한 강렬한 의식의 발로였다. 이것이 도덕적 위대성에 대한 플로렌스 나이팅게일의 관점이었고 그 영향력은 온 세상에 계속 미치고 있다.

인간적인 그리고 인간적인

디트리히 본회퍼(1906-1945): 신학자와 저항가

월버포스와 나이팅게일과 마찬가지로 디트리히 본회퍼 역시 좋은 환경에서 태어났다. 그는 교양 있는 독일인 가정의 여덟 자녀 중 여섯째였으며, 그의 아버지는 칼 본회퍼로, 20세기의 전환기 독일의 지도적인 정신과 의사요 학자였다. 칼과 디트리히의 어머니 파울라는 재능과 지성을 겸비한 여성으로 지나칠 정도로 자녀들에게 오직 최상을 기대하면서 양육하였다.[11]

어린 디트리히는 생각이 많고 예민한 아이였으며 과학적인 성향의 아버지를 닮기보다는 종교적인 성향이 더 많았다. 제1차 세계대전 동안에 그의 형제 발터를 잃었을 때 자신을 더 깊이 성찰하게 되었고, 튀빙겐과 베를린으로 가서 신학을 공부하였다. 21세의 나이에도 불구하고 본회퍼는 첫째 학위 논문을 마쳤고 또 루터교 목사의 자격을 취득하였다. 불과 3년 뒤인 24세 때 그는 그의 둘째 학위 논문을 끝냈으며 얼마 지나지 않은 1930년에 그는 베를린 대학교에서 신학자로서 매우 전도유망해 보이는 인생의 첫발을 내디디었다.

그러나 1933년 역사의 장난으로 나치당이 독일을 주도하게 되었고, 그들은 독일 사회의 전반을 장악하고자 전체주의 사업을 재빨리 착수하였다. 처음부터 확고하게 반나치당이었던 본회퍼의 가족들은 히틀러의 공격적인 국가 부흥이 부도덕적이고 궁극적으로 재난을 일으키는 유혈과 폭력과 인종에 바탕을 둔 것임을 알았다. 독일이 폭력배의 수중에 떨어졌고 본회퍼의 가족들은 그것을 알고 있었다.

당시 독일에서는 대학교에서 봉직하는 것과 교회에서 사역하려면 이런저런 형태로 정부의 승인을 받아야 했다. 왜냐하면 두 직무가 사실상 정부를 대리했기 때문이었다. 히틀러의 앞잡이들은 독일 학자들과 개신교 목사들을 옥죄었다. 나치당을 반대하는 태도를 노골적으로 드러내고서는 당시에 교수 생활을 지속할 수 없었으며 본회퍼도 예외는 아니었다. 그는 1933년 10월 베를린 대학을 사임하고 독일 개신교회들이 생각과 행동에서 나치의 인종주의에 점점 더 회의적으로 되어가던 당시 나치의 반대파의 지도자 역할을 맡았다.

본회퍼는 1933년에서 1939년 사이의 독일 기독교에서 가장 과격한 발언을 한 사람이었다. 그는 나치당이 교회 생활을 간섭하는 것을 반대하였고, 나치의 반유대주의에 대해 우려를 표명했고, 교회의 나치화를 막는 목사들을 교육하고자 하는 지하 신학교를 이끌었다. 그는 분명하지만 조심스럽게 독일에서 전개되고 있는 사태에 대한 도덕적 관점을 명료하게 표현한 책과 평론을 썼고 세계 교회 회의와 평화 노력에 참석하였고, 마지막으로 1939년 여름에 독일을 떠나 미국에서 장기 망명 생활을 할 것처럼 보였다. 그러나 그는 그곳에 그대로 주저앉지 않았다.

당시 조국을 떠난 (스위스로 간 뛰어난 신학자 칼 바르트, 미국에 정착하여 유니온 신학교와 하버드 대학에서 강의한 폴 틸리히를 비롯하여) 많은 엘리트 독일인들은 외국에서 장기적이고 성공적인 생애를 누렸다. 신학자 존 드 그루치(John de Gruchy)는 만일 본회퍼가 미국에 머물렀다면 "그는 20세기 후반에 신학적 무대에서 우뚝 솟았을 것이다"라고 썼다.[12] 그가 살아서 30년 이상 생산적 노동을 하였다면 내놓았을지 모를 책들을 생각하면 안

인간적인 그리고 인간적인

타까울 뿐이다.

그러나 본회퍼의 도덕적 위대성이 실로 명백해지기 시작한 것은 바로 이 시점이다. 본회퍼는 문자 그대로 히틀러가 폴란드를 침공하여 제2차 세계대전이 시작되기 직전에 마지막 배를 타고 독일로 돌아갔다. 그의 유니온 신학교 동료 라인홀드 니버에게 쓴 고별 편지에서, 본회퍼는 이렇게 썼다. "나는 미국에 오지 말았어야 했다. 나는 우리 민족사의 이 난국에 독일의 그리스도인들과 함께 살아야 한다. 만일 이 시련의 시기에 내가 교인들과 함께 하지 않는다면 전쟁이 끝난 뒤에 독일에서 그리스도인의 삶을 재건하는 일에 참여할 권리가 내게는 전혀 없을 것이다."[13]

본회퍼는 독일로 그저 돌아간 것이 아니다. 그는 그가 할 수 있는 모든 방법으로 히틀러에게 저항할 분명한 의도를 가지고 돌아갔다. 독일의 모든 건강한 남자는 전쟁 수행에서 어떤 역할을 해야 했기 때문에, 그는 히틀러의 군 방첩 활동 부대에서 일하였다. 그의 초기 몇 년 동안의 명확하고 공개적인 저항은 이제 이중간첩으로서 비밀스럽고 위험한 생활을 하기에 이르렀다. 결국 이 공모 집단은 히틀러를 암살할 계획에 연루되었다.

이 저항단체가 발각되는 것은 시간문제였다. 본회퍼는 1943년 4월에 체포되어 그의 가족들을 포함한 저항단체의 다른 사람들과 함께 히틀러의 지시로 1945년 4월 9일 마침내 처형당하기까지 꼬박 2년 동안 옥중에서 고생하였다. 불과 4주 후에 유럽에서 전쟁은 종식되었다. 히틀러 자신은 4월 말에 죽었다. 본회퍼는 이 악인의 수백만 희생자들 중 마지막 대열에 속하였다.

세대마다 여러 분야에서 소수의 참으로 뛰어난 사상가들이 나타난다. 본회퍼는 그의 생애 초기 단계에 오늘날 충분한 평가와 함께 계속 연구되는 여러 권의 책들을 쓸 충분한 시간이 있었다. 예를 들면, 그의 책 『나를 따르라 *The Cost of Discipleship*』는 여전히 진정한 기독교 신앙의 도덕적 요구에 대한 통찰력 있는 평가라고 호평한다. 그의 책 『옥중서간 *Letters and Papers from Prison*』은 그의 발전하는 사상과 감옥에서 겪은 힘든 경험을 감격스러운 마음으로 고찰하게 한다. 또한 이 기간에 초안을 잡은 『윤리학 *Ethics*』은 비록 단편적이지만 여전히 기독교 신앙의 도덕적 차원을 다룬 중요한 것이다.[14]

그러나 본회퍼를 또 하나의 위대한 사상가로부터 도덕적 영웅이 되게 한 것은 그에게 있는 도덕적 분별력과 용기와 희생이라고 본다. 수백만 독일 그리스도인들이 아돌프 히틀러를 하나님이 보내신 국가의 구세주로 보았을 때, 본회퍼는 그를 가증스러운 폭군으로 보았다. 수백만 사람들이 기만을 당하여 유대인들을 죽이고 싶을 정도로 증오하게 되었을 때, 본회퍼는 반유대주의가 모든 성경적 원리를 파괴하는 악이라는 것을 알았다. 히틀러와 다른 사람들이 애국심을 자극하여 나치당의 독일 비전에 대한 충성을 요구하였을 때, 본회퍼는 진정한 애국심은 복종이 아니라 저항이 요구된다는 것을 인식하였다.

그러나 도덕적 용기가 없다면 도덕적 분별력은 바른 의견을 가지는 것에 지나지 않을 것이다. 용기는 당신이 분별하는 것과 밀접하게 관련된 것을 생활로써 나타내는 것이다. 그리고 이것은 정확히 본회퍼가 나치가 활동하던 시기의 맨 처음부터 행한 것이다. 그는 가르치는 것과 교회 사

인간적인 그리고 인간적인

역을 계속 유지하기 위하여 나치주의와 타협할 수 있었다. 많은 사람들이 그렇게 했다. 그러나 본회퍼는 그렇게 하지 않았다. 그는 스위스나 미국 등 다른 곳으로 망명할 수 있었다. 그렇게 하는 것이 분별력 있는 행동이었을 것이다. 그러나 그것은 독일에서 위세를 떨치는 악과 싸우기 위하여 독일로 돌아오는 것만큼 용기 있는 행동은 아니었을 것이다. 그는 독일로 돌아와 그의 가족의 영향력을 이용하여 상당히 안정된 지위를 누리면서 그 전쟁에서 살아남을 수도 있었다. 그러나 그는 나라를 통치하는 가장 악한 자에게 저항하는 단체에 가담하는 바른 선택을 하였다. 그렇게 함으로써 그는 실제로 그의 개인의 안위, 그 다음에 그의 자유, 그리고 마지막으로 그의 생명뿐만 아니라 완벽한 일관성을 가지는 도덕적 명쾌함까지도 희생시켰다.

내가 말하고자 하는 것은 다음과 같다. 본회퍼는 히틀러를 암살하는 계획과 간접적으로 관련이 있는 것조차 정당화하는 것이 쉽지 않다는 것을 알았다. 그가 옥중에서 곰곰이 생각했을 때, '깨끗한 손'을 보존하는 것이 더 쉬웠을 것이다. 대부분 나치를 반대하는 그리스도인들은 세속적인 저항 활동에 오염되지 않은 기도에 국한된 조용한 반대가 다른 방도보다 오히려 낫다고 믿었다. 그러나 본회퍼는 깨끗한 손을 보존하고, 무죄한 희생자들의 피로 목욕한 상황에서 여전히 깨끗하게 더럽혀지지 않고 있는 것이 도덕적으로 나쁘다는 결론을 내렸다. 이 의미에서, 순결한 양심과 깨끗한 손은 다른 사람들의 고난을 대가로 산 사치이다. 본회퍼를 도덕적으로 위대하게 만드는 것은 그가 처한 상황에서 책임 있는 행동이라고 이해한 대로 책임 있게 행동하기 위하여 그의 깨끗한 손을 비롯한 모든 것을 희생하였다는 것이다. 그것은 독일과 기독교의 위엄과 폭군의 무고한 희생자들에 대한 책임으로 인하여 본회퍼가 선택한 삶의 궁극적인 행위였다. 이것은 마침내 그의 생명을 요구하게 되었고, 본회퍼는 예수를 믿는 믿음을 위한 것이 아니라 예수를 믿는 믿음 때문에 중대한 악한 상황에서 정치적 저항의 극적인 행동을 하게 되었고, 자신이 이해한 것을 위해 죽은 현대적 순교자가 되었다.

옥중에 있는 동안에 그가 마지막으로 쓴 것들 중에서 본회퍼가 "자유로 가는 길목에서"라고 쓴 시가 있는데, 이것은 도덕적 위대성으로 향하는 여행을 적절히 요약하고 있다. 다음은 그 시의 일부이다.

환상적인 것이 아니라 옳은 것을 행하는 용기,
겁쟁이처럼 의심하지 않고 과감하게 기회를 붙들다.
자유는 날아가는 생각이 아닌, 오직 행동에서 나오는 것.
소심하지도 두려워하지도 말고, 용감하게 행동하라,
하나님을 의지하고 그 계명을 충실히 따르면서.
환희의 자유가 당신의 영혼을 즐겁게 해 줄 것이다.[15]

마틴 루터 킹(1929-1968): 자유를 찾는 이들의 지도자

회고해 보면, 마틴 루터 킹은 단정하고 품위 있는 삶을 위해 투쟁하는 미국의 흑인계 완벽한 지도자였다는 것은 쉽게 알게 된다. 애틀란타에서

인간적인 그리고 인간적인

태어나서 자란 킹은 아버지와 할아버지가 유력한 침례교 목사들이었고, 대를 이어서 에벤에셀 침례교회를 지도하였다.

남부 흑인 사회는 그들의 교회를 포함하여 오랫동안 내적 생활을 하였는데, 백인들은 이것을 대체로 의식하지 못한다. 그 내적 생활의 일면은 전통적으로 백인 지배 사회의 불의에 맞서서 교인들을 대변하고 변호하고 격려하는 일을 했던 목사들에 의해 이루어졌다. 킹은 성장하면서 백인 인종주의에 강경한 입장을 취하는 아버지와 할아버지를 지켜보았고, 그들이 흑인 사회에 능력과 자존감을 불어넣는 메시지를 전하는 것을 들었다. 따라서 그 메시지는 다음과 같은 양날을 가진 것이었다. "우리는 여러분의 편에 서서 백인 인종주의에 맞서서 정의를 위해 싸울 것이며 그리고 우리는 여러분이 이용할 수 있는 어떤 기회든지 최대한 활용할 것을 요구한다." 이 메시지의 양면은 기독교 신앙의 이해에 터를 두고 있었다. 기독교 신앙에서는 하나님께서 불의에 맞설 것과 개인의 책임을 요구하신다고 말한다. 이 메시지는 강단과 식탁에서 열정적으로 선포되었다.

킹은 아주 명석한 청년이었다. 그는 학업의 속도가 빨라서 15세에 (인종 차별이 있는) 고등학교를 졸업하고 19세에 학생 전원이 흑인인 모어하우스 대학을 졸업하였다. 이 무렵에 그는 남부와 인종 차별이 있는 학교를 떠나 북부 대학으로 갔고, 결국에는 신학교에서 박사 과정을 밟는 운명적인 선택을 하였다. 그는 펜실베니아의 초교파 크로우저 신학교(Crozer Seminary)에서 목회 학위를 받고 보스턴 대학에서 신학박사 학위를 받았다. 1954년 학업을 끝마쳤을 때 그의 나이는 불과 25세였다.

왕성한 학구열이 있었던 킹은 (백인의) 서구 신학적 윤리적 전통에 통달하였다. 또한 그는 영국 통치로부터 인도를 비폭력으로 해방한 간디의 책을 읽고 깊은 감동을 받았다. 그의 백과사전적인 기억력은 그가 무엇을 읽든지 그대로 기억하게 하였다. 도덕적 열정과 (개인적인 은사와 흑인 교회 전통의 유산으로서) 설교자로서의 탁월함이 가미된 지식 체계를 가진 킹은 성경과 철학을 인용하고 자기 환경에 가장 적절한 수사법을 구사함으로써 백인과 흑인 청중 양쪽에게 효과적으로 전달할 수 있었다. 대부분 소수 집단의 지도자들처럼, 킹은 사실상 2개 국어를 쓰고 두 문화 속에 자랐기 때문에 문화와 언어적 장벽을 뛰어넘어 소수 집단과 다수 집단의 문화 양쪽에 쉽게 대응할 수 있었다.

킹은 거의 어떤 목적을 위해서든 이러한 은사들을 사용할 수 있었다. 그는 사업에서도 성공할 수 있었다. 그는 '백인' 사회나 '흑인' 사회 어느 쪽에서든 학구적인 삶을 영위할 수 있었다. 또 그는 남부의 노골적인 인종주의가 큰 문제가 되지 않는 북부나 서부 지역에서 조용히 목회할 수도 있었다. 그는 분명히 그렇게 할 생각이었다.

그러나 1954년 킹과 그의 아내 코레타는 의도적으로 딕시 주의 심장부인 앨라배마 주 몽고메리 시에서 목회를 하기로 결정하였다. 로사 팍스(Rosa Parks)가 백인에게 자리를 양보하고 버스 뒷좌석으로 가기를 거부하는 유명한 사건이 일어났을 때 그는 그곳에 온 지 불과 18개월이 되었을 뿐이었다. 그는 몽고메리 버스 승차 거부 운동의 지도자가 되려고 하지 않았지만, 흑인 목사들과 흑인 사회 지도자들에 의해 지도자로 선출되었다. 이 일을 맡고서 1955년 12월 5일에 했던 최초의 연설을 그는 불과 몇 분 동안에 준비하였다. 입추의 여지도 없이 모인 몽고메리의 홀트 스

인간적인 그리고 인간적인

트리트 침례교회에서 한 이 연설을 시작으로 승차 거부가 공식적으로 시작되었다. 마침내 승차 거부에 대한 그의 지도력은 전국적으로 인정받게 되었다.

그 밖의 이야기는 잘 알려져 있다. 일 년간 계속된 몽고메리 버스 승차 거부는 대법원에서 버스 격리는 헌법에 위배된다는 판정을 내림으로써 결국 성공적으로 끝났다. 몽고메리에서 실시된 비폭력적 저항은 이내 남부로 퍼졌다. 공공시설과 공립학교와 공공장소에 대한 인종 차별이 몽고메리만의 문제가 아니었기 때문이었다.

1958년 9월에, 그때까지 임시적이었던 흑인 시민 권리 운동이 킹을 의장으로 하는 남부기독교지도자회의(the Southern Christian Leadership Conference: SCLC)의 설립과 함께 제도적인 형태를 취하였다. 이 단체는 유색인 권리 향상을 위한 전국연합회(the National Association for the Advancement of Colored People: NAACP)와 도시 연맹(the Urban League)과 같은 오래전에 설립된 흑인 권한부여 단체와 함께 (때로는 긴장 관계 속에서) 이제 흑인계 미국인이 겪어야 했던 수백 년 묵은 인간성 말살과 공민권 박탈과 차별 대우에 대해 직접적인 공격을 하게 되었다. 이후 10년 동안 킹은 전국을 여행했는데 주로 남부였지만 때로는 시카고와 다른 북부 도시들까지 여행하면서 이 도시 저 도시에서 여러 형태의 인종 차별을 철폐하는 운동을 지도하였다.

그러한 모습들이 미국인의 기억 속에 여전히 남아 있고, 또한 그것은 마땅히 기억해야할 것이다. 버밍햄에서 행진하는 흑인에게 소방 호스를 틀고 경찰견을 풀었던 것, 워싱턴에서의 장엄한 행진과 1963년의 "나에

게는 꿈이 있습니다"라는 연설, 1964년의 공민권법(the Civil Rights Act)
의 서명과 1965년의 투표권법(Voting Rights Act), 그리고 최악의 사태
였던, 킹이 암살당하여 1968년 4월 4일 로렌 모텔의 발코니에서 피 흘리
며 쓰러진 모습까지 킹의 생애를 잘 모르는 사람들은 그의 암살이 예기치
못한 비극적인 사건이었다고 그릇된 결론을 내릴지도 모른다. 불행하게
도 그것은 사실이 아니었다. 킹은 암살위협을 받았고 시민권리 운동의 지
도자가 된 이후로 거듭 폭행을 당했다. 그의 집은 한 번 이상 폭파되었고,
그는 매주 증오로 가득 찬 수백 통의 편지를 받았으며, 그의 가족은 협박
을 받았다. 그는 1958년 뉴욕에서 칼에 찔렸고, 여러 도시에서 군중들이
그를 공격하고 때렸다. 그는 자기가 맞은 돌들을 가지고 있었고, 사소한
위반 때문에 수차례 수감되었다.

　도덕적 위대성의 한 면은 순수한 신체적 용기다. 이러한 용기는 항상
요구되는 것은 아니지만 폭력에 맞서는 용기는 항상 사회의 불의에 도전
하는 어떤 일의 일부이다. 이러한 용기는 누구에게나 자연스럽게 생기는
것이 아니며, 이러한 용기는 투쟁 없이는 생기지 않는다. 킹의 전기 작가
의 한 사람인 스티븐 오우츠(Stephen Oates)는 몽고메리 사건 당시부터
중요한 이야기를 비판적으로 전하고 있는데, 그 시기에 킹은 위협만 당한
것이 아니라 자신이 죽을 수 있다는 것을 알고서 계속 그 일을 할 것인지
를 결정해야만 했다고 한다. 어느 날 한밤중에 죽음을 위협하는 전화를
받은 킹은 포기하고 싶은 심정이었다.

　그는 손으로 머리를 감싸 쥐고 식탁에 엎드렸다. 그는 큰소리로 기도하

인간적인 그리고 인간적인

였다. "오 주여, 저는 옳은 일을 하려고 여기에 내려왔습니다. 하지만 주여, 저는 지금 힘이 없습니다. 저는 두렵습니다. 사람들은 저에게 지도력을 기대하고 있으므로, 제가 힘과 용기 없이 그들 앞에 선다면, 그들도 약해질 것입니다. 저에게는 아무런 힘도 없습니다. 저에게 아무것도 남아 있지 않습니다. 혼자서 감당할 수 없습니다." 그는 거기에 앉아 있었다. 그의 머리는 여전히 손에 감싸인 채 푹 숙여져 있고 눈물이 그의 눈에 반짝이고 있었다. 그러나 그때에 그는 어떤 것, 곧 자신 속에서 일어나고 있는 실재를 느꼈다. 그리고 그것은 내면의 목소리가 그에게 아주 확신 있게 이렇게 말하는 것 같았다. "마틴 루터야, 의를 위해 일어나라. 정의를 위해 일어나라. 그리고 보라, 세상 끝 날까지 내가 너와 함께할 것이다."[16]

킹의 신앙은 분명히 위기의 이 순간에 상상할 수 있는 가장 심오한 방법으로 그를 격려하였다. 그가 성경과 예수 그리스도를 포함하여 옳은 일을 하다가 고난을 당한 자들의 증거를 앎으로써 성숙하였듯이, 그는 하나님과의 생생한 관계로 인하여 성숙하였다.

그러나 킹은 신앙에 의지하기보다 현실을 주목했다. 그는 매우 전략적인 사람이었고, 자기가 처한 상황의 실체와 그것을 개선할 방법과 개혁에 요구될 대가를 이해하기 위한 이론적인 기준을 가지고 있었다. 킹은 미국에서 흑인의 상황을 제도적인 구조상의 불법으로 분석하였다. 노예제도는 흑인에 대한 인종 차별의 결과였고 미국의 인종 차별 형태는 미국 대부분 지역에 확장되었다. 이것은 백인들을 유리하게 하였고, 수세기 동안 흑인

이 천성적으로 열등하다고 가정하는 그릇된 생각과 그릇된 교육을 뒷받침
하였다. 악한 생각은 다른 사람들의 희생의 대가로 어떤 사람들을 유리하
게 하는 악한 제도에 뿌리를 두었다. 다른 점에서는 점잖고 도덕적인 수백
만의 백인들이 이런 조직적인 악에 빠져 있었다. 킹은 자신이 직접 맞서지
않으면 이러한 현실이 항구적으로 지속될 것이라는 것을 알았다.

　구조적인 인종주의는 악한 것이므로 확고히 맞서야 한다는 것은 킹 혼
자만의 생각이 아니었다. 그러나 그의 독특한 기여는 비폭력적인 직접 행
동의 전략으로 제도적인 인종주의를 공격한 것이었다. 그의 계획은 인종
주의가 가장 두드러지게 드러나는 상징들, 곧 인종 차별을 하는 간이식당
과 버스와 레스토랑과 학교와 거주 지역에서 몸 바쳐 일할 수 있는 수백
만 흑인 보병(과 소수의 용감한 백인 후원자)들을 모집하는 것이었다. 그들
은 이러한 행동이 틀림없이 폭력적인 반응을 불러일으킬 것이라는 것을
알고 있었지만, 만일 그 운동이 잘 통솔되어 비폭력을 유지한다면, 그들
이 도덕적 우위를 차지할 수 있다고 믿었다. 그들이 결국 이길 것이었다.
왜냐하면 그들은 여론의 지지를 얻을 수 있게 될 뿐만 아니라 그들의 목
적이 옳기 때문이었다. 킹은 "우주의 호(arc)는 정의 쪽으로 향한다"는 말
을 좋아했다. 사람들이 육체적인 것이 아닌 영적인 무기로 정의를 위해
싸운다면, 정의가 당장에는 실현되지 않을지 모르나 언젠가는 실현될 것
이다. 예수께서 불의로 인하여 받은 고난이 보상을 받았듯이, 그 운동에
참여한 자들이 받은 그 불의로 인한 고난은 궁극적으로 보상을 받게 될
것이다. 그것은 마치 그 운동 자체가 구조적인 인종주의의 독을 흡수해야
비로소 구조적인 인종주의라는 늪이 마를 것처럼 보였다. 그들은 해방을

인간적인 그리고 영적인 삶

얻기 위해 고난을 받아야 했다. 그리고 이 운동의 지도자로서 킹은 개인 적으로 이러한 공격을 상당히 많이 감내해야 했다. 그는 암살당함으로써 최후의 일격을 당하였다. 그러나 그로 인해 350년간 미국에서 자행되었 던 흑인에 대한 조직적으로 공인된 인종 차별의 세력이 꺾였다.

도덕적 위대함의 여러 요소

도덕적 영웅들은 초인들이 아니다. 우리가 윌버포스와 나이팅게일과 본회퍼와 킹의 삶을 생각할 때에, 이러한 사람들이 우리와 마찬가지로 흠이 있고 오류에 빠지기 쉬운 인간적인 사람들이라는 것을 기억하는 것 이 중요하다. 우리가 이러한 흠을 좀처럼 버리지 못하는 것처럼 그들도 그렇다.

여기서 언급한 네 사람에게는 어떤 타고난 이점이 있다. 그들은 모두 적어도 상대적으로 특권층에서 태어났다. 그들은 모두 현저한 지성의 축 복을 받은 것이 분명했다. 그들은 모두 훌륭한 교육을 받았다. 물론 여기 에는 단순히 타고난 재능만이 아닌 노력이 뒤따랐다. 그들은 모두 뛰어난 의사 전달자였다. 이러한 은사도 물론 각고면려하여 쌓은 것이었다.

그러므로 우리는 만일 우리가 특권과 지성과 훌륭한 교육을 갖추고 숙 련된 의사 전달자가 아니라면 도덕적 위대성을 열망할 수 없다는 결론을 내려도 될 것이다. 물론 이것이 이야기의 전모가 아니다. 이 도덕적 지도 자들은 모두 초기에 실패와 고난에 처하였고 저마다 다른 사람들을 측은히 여기고 그들의 신앙과 개성과 도덕적 헌신을 확대하고 강화함으로써 그 고난을 건설적으로 사용하는 길을 모색하였다. 이 지도자들은 모두 지혜로운 분별력이 있었고 그들의 삶의 중대한 순간에 도덕적 목적을 발견하여 그들의 삶을 그 목적을 위해 매진하였다. 저마다 그들의 삶에 활기를 불어넣는 핵심인 도덕적으로 심원한 목표를 성취하는 열정이 있었다. 각각의 경우에, 그들은 다른 사람들보다도 그들이 처한 상황의 도덕적 현실을 있는 그대로 보는 것이 뛰어나다.

그들 모두가 각자의 목표를 추구할 때 저항을 만나는 것은 필연적인 것이었다. 그들은 모두 맹렬한 비난과 육체적인 위협에 직면하였다. 비난을 받는 것 외에도 윌버포스는 육체적으로 위협을 받았고, 나이팅게일은 매일 위험을 감수했으며 본질적으로 그녀의 건강을 해치게 되었다. 본회퍼와 킹은 감옥에 갇혔다가 결국 죽임을 당하였다. 비난과 반감과 위험을 대처하면서 각각의 지도자는 자기가 해야 할 일을 시작할 결심을 하였다. 그들은 모두 집요하게 그들의 도덕적 열정을 추구하였다. 이 집요함과 헌신 때문에 그들은 대부분 사람들보다 급진주의자로 보였다. 어쩌면 여기서 배우게 되는 것은 도덕적으로 평범한 같은 시대의 일반인들의 판단이 우리 자신의 행동을 평가할 수 있는 좋은 가늠추가 아닐지도 모른다는 것이다.

네 명의 지도자 모두 자기들 주변에 뜻을 같이 하는 협력자들이 모였다. 개개의 도덕적 지도자들의 삶을 높이 평가하면서 그들과 함께 일한 사람들은 간과하기 쉽다. 윌버포스와 나이팅게일에게는 영국 전역에 흩어져 있는 동료 개혁자들이 있었다. 본회퍼는 저항하는 교회 안에서는 형

제자매들이 있었고 정치적 저항에서는 드러나지 않은 동료들이 있었다. 킹에게는 전체 시민권리 운동과 많은 종교 지도자들과 시민 지도자들의 지지가 있었다. 이 사람들은 도덕적 지도자들을 도와서 사태를 분석하고 전략을 세우고 서로의 생각을 이해하고 끝까지 포기하지 않았다.

무엇보다도 여기에 소개된 사람들은 저마다 종교적인 신앙에 고무되었다. 하나님을 사랑하기 때문에 그들은 이 세상을 좀 더 나은 것으로 만들기를 열망하였다. 기독교 신앙에 대한 그들의 이해는 여러 면에서 달랐다. 그들의 영적인 실천은 의심할 여지없이 달랐다. 그러나 결국은 그들 각자에게 하나님의 사랑이 이웃 사랑의 동기가 되었던 것이다. 하나님을 섬기기로 헌신한 삶이기 때문에 그들은 자신들의 삶을 바쳐서 다른 사람들을 섬겼다. 이것이 그들의 인생 여정의 목적이 되었다. 바로 자신들을 주는 것에서 그들은 참된 전인성과 참된 성취와 참된 위대함을 발견하였다.

제 8 장

참된 전인성은
어디에?

나라이 임하옵시며, 뜻이 하늘에서 이룬 것같이 땅에서도 이루어지이다.

- 「마태복음」 6장 10절

16세가 되는 그해 여름에 나는 삶의 의미를 간절히 알고자 하였다. 더 많은 지식과 깨달음에 대한 나의 욕구가 얼마 동안 서서히 형성되고 있었다. 그러나 16세가 되었을 무렵에 스스로 의미를 찾아야 할 나의 의무는 견딜 수 없게 되었다. 여자 친구와 마술과 UFO와 스포츠와 멋진 몸매 만들기 등을 비롯한 여러 가지 다소 비참한 시도를 한 후에 나는 하나님을 찾았다. 그 여름 이후 25년 동안은 상당한 여행이었으며, 하나님을 찾았다는 것 또는 내가 명확히 경험한 하나님께서 나를 찾으셨다는 것에 대한 나의 이해는 여러 면에서 변하였다. 그러나 그해 여름에 내가 이룬 그 본질적인 일은 한 번도 되풀이된 적이 없었다. 나는 내 생애의 의미를 찾았

인간적인 그리고 인간적인

고, 기독교 전통에서 이해된 대로 내 자신의 개인적인 여행과 목적을 하나님의 여행과 목적에 일치시킬 때 전인성이 있을지 모를 곳이 어딘지를 느꼈다.

나는 열여섯의 나처럼 삶의 의미를 알고자 하고 전인성을 추구하는 사람들을 위해 이 책을 썼다. 그 여름에 내가 찾고 있었고 많은 사람들이 어떤 시기에 줄곧 찾고 있는 그 해답을 찾는 방법을 딱딱하지 않고 접근하기 쉽게 기독교적으로 설명하려는 것이 내 목표였다.

시작의 요점은 인간성의 문제를 이리저리 생각하는 것이었다. 나 자신의 본질적인 수수께끼는 내가 집중적으로 파고들었던 시기에 나를 거의 미칠 지경으로 만든 것의 일부였다. 나는 비참했고 화가 났고 혼란스러웠고 내 자신에 실망하였으며 전혀 생의 방향이 없었다. 내 속에 있는 잡동사니와 스스로 더 나은 사람이 될 수 없는 나의 무능력에 질겁하게 되었다. 나는 이유가 있어서 세상에 태어났다는 것과 그 이유가 무엇인지 이해하기 전까지는 결코 평안을 찾을 수 없다는 것을 느꼈다.

그리스도인이 되는 것에 관한 한 가지 상책은 결국 내가 이러한 궁극적인 문제들에 관하여 생각하고 있는 완전히 다함이 없이 보이는 전통에 접근하는 것이었다. 처음 내가 16세에 회심하여 출석했던 상당히 근본주의적이었던 청년 모임과 교회에서는 그 전통의 파편만 이용할 수 있었다. 다름 아닌 개신교 신앙의 어떤 면을 가르치고 있었지만, 그 공동체는 우리가 이 책에서 생각한 교회의 광범위한 전통을 많이 모르고 있었다. 이 25년 동안 나 자신의 인생 여정에서 가장 큰 기쁨 중 하나는 그 전통에 접근하게 되었다는 것과 그 전통을 새로 가다듬는 한편 다른 사람들에게

제8장_ 참된 전인성은 어디에?

도 전하면서 지속적으로 배우게 되었다는 것이다.

이 책에서 나는 인생의 여정에서 전인성을 발견하는 방법에 관한 핵심 문제를 이야기하는 그 전통의 일부를 전하고자 하였다. 내가 전제한 것은 우리가 누구이며 어떤 사람인지에 관하여, 인간으로서의 우리의 본질에 관하여 생각하지 않고서는 이 일이 불가능하다는 것이었다. 그래서 우리는 기독교 전통에서 (그리고 때로는 기독교 전통의 경쟁 상대들 가운데서) 우리의 본질을 이해하기 위하여 도움이 될지 모르는 어떤 통찰력을 추구하면서 잠깐 여기저기를 탐구하였다.

우리는 우리가 이야기하고 있는 공유된 인간성이 실제로 있는지에 대한 문제를 생각하였다. 그리고 비록 개인들이 극적으로 다르고 심지어 때로는 정도를 벗어나지만 공유된 본성이 있다는 결론을 내렸다. 삼위일체의 몸과 혼과 영의 모델은 우리가 자신을 고찰할 때 발견하는 것의 복잡성과 통일성을 가장 잘 드러낼지 모른다는 것을 제시하면서, 우리는 인간 자아의 신비스러운 내면적인 구조를 살펴보았다.

우리는 모든 유형의 관계들에 우리가 포함되어 있는 방식과 이러한 관계들이 우리의 정체성을 형성하는 데 얼마나 중요한지를 생각하였다. 우리는 죄의 문제를 검토하고 인간을 '죄인'으로 부르는 것이 비록 우리가 누구이며 어떤 사람인지에 관한 이야기를 망라하는 방법은 아닐지라도 정확하다는 결론을 내렸다. 우리는 우리가 정말 자유로운가 하는 문제를 생각하였다. 그리고 우리의 자유가 정의하기 어렵고, 부서지기 쉽고, 제한적이지만 귀중한 것임을 알게 되었다. 우리는 도덕적 성격의 형성을 탐구하였다. 특히 선한 방향으로 움직이기 위하여 집중적인 노력이 필요하

인간적인 그리고 인간적인

다는 것을 탐구하였다. 그리고 우리는 그 정상에 올라가서 인류에 대한 희생적인 봉사를 통한 도덕적 위대성의 가능성을 어렴풋이 파악하였다.

도덕적 성격의 논의에 잠재해 있는 것은 우리가 아직 직접 직면하지 않은 문제이다. 전인성이란 정확히 무엇과 같은가? 나는 종종 인생의 이미지를 여행으로 다루었고 우리가 찾고 있는 어떤 것으로서 전인성을 언급하였다. 그러나 설사 우리의 내적인 자아가 잘 통합될지라도, 설사 우리의 관계가 건전할지라도, 설사 우리가 도덕적으로 성장하고 죄악적인 패턴을 극복해 갈지라도, 설사 우리가 인류에게 봉사하고 있을지라도, 우리가 찾아가야 하는 목적지에 관하여 이야기하는 것이 그게 전부인가? 어떤 다른 것은 없는가? 우리는 어떤 목적지를 향하여 가고 있는가?

이 책에서 죽 암시해 왔던 것을 이제 명확히 밝히려고 한다. 즉, 사람들이 그들의 삶의 목적지로서 추구하는 목표는 대부분 그 추구하는 일에 완전히 부적절하다. 실제로 그 많은 사람들이 전혀 **중요치 않은 것을 추구**하면서 매일 여기저기로 허둥지둥 달리고 있는 것을 생각하는 것은 참으로 비극이다. 행복을 가져다 줄 수 없고 가질 수도 없는 부를 추구하면서. 늙으면 결국 죽게 될 아름다운 몸을 추구하면서. 마치 영원히 지속할 수 있을 것처럼 다른 사람들을 지배하는 힘을 추구하면서. 마치 최신의 기구가 내면의 공허함을 채워 줄 수 있는 것처럼 그것을 추구하면서. 얼마나 낭비인가.

대부분 눈치 빠른 관찰자들은 20세기에 서구의 종교적 도덕적 유산이 사라졌을 때 물질주의 숭배가 팽배하는 것을 보았다. 인간은 소비자가 되어 영혼이 없이 시장의 힘에 조종되어 일요일마다 좀 더 종교적이었던 이전 세대의 유산인 성전에서 예배드리기보다는 상업의 세속적인 성전에서 쇼핑을 하면서 보내고 있다.

예배의 문화를 쇼핑 문화를 돌린 것은 기독교 신앙에 대한 지적인 도전 그 이상이었다. 새로운 시장을 끊임없이 요구하고 지속적인 경제 성장에 의존하는 사회로 재구성하는 자본주의의 출현은 아주 어린 시절부터 우리 모두를 '우리가 지쳐 쓰러질 때까지 쇼핑' 하도록 길들이는 문화를 만들었다. 우리 대부분이 소비자로서 훈련을 받는 것이 전혀 놀라운 일이 아니고, 그것에 상반되는 종교적인 신앙의 가르침의 영향력은 현저하게 미미해졌다.

그러나 이러한 물질 소유나 세속의 재물과 쾌락을 최고의 소망으로 삼는 잘못은 전혀 새삼스러운 것이 아니다. 일찍이 주전 4세기에 아리스토텔레스 같은 사람은 자신이 도덕적인 이성적 삶(a rational life of virtue)으로 이해한, 인간 최고의 선보다 못한 어떤 것을 추구하는 헛되고 어리석은 삶을 증명하는 것이 철학자의 온건하지만 확고한 가르침이라고 생각한다. 재물이나 부나 쾌락을 최고의 성취로 알고 추구하는 대중을 다음과 같이 경멸하였다. "대중의 철저한 노예근성은 소 같은 존재를 더 좋아하는 것에서 나타난다."[1] 아리스토텔레스는 대중들이 쾌락을 추구함에 있어서 사람과 소 사이에 아무런 차이가 없고, 사람들이 마치 소처럼 살고 있다고 아주 준엄한 목소리로 말하고 있다. 「전도서」 1장 14절은 그보다 훨씬 이전에 쾌락과 재물을 추구하는 삶이 "헛되어 바람을 잡으려는 것"이라고 말하면서 바로 이 뜻을 표명하였다. 거기에는 아무것도 없고,

인간적인 그리고 인간적인

궁극적인 만족도 전혀 없지만, 수백만 명이, 오늘날은 더 많은 사람들이 그러한 것을 추구하는 것이 큰 가치가 있는 양 살고 있다.

우리는 그릇된 방향으로 나간 사랑으로서의 죄의 개념을 생각한 4장에서 이 문제를 다루었다. 만일 우리가 우리의 맹목적인 희망을 돈과 돈으로 살 수 있는 쾌락과 보화에 둔다면 우리의 사랑은 그릇된 방향으로 나간 것이다. 이러한 삶의 무익함을 궁극적으로 인정하기 위하여 소박한 금욕주의적 윤리를 받아들여야 하는 것은 아니다. "양적으로 많은 것을 소유한 사람이 승자"라는 말은 인생을 가장 냉소적으로 표현한 것 중 하나이며 또한 가장 어리석은 표현의 하나이기도 하다. 어떤 사람이 이러한 소망을 나타낸다는 것, 그리고 좀 더 그에 알맞게 산다는 것은 인간성의 참된 모습에 관하여 의미심장한 문제다. 이것은 비록 모든 세대, 모든 문화에서 지혜의 소리가 더 큰 선을 택할 수 있는데도 그보다 못한 것을 선택하는 어리석음을 지적할지라도 우리가 인간성의 최고의 가능성에 대해 완전히 외면할 수 있음을 보여 준다. 종종 철학자들이 육체적이고 물질적인 쾌락에 지나지 않는 것을 추구하는 헛되고 어리석은 삶을 지적할지라도, 그러한 삶을 선택하는 사람들은 항상 있을 것이다. 이러한 면의 삶에 대한 기독교적 설명 - 그리고 이 점에서는 기독교적 전통만이 독특한 것은 아니다 - 은 최소한의 물질적 행복이 인간에게 기본적으로 필요하다는 것뿐만 아니라 하나님께서 인간이 이용할 수 있도록 선하게 만드신 보화와 쾌락의 가치를 인정한다. 그러나 기독교 전통은 또한 더 많은 물질적 육체적 쾌락을 끊임없이 추구하는 것은 큰 올무요 어리석음이요 만일 우리가 인생의 여로에서 전인성을 추구한다면 우리가 소망해야 하는 것을 이루지 못하게 하는 것이라고 일관되게 주장해 왔다.

이 책에서 인간(human person – 이 단어는 인간의 몸과 이성적인 인간의 영혼의 결합을 나타낸다 – 옮긴이)의 요소들과 이러한 요소들을 조화롭게 하는 노력에 관하여 아주 조금 이야기하였다. 이러한 노력은 인간의 역사에서 많은 사상가들이 행복하고, 질서 정연하고 건강한 자를 우리 인간의 노력의 목적지로 생각하였을 만큼 충분히 어려운 것이고 그리고 이 분야에서의 성공은 충분히 의미 있는 것이다.

철학자, 종교 지도자, 심리학자 등등은 자아의 다양한 차원을 조화시키기 위하여 여러 가지 제안을 하였다. 주전 5세기에 플라톤이 맨 처음 했던 전형적인 제안은 우리가 이성을 엄격히 적용함으로써 우리의 열정과 욕구를 조절할 수 있다는 것이었다. 자아의 경쟁하는 부분은 반드시 조심스러운 훈련을 통하여 이성에게 복종하게 해야 한다. 결국에는 이 이성의 승리로 인하여 자아에게 복된 질서와 평화를 가져올 것이다.

1,2세기의 스토아 철학자들은 체념의 미덕에 초점을 맞추어서 이성을 강조하였다. 그런데 이 체념은 제어할 수 없는 모든 것에 의도적인 무관심을 나타내도록 하는 것을 의미하였다. 만일 우리가 원하는 세상을 만들 수 없다면(이것은 사실이다), 그 노력을 포기하는 것이 최선이라고 그들은 말하고 있었다. 우리가 제어할 수 없는 것에 관하여 염려하지 않을 때 평정을 얻는다. 인생에서 근본적으로 우리 자신의 의지 외에 다른 무엇이든지 우리가 제어할 수 없기 때문에, 우리가 염려해야 하는 것은 오직 우리의 의지뿐이다. 성공적인 스토아 철학자는 정서 생활을 포기하고, 자아

인간적인 그리고 인간적인

외부로부터 오는 어떤 자극에 대해서든 정서적 반응을 하지 않음으로써 질서 정연한 자아가 나타나게 한다. 스토아 철학자의 방법이 어떤 경우에는 도움이 될지도 모르지만, 어떤 대가를 치른 것인가? 우리 삶의 최상의 목적지가 우리의 열정과 감정의 소멸이라는 것, 감정을 포기함으로써 얻는 평안이라는 것은 믿기 힘들다. 그런데도 스토아 철학자의 견해는 계속 호소력이 있다. 그것은 힘들고, 일이 통제되지 않고, 고난이 심하고, 불안하고 비참하여, 억제할 수 있는 것은 자아뿐일 때 특히 호소력이 있다.

우리는 역사적 기독교 전통에 건전한 자아를 구성할 수 있는 고유한 자원이 있다는 것을 살펴보았다. 여러 장들에서 인간 자아의 구성과 내적인 질서와 평안을 붕괴시키는 세력과 자아가 도덕적이 되기 위하여 훈련될 수 있는 (또는 계속 유지될 수 있는) 방법과 관련된 문제를 생각하였다. 기독교 전통에서 기억할 점은 하나님께서 계획하셨고 모든 인간 생활의 본질에 속하는 복합적인 인간의 몸과 혼과 영의 통일체가 죄에 의해 여러 형태로 손상되었다는 것이다. 우리는 매일 그 손상으로 인한 결과를 느끼고, 자신의 본성 속에서 분열을 느끼며, 종종 그 비극적인 결과를 직면한다. 모든 인간에게는 질서 정연하고 도덕적인 삶이 무엇과 같은지 그리고 자아가 이러한 삶을 추구하도록 훈련시킬 정도의 자유가 다소 있다는 것을 적어도 희미하게나마 알 수 있는 잠재력이 있다. 그러나 신앙의 교육 자원과 예수 그리스도께서 보이신 모범뿐만 아니라 예수 그리스도를 따르는 자들에게 유효한 은혜의 고취는 자아를 철저하게 교화할 수 있다. 우리는 완전해지지는 못하지만, 진보할 수 있다.

분열을 치유하고 옳은 것을 선택하게 하는 것, 행복과 질서 정연함과 도덕적인 자아가 더욱 고상하고 세련된 목표라는 것을 아는 것은 어렵지 않다. 그러나 어떤 세상에서 가장 위대한 사상가들의 성향과 반대로, 기독교 전통은 이것에 만족하지 않는다. 우리의 최고의 염원은 자아 이상으로 확대된다.

인간성의 요소들 ― 관계의 필요성과 그 관계를 분열시키는 죄의 방식과 다른 사람에 대한 애정 어린 관심을 표시하는 도덕적 위대성 ― 이 함께 엮여서 인간 존재의 모든 차원에서 가장 소중하게 품을 가치가 있는 그 목적지가 화해를 이룬 평화스러운 관계라는 결론에 도달하게 될 것이다. 마틴 루터 킹은 모든 사람이 서로 조화롭게 사는 '사랑하는 공동체'의 추구에 대해 말하였다. 이것은 내가 여기서 소망하며 이야기하고 있는 것이다.

분명히 인간 공동체에서 이 전인성의 비전(vision of wholeness)은 얻으려고 애쓸 가치가 있는 것들 중에서 거의 최고봉에 달한다. 우리 모두는 가정생활에서든, 인종 관계에서든, 교회 안에서든, 국가 내에서든, 국제 사회에서든 인간 유대가 붕괴되어 비참해진 것을 정확히 알고 있다. 그리고 우리는 앞서 이야기했던 킹과 다른 사람들과 같은 훌륭한 인물들에게 대단히 감동한다. 그들은 이런저런 형태로 인간의 화해와 공동 사회를 이룩하기 위하여 자신들의 삶을 바쳤다.

삶의 이러한 목적과 비교해 볼 때 순전히 개인적인 쾌락과 물질적인 행복의 추구는 몹시 하찮고 저급하게 보인다. 참으로, 도저히 비교할 수가 없다. 좀 더 자세히, 참된 전인성이란 것에 대한 이러한 이해는 또한 개인의 덕이나 개인의 평안이나 개인의 행복을 추구하는 삶의 이기적인 한계를 보여 준다. 만일 사회의 평안과 사회의 질서와 회복된 공동체에 대한 열정적인 관심이 없다면, 건전하고 질서 정연한 자아를 성취하는 그 목표는 일종의 세련된 이기주의일 것이다.

개인의 전인성의 성취를 겨냥한 삶과 화해된 관계에 초점을 맞춘 삶을 비교할 때 우리는 기독교 전통 안에서의 불행한 분열을 생각하게 된다. 기독교 공동체의 큰 교단들은 개인의 전인성, 특히 하늘에서 하나님과 함께 하는 삶의 영원한 전인성에 대한 소망을 분명하게 표현하고 그것을 이루고자 소망한다. "만일 오늘 당신이 죽는다면, 당신은 하늘에서 하나님을 만날 것을 알고 있는가?" 이 말은 그리스도인들이 제시하는 가장 흔한 복음 전도의 호소일 것이다. 심지어 영광스럽고 고귀한 영생과 하나님과 궁극적인 연합에 대한 이 매혹적인 소망조차도 여전히 매우 개인화된 관점이라는 것을 쉽게 알 수 있다. 그것은 마치 인간 역사의 전체 과정을 위한 하나님의 목표가 가능한 많은 개인들에게 **개인적인** 전인성과 치유와 영원한 구원을 가져다주는 노력에 지나지 않는 것과 같다. 이것은 분명히 수천의 교회들에서 선포되는 메시지이다.

이것은 참으로 영광스러운 소망이다. 나는 하나님과 영원히 사는 것을 원한다. 수백만 신자들이 그들의 존재의 중심점으로서 이런 소망을 가지고 살았다. 그러나 여기에는 내가 지금까지 말한 전체 기독교 메시지와 인간성 자체의 핵심인 사회적 차원이 부족하다. 이것은 다른 사람들이 직면할 훨씬 불행할 결과로부터 도피를 암시하는 비전이라고 생각한다. 이것은 나에 관한 것이지, 우리에 관한 것이 아니다. 나의 구원에 관한 것이

제8장_ 참된 전인성은 어디에?

지 세상의 구원에 관한 것이 아니다. 나는 하늘로 간다. 그리고 불행한 이들과 세상 자체를 뒤에 남겨 두고 떠난다.

기독교 신앙에 대한 더 바른 이해는 각각의 '나들'(me's)을 개별적으로 모으시는 것 이상을 하나님께서 하셨다는 것이다. 하나님께서는 세상을 지으셨다. 그리고 하나님은 세상에서 그리고 영원한 죽음에서 선택받은 소수를 구원하는 것보다 훨씬 더 큰 계획이 있다. 하나님의 계획은 당신과 나라는 개인을 구원하는 것뿐만 아니라 세상 전체를 구속하는 것이기도 하다. 이것은 인생 여정의 궁극적인 목적지에 대하여 다른 제안을 하게 된다.

이렇게 개인적인 강조 대신, 우리의 궁극적인 목표는 **세상에서 하나님의 승리에 기여하는 것**이어야 한다. 우리 개개의 삶을 비롯한 모든 것에서, 삶의 모든 면에서 하나님이 승리하실 그 날을 바라보며 소망을 품고 일해야 한다. 하나님께서 이 세상에서 일어나기를 원하시는 것은 실제로 일어나는 것이다. 더 이상 폭력이 없고, 더 이상 슬픔이 없고, 더 이상 희생이 없고, 더 이상 불의가 없고, 더 이상 분열이 없는 것이다.

궁극적인 전인성이 발견될 수 있다는 이 관점은 기독교적 인생관에 기초를 둔, 세속적인 인간성과 경험으로부터 쉽게 추론될 수 없는 명백히 신학적인 관점이다. 이 관점은 대부분 신앙인들에게 대번에 알 수 있는 것이 아니다. 많은 사람들이 세상의 쾌락에 초점을 맞춘 삶의 한계를 알 수 있다. 내적인 평안이나 좋은 관계를 추구하는 것에 초점을 맞춘 삶의 한계를 알 수 있는 사람들도 더러 있다. 그러나 하늘에서 하나님과 함

인간적인 그리고 인간적인

께 하는 영생조차도 궁극적인 기독교의 소망이 아니라는 것을 알려면 바로 그 성경적 신앙의 의미를 다른 방식으로 표현해야 할 필요가 있다.

나의 주장, 그리고 내가 말하고 있는 것은 적어도 기독교 전통은 우리가 스스로 경험하고자 애쓰고, 심지어 하나님 앞에서 영원토록 경험하는 그 전인성은 궁극적으로는 우주와 세상에서의 하나님의 목적이라는 좀 더 큰 관점 안에서 가장 잘 이해된다고 본다는 것이다. 하나님의 사역의 궁극적인 대상은 그의 나라 또는 통치이므로 그것은 또한 우리의 궁극적인 과제가 되어야 한다. 예수님께서 제자들에게 "나라이 임하옵시며, 뜻이 하늘에서 이루어진 것같이 땅에서도 이루어지이다"라고 기도하라고 가르치셨던 것은 바로 그 때문이다.

이 기독교적 소망의 관점은 내가 이 책에서 여러 방식으로 분명하게 설명하였고 기독교 신앙의 바로 핵심에 의지하는 교의에 근거를 두고 있다. 그 교의는 늘 공식화되고 고백된 모든 기독교 신조에 깊이 간직되어 있다.

천지의 창조주 한 분 하나님이 계신다. 이것은 하나님의 세상이며, 하나님께 모든 피조물과 모든 사건들을 지배하는 정당한 주권이 속한다.

우리는 다른 행성들에 관해서는 알지 못하지만, 하나님께서 이 행성에 자유롭고 책임 있는 피조물을 창조하셨고, 그들이 오늘날까지 그 자유를 오용하여 한 종(a species)으로서의 우리의 존재에 특성을 부여하는 하나님을 반역했다는 것은 알고 있다. 하나님이 왕이시지만 우리는 아직도 그의 통치를 거부하고 있다. 하나님이 우리에게 예정하신 바가 우리 모두의 삶에서 신랄하게 증거하고 있음에도 불구하고, 우리는 하나님의 계획대

제8장_ 참된 전인성은 어디에?

로 되지 않는다.

하나님께서는 우리를 스스로의 어리석음과 죄에 그대로 내버려 두실 수 있었다. 그러나 성경의 말씀이 참되다고 믿는 사람들은 우리가 세상을 망쳐 놓기 시작한 바로 그때로부터 죽 하나님께서 인간의 구속과 지상의 공동체의 회복과 세상의 회복에 관여하셨다는 것을 믿는다. 이 구속은 예수 그리스도에게서 절정에 이르렀고 그의 재림과 함께 일어날 사건들에서 종결될 것이다.

성경에 따르면, 예수께서 재림하실 때 사탄과 모든 악한 세력들에 대한 하나님의 최종적인 승리와 인간 존재를 무척 괴롭혔던 비참함이 끝날 것이다(계 21:1-5). 예수께서 "오셔서 천국 복음을 전하셨을" 때(마 4:17), 그는 그의 임재하심이 통치를 시작하고 계시다는 것을 보증하고 계셨다. 그를 따르는 자들은 모두 매일매일 하나님의 통치를 진척시키기 위하여 일한다. 비록 우리가 우리의 조상들이 그러했던 것처럼 언제 그 나라가 완성될 것인지 알지 못한다는 것을 알지만 우리는 그 나라를 위하여 일한다. 그리하여 우리는 예수께서 재림하셔서 그 일을 완성하실 그 날을 기다린다.[2]

그리스도의 재림의 약속에 관하여 알고 있는 많은 그리스도인들은 모든 것이 끝나는 날에 이 땅이 파괴되고 하나님의 백성이 하늘로 올라갈 것을 생각한다. 그래서 결국 그들의 소망은 이 세상의 구속이라기보다는 다른 신자들과 함께 이 세상에서 그들이 개인적으로 탈출하는 것이다. 그들은 「베드로후서」 3장 9-10절과 「데살로니가전서」 4장 13-18절과 같은 어떤 중요한 성경 구절에 대한 해석에 근거하여 이것을 믿는다.

나는 비록 세세한 부분까지는 공유하지 못할지라도 성경이 실제로 가르치는 것이 세상의 만물을 파괴하기보다는 최종적으로 '새롭게 함'이라는 것을 믿는 사람들 중의 한 사람이다. 하나님의 목적은 땅과 그 땅의 거주자들을 정결케 하고, 치유하고, 교화하고 자신과 화해시키는 것이며, 이것은 마지막 때에 일어날 것이다.[3] 그때에는 슬프게도 회개하지 않고 하나님을 거역하는 자들의 멸망도 함께 있을 것이다. 그러나 그 초점은 땅과 거기에 거하는 자들의 즐거운 교화이다. 그리고 그들은 왕이신 그리스도의 통치를 받을 것이다. 이 주제는 창조와 타락과 심판과 구속과 하나님의 나라와 최종 완성과 같은 핵심적인 성경 개념들을 하나로 묶어 준다.

성경적 소망은 우리가 타락하는 또는 멸망당하는 세상에서 도피할지 모른다는 것이 아니라 마침내 모든 분열이 사라지고 하나님과 관계를 맺고 있는 모든 자들이 영원히 그렇게 될 것인 때에 구속받고 새롭게 된 세상에 관여할지 모른다는 것이다. 우리의 소망은 영원히 현실에서 유리된 상태에 있는 것이 아니라, 하나님께서 만물을 새롭게 하실 때, 그 일부로서 우리 주 예수 그리스도의 부활에 참여하는 부활에 있는 것이다(계 21:1-5).

그리스도께서 재림하실 때, 인간의 경험에 참으로 속속들이 배어 있는 하나님에 대한 적대가 마침내 붕괴될 것이며, 지상에서의 삶은 극적인 변화를 맞이할 것이다. 이것이 바로 하나님의 나라가 의미하는 것이다. 이것은 모든 대적들과 대적하는 세력들에 대한 하나님의 승리이며 하나님께서 지금 하늘에서 다스리시는 것처럼 그리스도 안에서 땅을 다스리시는 하나님의 평화로운 통치이다(마 6:10).

이 맥락에서 우리는 인간의 마음에 생겨난 모든 합법적인 소망이 하나님의 승리 안에서 제자리를 찾는 것을 볼 수 있다. 개인의 도덕적 일신과 질서 정연하고 행복하고 고결한 생애는 하나님과 영원한 연합을 통하여 전인성을 추구할 수 있다. 하나님께서 완전히 승리하실 때에, 이 믿어지지 않는 모든 복이 마침내 우리에게 이루어질 것이다. 이것이 처음부터 우리에게 예정된 것이다.

다가올 미래에 대한 이 관점은 또한 하나님을 제외한 인간성의 설명이나 마치 하나님이 안 계시는 것처럼 사는 삶이나 모두 어리석다는 것을 보여 준다. 우리는 궁극적으로 인간성과 훌륭한 인생에 대한 우리의 이해가 하나님의 존재와 속성 그리고 세상과 관련된 하나님의 계획에 대한 우리의 관찰에 달려 있다는 것을 안다.

하나님의 원래 계획의 흔적이 여전히 인간성에 충분히 또렷하므로 기독교 신앙을 받아들이지도 않고서 대부분이 인간의 번영과 훌륭한 생애라는 이 궁극적인 비전을 향하여 나아가면서 도중에 암중모색한다. 우리는 이 책에서 인간성의 여러 면을 탐구하면서 그것을 보았다. 인간의 본질에 관한 중요한 진리를 발견한 자들은 그리스도인뿐만이 아니다.

그러나 결국 기독교 신앙은 궁극적으로 하나님에 대한 이해에 뿌리를 둔 인간관을 제시한다. 우리의 본질과 운명은 우리를 창조하신 하나님의 본질과 운명(destiny)에 비추어서 그 의미를 찾는다. 하나님에 대한 기독교의 설명을 받아들이지 않고서는 인간에 대한 기독교의 설명을 받아들이는 것은 궁극적으로 불가능하다. 우리가 그것을 받아들여서, 하나님의 소망이 우리의 소망이 되고 하나님의 꿈이 우리의 꿈이 될 때 인생 여정에서 참된 전인성이 일어날 수 있다. 마치 우리의 간절한 소망과 가장 소중한 목표가 하나님의 뜻이 이루어지는 것을 보는 것처럼 우리가 살 때, 우리는 기독교 신앙의 의미를 진정으로 이해할 수 있고 완전한 인생의 복을 누릴 수 있다.

주(註)

제 1 장

1. Solomon Goldman, In the Beginning (1949), Ralph Woods가 편집한 *The World Treasury of Religious Quotations* (New York: Garland Books, 1966), p. 359에서 인용.

2. Alister McGrath, Mark Water가 편집한 *The New Enclyclopedia of Christian Quotations* (grand Rapids, Mich.: Baker Books, 2000), p. 524에서 인용.

3. Larry L. Rasmussen, *Earth Community, Earth Ethics* (Maryknoll, N.Y.: Orbis, 1966).

4. Sondra Wheeler, "Power, Trust and Reticence: Genetics and Christian Anthropology," in Ron Cole Turner (ed.), *New Conversations* (Cleveland: United Church Press, 2002).

5. Donald E. Brown, *Human Universals* (New York: McGrawHill, 1991).

6. Lady Mary Wortley Montagu, Robert Andrews가 편집한 *Columbia*

Dictionary of Quotations (New York: Columbia University Press, 1993), p. 424에서 인용.

7. Josephus, Water의 *New Encyclopedia of Christian Quotations*, p. 1125에서 인용.

8. Lynn White Jr., "The Historical Roots of Our Ecologic Crisis," *Science*, March 10, 1967, pp. 1203-1207.

9. Robert N. Wennberg, *God, Humans, and Animals: An Invitation to Enlarge Our Moral Universe* (Grand Rapids, Mich.: Eerdmans, 2003).

10. Steven Pinker, *The Blank Slate: The Modern Denial of Human Nature* (New York: Penguin, 2002), p. 52.

11. Jose Ortega y Gasset, 같은 책 p. 24에서 인용.

12. Oscar Wilde, "The Soul of Mad Under Socialism" (1891), Andrews의 *Columbia Dictionary of Quotations*, p. 424에서 인용.

13. Pinker, *Blank Slate*, p. 41.

14. 같은 책, p. 41.

15. 같은 책, p. 52.

16. Langdon Winner, "Resistance Is Futile: The Posthuman Condition and Its Advocates," Harold W. Baillie와 Timothy K. Casey가 편집한 *Is Human Nature Obsolete? Genetics, Bioengineering, and the Future of the Human Condition* (Cambridge, Mass.: MIT Press, 2005), p. 392에서 인용.

17. C. S. Lewis, *The Abolition of Man* (New York: Simon & Schuster,

1996), pp. 69-70.

제 2 장

1. Water, *New Encyclopedia of Christian Quotations*, p. 142에서 인용.

2. Lactantius, Woods의 *World Treasury of Religious Quotations*, pp. 572-573에서 인용.

3. Basil the Great, Water의 *New Encyclopedia of Christian Quotations*, p. 142에서 인용.

4. Cyril of Alexandria, 같은 책 p. 972에서 인용.

5. Gregory A. Boyd and Paul R. Eddy, *Across the Spectrum* (Grand Rapids, Mich.: Baker Books, 2002), p. 92.

6. Pinker, *Blank Slate*, p. 41.

7. 같은 책, p. 50.

8. 같은 책, p. 51.

9. 같은 책, p. 58.

10. 문제를 좀 더 복잡하게 하기 위하여, 신약 성경을 그리스도의 재림 이전에 그리스도 안에서 죽은 자들이 어떤 중간의 영적 상태에서 즉시 그리스도 앞으로 간다는 가르침으로 해석할 수도 있다(빌 1:23). 그러나 구원의 궁극적인 행위는 적어도 그리스도 안에서 죽은 자들에 대해서는 몸의 부활이 포함되는 것으로 분명하게 묘사되어 있다.

11. *Catechism of the Catholic Church* (Liguori, Mo.: Liguori, 1994), p. 94, 368항.

인간적인 그리고 인간적인

제 3 장

1. Catherine Keller, *From a Broken Web: Separation, Sexism, and Self* (Boston: Beacon Press, 1986), p. 166.

2. John Macmurray, Stanley J. Crenz, *The Social God and the Relational Self: A Trinitarian Theology of the Imago Dei* (Louisvill, Ky.: Westminster/John Knox, 2001), p. 12에서 인용.

3. Dietrich Bonhoeffer, *Letters and Papers from Prison* (New York: Collier Books, 1972), p. 105.

4. 이 단락은 내 책 *Getting Marriage Right* (Grand Rapids, Mich.: Baker Books, 2004), 특히 3장에 의존한 것이다.

5. *Catechism of the Catholic Church*, p. 462, 1889항.

6. Jürgen Moltmann, *History and the Triune God* (New York: Grossroad, 1992), p. 86.

7. 언어의 출처는 John D. Zizioulas, *Being as Communion* (Crestwood, N.Y.: Saint Vladimir's Seminary Press, 1985)이다.

제 4 장

1. 예를 들어, Jean Bethke Elshtain, *Who Are We?: Critical Reflections and Hopeful Possibilities* (Grand Rapids, Mich.: Eerdmans, 2000)를 참조하라. 이 책에서 죄를 논하고 있는 엘쉬타인의 두 개의 주요 범주는 자만과 태만에 대한 것이다.

2. '조상의 그림자'라는 표현은 James Waller, *Becoming Evil: How*

Ordinary People Commit Genocide and Mass Killing (New York: Oxford University Press, 2002), 제5장에 나온다. 비록 윌러는 이 표현으로 인간의 진화론적 발달과 그 유산을 논하고 있지만 , 이 표현은 여기 내 논증에도 썩 잘 어울린다.

3. Aristotle, *Ethics* (New York: Penguin, 1976), p. 101.

4. Wendy Farley, *Tragic Vision and Divine Compassion : A Contemporary Theodicy* (Louisville, Ky.: Westminster/John Knox, 1990), p. 44.

5. Augustine, On free Will, Woods의 *World Treasury of Religous Quotations*, p. 931에서 인용.

6. John k. Ryan이 번역한 Augustine, *Confessions*, 제3권(New York: Doubleday, 1960)을 특별히 참조하라.

7. Aristotle, *Ethics*, pp. 63, 66.

8. 죄의 이 차원에 대한 훌륭한 논의에 대해서는 Cornelius Plantinga Jr., *Not the Way It's Supposed to Be: A Breviary of Sin* (Grand Rapids, Mich.: Eerdmans, 1995), 제7장을 참조하라.

9. Augustine, To Publicola, Woods의 *World Treasury of Religious Quotations*, p. 931에서 인용.

제 5 장

1. 인간의 자유와 양립할 수 없는 신적인 지배에 대한 설득력 있는 관점을 찾아낸 이들은 흥미롭게도 양립불가론자(incompatibilists)로 불리는 이

인간적인 그리고 인간적인

들이다. 위대한 신적 능력과 진정한 인간의 자유가 양립할 수 있고 있어
야 한다고 생각하는 이들은 양립론자(compatibilists)로 불린다. 오늘날
대부분 정통 그리스도인들은 성경에서 말씀하는 대로 신적인 주권과 인
간의 자유와 책임을 모두 지지하기 때문에 양립성주의를 견지한다.

2. John Calvin, *Institutes of the Christian Religion* (Louisville, Ky.: Westminster/John Knox, 1960), p. 201, 1.16.2.

3. 이 어려운 문제에 대해 간략하게 포괄적으로 개관하려면, Gregory A. Boyd and Paul R. Eddy, *Across the Spectrum: Understanding Issues in Evangelical Theology* (Grand Rapids, Mich.: Baker Books, 2002), 제2장을 참조하라. 신학계에서 이 문제는 흔히 주권 또는 신적인 섭리 논쟁으로 불린다.

4. 사탄과 사탄과의 싸움을 진지하게 다루는 신학을 제시하는 심오한 진술이 다음의 두 책에서 다루어진다. Gregory A. Boyd: *God at War: The Bible and Spiritual Conflict* (Downers Grove, Ill.: Intervarsity Press, 1997)와 *Satan and the Problem of Evil: Constructing a Trinitarian Warfare Theodicy* (Downers Grove, Ill.: Intervarsity Press, 2001).

5. John Calvin, Water의 *New Encyclopedia of Christian Quotations*, p. 377에서 인용.

6. Byron Curtis, 같은 책 p. 377에서 인용.

7. *Catechism of the Catholic Church*, p. 445, 1810-1811항.

8. John Chrysostom, in Water, *New Encyclopedia of Christian Quotations*, p. 377.

9. 현대의 생각과 대조되는 자유를 성경적으로 이해하여 훌륭하게 논의한
   것에 대해서는 Richard Bauckham, *God and the Crisis of Freedom:
   Biblical and Contemporary Perspectives* (Louisville, Ky.:
   Westminster/John Knox, 2002)를 참조하라.

10. Philip Turner, *Men and Women: Sexual Ethics in Turbulent
    Times* (Cambridge, Mass.: Cowley, 1989), p. 15.

제 6 장

1. Mkie Tyson, Tim Smith의 "Battered Tyson Plots Return," *New York
   Daily News*, June 19, 2004. http://www.nydailynews.com/news/
   gossip/stroy/204530p-176399c.html에서 인용.

2. Dietrich Bonhoeffer, *The Cost of Discipleship* (New York: Simon &
   Schuster, 1937).

3. 루터는 은혜로 말미암아 하나님의 선물을 받는 신자들에게 하나님의 선물
   로서 임하는 구원의 구심성(centrality)을 강조하였다. 그는 진실한 그리
   스도인들이 도덕적으로 살 것을 기대하였다. 그러나 또한 그는 세상에서
   실제로 찾으리라 기대할 수 있는 참된 그리스도인의 숫자에 관하여 아주
   비관적이었다. 이 문제를 다루는 중요한 논문으로는 John Dillenberger
   가 편집한 *Martin Luther: Selections from His Writings* (New York:
   Anchor/Doubleday, 1961)의 "The Freedom of a Christian"이 있다.

4. Bruce C. Birch and Larry L. Rasmussen, *Bible and Ethics in the
   Christian Life*, rev. ed. (Minneapolis, Minn.: Augsburg Fortress,

인간적인 그리고 인간적인

1989), p. 46.

5. Reinhold Niebuhr, *The Nature and Destiny of Man* (New York: Scribner, 1943), 제2권, 제4장.

6. *The Divine Conspiracy: Rediscovering Our Hidden Life in God* (San Francisco: HarperSanfrancisco, 1998)에서 Dallas Willard가 이것을 아주 강력하게 주장하였다.

7. *Catechism of the Catholic Church*에서 모두 인용하였다.

8. 나의 *Righteous Gentiles of the Holocaust: Genocide and Moral Obligation*, 2nd ed. (Minneapolis, Minn.: Paragon House, 2003), 제5-6장을 참조하라.

9. Birch and Rasmussen, *Bible and Ethics*, p. 74.

제 7 장

1. Jim Collins, *Good to Great: Why Some Companies Make the Leap to Greatness and Others Don't* (New York: HarperCollins, 2001).

2. Lewis B. Smedes, *A Pretty good Person: What It Takes to Live with Courage, Gratitude, and Integrity* (New York: HarperCollins, 1991).

3. Garth Lean, *God's Politician: William Wilberforce's Struggle to Abolish the Slave Trade and Reform the Morals of a Nation* (Colorado Springs, Colo.: Helmers & Howard, 1987).

4. William Wilberforce, 같은 책 pp. 54-55에서 인용.

5. W. E. H. Leckey, 같은 책 p. 69에서 인용.

6. Florence Nightingale, Basil Miller의 *Florence Nightingale: The Lady of the Lamp* (Minneapolis, Minn.: Bethany House, 1975), pp. 47-48 에서 인용.

7. Val Webb, *Florence Nightingale: The Making of a Radical Theologian* (Saint Louis, Mo.: Chalice Press, 2002).

8. 이 책의 긴 발췌문은 *Florence Nightingale: Letters and Reflections* (Evesham, England: James, 1996)에서 인용한 것이다.

9. Debra Jensen, "Florence Nightingale's Mystic Vision and Social Action," *Scottish Jurnal of Religious Studies*, 1998, 19(1), 71-72.

10. Miller, *Florence Nightingale*, p. 47.

11. 짧지만 훌륭한 본회퍼의 자서전은 Renate Wind가 쓴 *Dietrich Bonhoeffer: A Spoke in the Wheel* (Grand Rapids, Mich.: Eerdmans, 1992).

12. John de Gruchy, "The Development of Bonhoeffer's Theology," in John de Gruchy (ed.), *Dietrich Bonhoeffer: Witness to Jesus Christ* (Minneapolis, Minn.: Augsburg Fortress, 1991), p. 1.

13. Geffrey B. Kelly and Burton Nelson (eds.), *Dietrich Bonhoeffer: A Testament of Freedom* (San Francisco: HarperSanFrancisco, 19950, p. 479.

14. *The Cost of Discipleship* (New York: SCM/Macmillan, 1959); *Letters and Papers from Prison*, ed. Eberhard Bethge (New York: SCM/Macmillan, 1971); *Ethics* (New York: SCM/Macmillan,

인간적인 그리고 인간적인

1955). 다른 많은 책들, 그리고 이 책들의 다른 편집을 찾아낼 수 있다.

15. Dietrich Bonhoeffer, "Stations on the Road to Freedom," in
Letters and Papers from Prison, p. 371.

16. Stephen B. Oates, *Let the Trumpet Sound: A Life of Martin Luther
King Jr.* (New York: HarperCollins, 1994), pp. 88-89.

제 8 장

1. Aristotle, *Ethics*, p. 68.

2. 하나님 나라에 대한 이 설명은 Glen H. Stassen과 공동 집필한 *Kingdom
Ethics: Following Jesus in Contemporary Context* (Downers
Grove, Ill.: Intervarsity Press, 2003)에서 많이 축약한 것이다.

3. 이 주장을 지지하는 관련 구절들은 다음을 참조하라. 「시편」 67편 3-5절;
「이사야」 11장 6-9절, 35장 1-10절, 65장 17-25절; 「마태복음」 6장 9-13절;
「요한복음」 1장; 「사도행전」 3장 21절; 「로마서」 8장 18-23절; 「빌립보
서」 2장 8-11절; 「히브리서」 1장; 「골로새서」 1장; 「에베소서」 1장; 「요한
계시록」 1장 5-7절, 7장 9-12, 22절.

참고문헌

Augustine of Hippo. *The Confessions of Saint Augustine* (John K. Ryan, trans). New York: Doubleday, 1960.

Baillie, Harold W., and Casey, Timothy K. (eds.). *Is Human Nature Obsolete? Genetics, Bioengineering, and the Future of the Human Condition.* Cambridge, Mass.: MIT Press, 2005.

Barbour, Ian G. *Nature, Human Nature, and God.* Minneapolis, Minn.: Augsburg fortress, 2002.

Bauchham, Richard. *God and the Crisis of Freedom: Biblical and Contemporary Perspectives.* Louisville, Ky.: Westminster/John Knox, 2002.

Birch, Bruce C., and Rasmussen, Larry L. *Bible and Ethics in the Christian Life* (개정 증보판). Minneapolis, Minn.: Augsburg Fortress, 1989.

Boyd, Gregory A. *God at War: The Bible and Spiritual Conflict.* Downers Grove, Ill.: Intervarsity Press, 1997.

Boyd, Gregory A. *Satan and the Problem of Evil: Constructing a*

인간적인 그리고 인간적인

Trinitarian Warfare Theodicy. Downers Grove, Ill.: Intervarsity Press, 2001.

Brown, Donald E. *Human Universals*. New York: McGraw-hill, 1991.

Brown, Warren S., Murphy, Nancy, and Malony, H. Newton (eds), *Whatever Happened to the Soul? Scientific and Theological Portraits of Human Nature*. Minneapolis, Minn.: Augsburg Fortress, 1998.

Catechism of the Catholic Church. Liguori, Mo.: Liguori, 1994.

Clayton, Philip, and Schloss, Jeffrey (eds.). *Evolution and Ethics: Human Morality in Biological and Religious Perspective*. Grand Rapids, Mich.: Eerdmans, 2004.

Cooper, Terry D. *Sin, Pride, and Self-Acceptance: The Problem of Identity in Theology and Psychology*. Downers Grove, Ill.: Intervarsity Press, 2003.

Diamond, Jared. *The Third Chimpanzee: The Evolution and Future of the Human Animal*. New York: HarperCollins, 1992.

Elshtain, Jean Bethke. *Who Are We? Critical Reflections and Hopeful Possibilities*. Grand Rapids, Mich.: Eerdmans, 2000.

Farley, Wendy. *Tragic Vision and Divine Compassion: A Contemporary Theodicy* Louisville, Ky.: Westminster/John Knox, 1990.

Fern, Richard L. *Nature, God, and Humanity: Envisioning and Ethics of Nature*. Cambridge: Cambridge University Press, 2003.

Flanagan, Owen. *The Problem of the Soul: Two Visions of Mind and How to Reconcile Them*. New York: Farrar, Straus & Giroux, 2002.

Gilligan, Carol. *In a Different Voice: Psychological Theory and Women's Development*. Cambridge, Mass.: harvard University Press, 1982.

Glover, Jonathan. *Humanity: A Moral History of the Twentieth Century*. New Haven, Conn.: Yale University Press, 2000.

Grenz, Stanley J. *The Social God and the Relational Self: A Trinitarian Theology of the Imago Dei*. Louisville, Ky.: Westminster/ John Knox, 2001.

Gunton, Colin E. *The Promise of Trinitarian Theology* (재판). Edinburgh: Clark, 1997.

Hefiner, Philip. *The Human Factor: Evolution, Culture, and Religion*. Minneapolis, Minn.: Augsburg Fortress, 1993.

Jeeves, Malcolm (ed.). *From Cells to Souls and Beyond: Changing Portraits of Human Nature*. Grand Rapids, Mich.: Eerdmans, 2004.

Jenson, Robert W. *On Thinking the Human: Resolutions of Difficult Notions*. Grand Rapids, Mich.: Eerdmans, 2003.

Kass, Leon R. *Life, Liberty, and the Defense of Dignity: The Challenge for Bioethics*. San francisco: Encounter Books, 2002.

인간적인 그리고 인간적인

Keller, Catherine. *From a Broken Web: Separation, Sexism, and Self*. Boston: Beacon Press, 1986.

Kilner, John F., Hook, C. Christopher, and Uustal, Diann B. (eds.). *Cutting-Edge Bioethics: A Christian Exploration of Technologies and Trends*. Grand Rapids, Mich.: Eerdmans, 2002.

Lean, Garth . *God's Politician: William Wilberforce's Struggle to Abolish the Slave Trade and Reform the Morals of a Nation*. Colorado Springs, Colo.: Helmers & Howard, 1987.

Lewis, C. S. *The Abolition of Man*. New York: Simon & Schuster, 1996.

Machuga, Ric. *In Defense of the Soul: What It Means to be Human*. Grand Rapids, Mich.: Brazos, 2002.

Mcfadyen, Alistair I. *The Call to Personhood: A Christian Theory of the Individual in Social Relationships*. Cambridge: Cambridge University Press, 1990.

McKibben, Bill. *Enough: Staying Human in an Engineered Age*. New York: Henry Holt, 2003.

Moltman, Jürgen. *God in Creation*. San Francisco: HarperSanFrancisco, 1985.

Moreland, J. P., and Rae, Scott B. *Body and Soul: Human Nature and the Crisis in Ethics*. Downers Grove, Ill.: Intervarsity Press, 2000.

Niebuhr, Reinhold. *The Nature and Destiny of Man, Vol. 1: Human*

Nature, and *Vol. 2: Human Destiny*. New York: Scribner, 1941, 1943.

Oates, Stephen B. *Let the Trumpet Sound: A Life of Martin Luther King Jr.* New York: HarperCollins, 1994.

Oden, Thomas C. *The Transforming Power of Grace.* Nashville, Tenn.: Abingdon Press, 1993.

Pasternak, Charles. *Quest: The Essence of Humanity.* Hoboken, N.J.: Wiley, 2003.

Peters, Ted. *Sin: Radical Evil in Soul and Society.* Grand Rapids, Mich.: Eerdmans, 1994.

Peterson, Anna L. *Being Human: Ethics, Environment, and Our Place in the World.* Berkeley: University of California Press, 2001.

Peterson, Gregory R. *Minding God: Theology and the Cognitive Sciences.* Minneapolis, Minn.: Augsburg Fortress, 2003.

Pinker, Steven. *The Blank Slate: The Modern Denial of Human Nature.* New York: Penguin Books, 2002.

Plantinga, Cornelius, Jr. *Not the Way It's Supposed to Be: A Breviary of Sin.* Grand Rapids, Mich.: Eerdmans, 1995.

Rasmussen, Larry L. *Earth Community, Earth Ethics.* Maryknoll, N.Y.: Orbis, 1996.

Rees, Martin. *Our Final Hour: A Scientist's Warning: How Terror, Error, and Environmental Disaster Threaten Humankind's*

인간적인 그리고 인간적인

Future in This Century - on Earth and Beyond. New York: Basic Books, 2003.

Ruether, Rosemary Radford. *Sexism and God-Talk: Toward a Feminist Theology.* Boston: Beacon Press, 1983.

Sanders, John. *The God Who Risks: A Theology of Providence.* Downers Grove, Ill.: Intervarsity Press, 1998.

Shermer, Michael S. *The Science of Good and Evil: Why People Cheat, Gossip, Care, Share, and Follow the Golden Rule.* New York: Henry Holt, 2004.

Stassen, Glen H., and Gushee, David P. *Kingdom Ethics: Following Jesus in Contemporary Context.* Downers Grove, Ill.: Intervarsity Press, 2003.

Waller, James. *Becoming Evil: How Ordinary people Commit Genocide and Mass Killing.* New York: Oxford University Press, 2002.

Webb, Val. *Florence Nightingale: The Making of a Radical Theologian.* Saint Louis, Mo.: Chalice Press, 2002.

Wilson, James Q. *The Moral Sense.* New York: Free Press, 1993.

Wind, Renate. *Dietrich Bonhoeffer: A Spoke in the Wheel.* Grand Rapids, Mich.: Eerdmans, 1992.

Zizioulas, Hohn D. *Being as Communion.* Crestwood, N.Y.: Saint Vladimir's Seminary Press, 1985.

인간적인 그리고 인간적인

초판 인쇄 | 2008년 6월 5일
초판 발행 | 2008년 6월 12일

지은이 | 데이비드 거쉬
옮긴이 | 서원교
펴낸이 | 심만수
펴낸곳 | (주)살림출판사
출판등록 | 1989년 11월 1일 제9-210호

주소 | 413-756 경기도 파주시 교하읍 문발리 파주출판도시 522-2
전화 | 031)955-1350   기획·편집 | 031)955-1365
팩스 | 031)955-1355
이메일 | salleem@chol.com
홈페이지 | http://www.sallimbooks.com

ISBN 978-89-522-0892-7 03230

* 잘못된 책은 구입하신 서점에서 바꾸어 드립니다.
* 저자와의 협의에 의해 인지를 생략합니다.

책임편집 · 교정 : 정지영

값 11,000원